Real Life English for Police

리얼 라이프 경찰영어

하미나 지음

박영사

머리말

경찰의 사전적 의미를 찾아보면 경찰은 “국민의 생명·신체·재산을 보호하고 범죄의 예방·진압·수사를 하며 교통·소방 기타 공공의 안녕과 질서를 유지하기 위한 정부의 행정작용”을 말한다고 합니다. 다시 말해 경찰은 국민이 마음 편히 살 수 있는 안전한 사회를 만들기 위한 총괄적인 책임을 지고 있습니다. 그들은 거리와 공공장소에서 질서와 치안을 유지하고, 시민들의 안전과 생명을 위협하는 범죄와 싸우고, 사고나 사건 현장에서 응급상황에 처한 사람들을 구해주고, 일상생활 속에서 도움이 필요한 사람들에게 즉각적인 도움을 제공하면서 시민들과 함께 생활하고 봉사하고 있습니다. 그런데 오늘날 경찰이 이와 같은 업무들을 수행하면서 대면하는 사람들 속에는 한국어를 구사하지 못하는 외국인 관광객들이나 손님들, 그리고 외국인 체류자들이 적지 않게 포함되어 있고 그 수가 점점 늘고 있습니다.

세계화 이후 한국에 거주하거나 관광, 또는 업무차 방문하는 외국인들의 수는 매년 증가하고 있습니다. 2013년 10월 현재 국내에 거주하는 외국인의 수는 약 150만 명에 달합니다. 국내에 90일 이상 장기체류하는 등록외국인과 근로자, 유학생, 한국 국적 귀화자, 외국인주민 자녀 등을 포함하는 외국인주민들은 교육현장에서, 산업현장에서, 기타 여러 일상의 현장에서 한국인들과 어울려 생활하고 있습니다. 외국인관광객의 경우 2012년에 이미 그 수가 천만 명을 넘었고 올해는 1200만 명에 달하고 있습니다. 또한 한국의 경제와 문화 등의 위상이 높아지면서 주요한 국제회의와 행사들이 한국에서 열리고 있고 그와 관련된 많은 외국손님들이 한국을 방문하고 있습니다. 따라서 경찰은 거리에서, 관광지에서, 회의장에서, 국제행사장에서, 쇼핑몰에서, 시장에서, 그리고 산업현장 등 곳곳에서 외국인들을 만나고 도와주어야 하는 기회가 더욱 많아지고 있고 범죄와 관련해 외국인들을 접하는 경우도 늘어나고 있습니다.

그들 중 어떤 사람은 길을 몰라서, 혹은 사고로 도움을 청할 것이고, 숙박업소나 식당, 상점 등에서 입은 피해를 신고할 것이고, 그들의 일상생활 속에서 불편한 점들을 신고할 것입니다. 또 어떤 사람은 교통위반을 하거나 범죄에 연루되어 조사를 받을 수도 있고, 피해자나 증인으로 대면할 수도 있습니다. 이와 같은 상황에 마주쳤을 때 경찰이 그들에게 필요한 도움을 주고 사건을 해결하기 위해서는 기본적으로 그들과 원활한 의사소통을 할 수 있어야 하고 그러기 위해서는 현재 국제공용어인 영어를 구사할 수 있어야 합니다. 물론 통역가를 기다릴 수도 있지만 시간이 매우 급박하거나 지체되어서는 안 되는 경우들도 많습니다. 이는 국제회의나 행사장에서도 마찬가지입니다. 경찰관련

국제회의를 주최하거나 국제행사의 치안을 담당하고 있는 상급경찰관들 역시 직접 외국관계자들을 영접하거나 함께 업무를 처리해야 하는 기회가 잦아지고 있습니다.

이 책은 위의 모든 상황들에 대처할 수 있도록 일선경찰관에서 상급경찰관에 이르기까지 그들에게 필요한 실생활 경찰영어를 수록하고 있습니다. 이 책은 모두 세 부문으로 구성되어 있습니다. 첫 부문은 일상생활이나 현장에서 외국인들을 가장 빈번하게 대하는 일선경찰관을 위한 일상영어, 두 번째 부문은 사건이나 범죄와 관련하여 외국인들을 상대해야 하는 수사경찰관을 위한 실무영어, 그리고 세 번째 부문은 국가 행사나 국제회의 등에서 다른 나라의 경찰관계자나 국가손님들을 맞이하고 행사를 진행시켜야 하는 상급경찰관을 위한 비즈니스영어입니다. 일선경찰관을 위한 일상영어에서는 거리에서 흔히 요청되는 길 안내나 교통과 관련된 상황들, 그리고 현장에서의 민원처리 등 교통경찰과 최근에 발족된 관광경찰의 업무들 대부분을 다루고 있습니다. 수사경찰관을 위한 실무영어에서는 경찰이 사건·사고 신고를 접수하고 처리할 때, 그리고 범인을 체포하고 수사할 때 필요한 대화문과 표현들을 수록하고 있습니다. 상급경찰관들을 위한 비즈니스영어에서는 공식적인 업무를 수행하거나 사적인 자리에서 외국인들과 함께 지낼 때 유용한 대화문들을 역시 상황별로 자세히 수록하였습니다. 그리고 부록으로 경찰 직급과 부서의 영문표기, 경찰들이 빈번하게 사용하는 경찰어휘, 공식 편지나 이메일을 쓰는 법과 편지 예문들, 그리고 업무상 전화를 걸고 받을 때 필요한 전화 영어 어휘들과 예문을 첨부하였습니다.

이 책은 초급자에게는 쉽지 않은 수준이지만 매우 실생활적이고 실무적인 대화와 표현들을 수록하였으므로 대화문과 핵심 구절들, 그리고 관련 예문들을 꾸준히 연습하고 익힌다면 외국인 방문객이나 체류자들에게 필요한 정보를 제공해주고 민원, 사건, 사고들을 처리하는 데 도움이 될 것입니다. 또한 외국인들에게 한국 경찰의 선진화된 모습과 역량을 보여주는 데 일조할 수 있으리라 기대합니다. 이 책이 어려운 여건에도 소명의식을 가지고 국민들에게 봉사하는 모든 경찰관들에게 조금이나마 도움이 되기를 바라며 그들의 노고에 감사를 전합니다.

2013년 12월
저자 하미나

차 례

Everyday English for Police on the Street
일선경찰관을 위한 일상영어

Part I Giving Directions
길 알려주기

Part II Giving Information about Traffic Control/Security Check
교통통제/보안검색에 관해 알려주기

Part III Identifying and Explaining Traffic Violations
교통위반 확인하고 설명해주기

Part Ⅳ Dealing with Traffic Accidents
교통사고 처리하기

Part Ⅴ Dealing with Complaints on the Spot
현장에서 불만사항 처리하기

Practical English for Investigating Police Officers
수사경찰관을 위한 실무영어

Part I Taking a Report at the Police Station
경찰서에서 사건/사고 신고 접수하기

Part II Taking a Report by Phone
전화로 사건/사고 신고 접수하기

Part III Arresting a Person in the Act (of a Crime)
현장에서 용의자/범죄자 체포하기

Part Ⅳ Investigating Criminals/Suspects
범죄자/용의자 수사하기

Business English for Senior Officers
상급경찰관을 위한 비즈니스영어

Part I Greeting Police Officers Visiting Korea
한국을 방문하는 경찰관들 영접하기

Part II At the Conference
회의장에서

Part Ⅳ Farewell
작별

Appendix
부록

Everyday English for Police on the Street

일선경찰관을 위한 일상영어

Part I
Giving Directions
길 알려주기

Part II
Giving Information about Traffic Control/Security Check
교통통제/보안검색에 관해 알려주기

Part III
Identifying and Explaining Traffic Violations
교통위반 확인하고 설명해주기

Part IV
Dealing with Traffic Accidents
교통사고 처리하기

Part V
Dealing with Complaints on the Spot
현장에서 불만사항 처리하기

PART I

Giving Directions
길 알려주기

Case 01 **버스노선 안내**

Could you tell me which bus to take to Itaewon?

이태원에 가려면 몇 번 버스를 타야 합니까?

Case 02 **지하철노선 안내**

Could you tell me how to get to Anguk Station from here?

여기서 안국역으로 가려면 어떻게 해야 하나요?

Case 03 **도보 중 길 찾는 외국인에게 길 알려주기**

Could you give me directions? I'm lost.

길 좀 가르쳐주시겠어요? 길을 잃었어요.

Case 04 **운전 중 길 찾는 외국인에게 길 알려주기**

I need to find a gas station.

주유소를 찾아야 합니다.

Case 05 **지도를 보고 길 찾는 외국인에게 길 알려주기**

Could you show me where we are right now?

지금 저희가 어디에 있나요?

Case 01 Could you tell me which bus to take to Itaewon?

P : Police Officer F : Foreign Tourist or Resident

F : Officer?

P : Yes, how may I help you?

F : I'm going to the Hamilton Hotel in Itaewon. Could you tell me which bus to take?

P : Yes. From here you can take bus number four seven two or bus number four three one eight.

F : Do you happen to know which stop I should get off at?

P : Unfortunately I don't know. Ask the bus driver and he will let you know when you are close.

F : Okay. How long will it take?

P : It depends upon the traffic. At this time of day it should take thirty to forty minutes.

F : How much is the fare?

P : It's one thousand one hundred won for adults, and four hundred fifty won for children.

F : Is the exact change required?

P : No, you can get change back. How long will you stay here?

F : Seven days.

P : Then, you'd better buy a transportation card. It allows you a one hundred won discount per use. You are also able to transfer for free, like from bus to bus or bus to train.

F : Great. Where can I buy one?

P : At any station, bank, convenience store, or kiosk near a station. Just ask for a T-money card.

F : Okay. Thanks for your help.

P : You're welcome.

Case 01

이태원에 가려면 몇 번 버스를 타야 합니까?

F: 경관님?

P: 네, 뭘 도와드릴까요?

F: 이태원에 있는 해밀턴 호텔을 가려고 하는데 몇 번 버스를 타야 합니까?

P: 여기서는 472번이나 4318번을 타시면 됩니다.

F: 혹시 어느 정류장에서 내려야 하는지 아세요?

P: 잘 모르겠습니다. 기사님께 물어보면 내릴 때쯤 알려주실 겁니다.

F: 알겠습니다. 시간이 얼마나 걸리죠?

P: 교통량에 따라 다릅니다. 이 시간대면 3, 40분 정도 걸릴 겁니다.

F: 요금은 얼만가요?

P: 성인은 1,100원이고 어린이는 450원입니다.

F: 요금을 꼭 맞게 내야 하나요?

P: 아뇨, 잔돈을 받을 수 있습니다. 여기 얼마나 머물 예정이시죠?

F: 7일간이요.

P: 그러시면 교통카드를 사는 게 낫습니다. 매 사용 시 100원씩 할인되고 버스와 버스, 또는 버스와 전철 간에 무료환승도 됩니다.

F: 그거 좋군요. 어디서 살 수 있죠?

P: 아무 전철역이나 은행, 편의점, 전철역 가판대 등에서 살 수 있습니다. "T-머니 카드" 달라고 하세요.

F: 알겠습니다. 도와주셔서 감사합니다.

P: 천만에요.

---

officer : 경찰관 stop : 정류장 unfortunately : 유감스럽게도 close : 가까이 traffic : 교통량 fare : 요금 adult : 성인 exact : 정확한 change : 잔돈 transportation card : 교통카드 discount : 할인 per : ~ 마다 transfer : 갈아타다 convenience store : 편의점 kiosk : 신문, 음료 등을 파는 매점, 가판대

Key Terms

Could you tell me ~ : ~을 알려주겠니
Could you tell me the way to Seoul station?
서울역 가는 길 좀 알려주시겠습니까?

at this time of day : 하루 중 이맘때는
Traffic usually moves well at this time of day.
하루 중 이맘때는 교통이 원활합니다.

take a bus/subway/taxi : 버스/지하철/택시를 타다
You'd better take a subway during rush hour.
출퇴근시간에는 지하철을 타는 것이 낫습니다.

Do you happen to know ~ : 혹시 ~ 아니
Do you happen to know where the restaurant is located?
혹시 그 식당이 어디에 있는지 아세요?

get off at ~ : ~에서 내리다
Get off at the next stop/station.
다음 역에서 내리세요.

How long will it take ~ : ~ 하는 데 얼마나 걸릴까
How long will it take to get there?
거기까지 가는 데 얼마나 걸리나요?

It depends upon ~ : ~에 달려있다
It depends upon the situation.
상황에 따라 다릅니다.

The exact change is required. 요금을 꼭 맞게 내야 한다
When you take a bus in the US, the exact change is required.
미국에서 버스를 탈 때는 요금을 꼭 맞게 내야 합니다.

get back : 돌려받다
You will get our money back when you move out of the apartment.
아파트에서 나갈 때 돈을 돌려받습니다.

you'd better + 원형동사 : ~ 하는 게 낫다
You'd better take a taxi from here.
여기서는 택시를 타는 것이 낫습니다.

for free : 공짜로
It's under warrantee so we'll fix it for free.
고장수리가 보장되니 공짜로 수리해드리겠습니다.

ask for ~ : ~을 찾다
When you arrive, ask for Robert.
도착하시면 로버트를 찾으세요.

More Expressions !

Where is the bus stop? Is it far from here?
버스 정류장이 어디 있습니까? 여기서 머나요?

Walk this way about two hundred meters. It's about a five minute walk.
이 길로 200미터 정도 걸어가세요. 걸어서 5분 정도 걸립니다.

How often does the bus run on this route?
이 노선은 버스 배차시간이 어떻게 됩니까?

It runs every ten minutes.
매 십 분마다 운행합니다.

Does the bus pass by this neighborhood?
그 버스가 이 근처를 지나가나요?

Is this the bus I should take?
이 버스를 타면 됩니까?

What is your destination?
목적지가 어디죠?

Am I on the right side of the street?
제가 길 바른 편에 있나요?

You are on the opposite side.
길 반대편에 서 있습니다.

It's not a busy time.
지금은 교통이 혼잡한 시간이 아닙니다.

Remember to get off at the third stop.
반드시 세 번째 정류장에서 내리세요.

There is a bus route map at the bus station.
버스정류장에 노선표가 있습니다.

For the airport bus, there is a timetable at the bus stop.
공항버스는 버스정류장에 배차시간표가 있습니다.

You can use a smart phone app like Google Maps.
구글맵 같은 스마트폰 앱을 사용하세요.

Put your money into the fare box near the driver.
운전기사 옆에 있는 요금통에 돈을 넣으세요.

You can charge a card with as much money as you like.
카드는 원하는 액수만큼 충전할 수 있습니다.

Case 02 Could you tell me how to get to Anguk Station from here?

F : Excuse me, sir, could you tell me how to get to Anguk Station from here?

P : Sure. You can get on the Green Line here and change to the Orange Line at Euljiro-sam-ga Station.

F : How long will it take me to get there?

P : You're seven stops away so it'll take you about twenty minutes to get there.

F : Are the stops announced in English?

P : Yes, all the stops are announced in Korean and then English.

F: Great! Then, I don't need to worry about getting off at the wrong stop.

P : That's right. Just make sure you're heading in the correct direction.

F : How much is the fare?

P : It's one thousand one hundred won for the trip plus five hundred won for the deposit which you get back at your destination.

F : How can I get it back?

P : When you pass through the turnstile, look for a Deposit Refund Machine to get your money back.

F : It's kind of complicated.

P : An easier way is to buy a transportation card. You can use it for all the buses, subways, and most of the taxis in Korea.

F : That sounds good. Thank you for your help.

P : You're welcome.

---

change : 갈아타다 stop : 역 announce : 방송하다 worry : 걱정하다 head : 향해가다 direction : 방향 trip : 이동, 여행 deposit : 보증금 destination : 목적지 turnstile : 회전식 문 Deposit Refund Machine : 보증금환불기계 complicated : 복잡한 sound : ~ 하게 들리다 transportation card : 교통카드

Case 02

여기서 안국역으로 가려면 어떻게 해야 하나요?

F: 경관님, 여기서 안국역을 가려면 어떻게 하나요?

P: 여기서 녹색라인을 타고 을지로 3가 역에 가서 오렌지라인으로 갈아타세요.

F: 안국역까지 얼마나 걸리나요?

P: 일곱 정거장이니 20분 정도 걸립니다.

F: 영어로 역 안내방송을 해 주나요?

P: 네, 처음에는 한국어로 다음에는 영어로 방송됩니다.

F: 잘됐네요. 잘못 내릴 염려는 안 해도 되겠어요.

P: 그렇습니다. 올바른 방향으로 가고 있는지만 확인하세요.

F: 요금은 얼만가요?

P: 요금 1,100원에 보증금 500원을 내야 합니다. 보증금은 목적지에서 돌려받을 수 있습니다

F: 어떻게 돌려받죠?

P: 회전식 개찰구를 지나면 보증금환급기계를 찾으세요.

F: 좀 복잡하네요.

P: 더 쉬운 방법은 교통카드를 사는 겁니다. 카드로 국내 모든 버스와 전철, 그리고 대부분의 택시까지 탈 수 있습니다.

F: 그거 좋군요. 도와주셔서 감사합니다.

P: 천만에요.

Key Terms

get to ~ : ~에 도착하다
Can you tell me how to get to City Hall?
시청 가는 길 좀 알려주세요.

get on the bus : 버스를 타다
Get on the bus through the front door.
버스는 앞문으로 타세요.

change to ~ : ~ 으로 갈아타다
You can change to an express train.
급행열차로 갈아탈 수 있습니다.

~ stops away : ~ 정거장 떨어진
City Hall Station is one stop away from here.
시청역은 여기서 한 정거장입니다.

worry about ~ : ~을 걱정하다
Don't worry about getting lost.
길 잃을 걱정은 하지 마세요.

at the wrong stop : 잘못된 역에
I fell asleep and got off at the wrong stop.
잠이 들어 다른 역에서 내렸습니다.

make sure : 확실히 하다
Just make sure you wait on the Suseo-bound platform.
반드시 수서행 승강장에서 열차를 타세요.

in the correct direction : 올바른 방향으로
Am I going in the correct direction?
제가 올바른 방향으로 가고 있나요?

for the deposit : 보증금으로
Will five million won be enough for a deposit?
500만원이면 보증금으로 충분한가요?

look for ~ : ~을 찾다
I spent a long time looking for her office.
그녀의 사무실을 찾기가 힘들었습니다.

kind of : 약간, 어느 정도
I'm kind of nervous being alone in a strange place.
낯선 곳에서 혼자 있으니 좀 긴장됩니다.

That sounds good. 그거 좋겠다
That sounds fine. That sounds good to me. I'd like that.

More Expressions !

How can I get to the nearest subway station?
가장 가까운 지하철역에 가려면 어떻게 하나요?

Just follow the sidewalk and you'll come to the station.
보도를 쭉 따라가면 지하철역이 나옵니다.

Can I find a subway nearby here?
이 근처에서 지하철을 탈 수 있습니까?

How far is the station? Can I walk to it?
역까지 얼마나 멉니까? 걸어갈 수 있습니까?

It's within walking distance.
걸을 수 있는 거리입니다.

Are the fares the same to all destinations?
어디를 가든 요금이 똑같습니까?

Subway fares vary according to distance traveled.
지하철 요금은 거리에 따라 다릅니다.

You can buy a ticket at the ticket window or use the vending machine.
창구에서 표를 사거나 자동매표기를 사용하시면 됩니다.

Please tell me how to use this vending machine.
자판기 사용법 좀 알려주세요.

Put coins or small bills into the machine. Then choose your destination and the number of tickets you want.
동전이나 소액권을 기계에 넣어주세요. 그런 뒤 목적지와 원하는 티켓 수를 선택하세요.

How long will it take to get to the last stop from here?
여기서 종점까지 얼마나 걸리나요?

It usually takes one hour to get to the last stop from here.
여기서 종점까지 통상 1시간 정도 걸립니다.

Where should I transfer trains?
어디서 열차를 갈아타야 하나요?

Transfer to line number two at Dongdaemun Station.
동대문역에서 2호선으로 갈아타세요.

Where is the exit to City Hall?
시청으로 나가는 출구가 어디입니까?

When you get off the subway, take exit number one.
지하철에서 내리면 1번 출구로 나가세요.

Case 03 Could you give me directions? I'm lost.

F : Excuse me, sir, could you give me directions? I'm lost.

P : Certainly, where would you like to go?

F : I'm trying to find Gallery Leeum. I think the taxi driver dropped me off at the wrong place.

P : Don't worry. It's very near and easy to find from here.

F : That's a relief. Actually I have a bad sense of direction.

P : It's not difficult at all. I can explain it carefully.

F : Thank you.

P : Walk two blocks this way and make a right turn. You'll see Leeum on your right.

F : Are there any landmarks I can look for?

P : There is an arch spanning the road at the end of the second block. Can you see it down there?

F : Well, let me see. Ah, there it is.

P : At the arch, make a right turn and walk about two hundred meters. You can't miss it.

F : Great. Thanks for your help.

P : My pleasure.

---

direction : 방향 certainly : 그럼요 relief : 안도, 안심 worry : 걱정하다 actually : 실은 sense of direction : 방향감각 not at all : 결코 ~ 하지 않는. carefully : 주의 깊게 block : 블록 landmark : 주요지형지물 arch : 아치형 건조물 span : 걸쳐 이어지다 down there : 저 아래 miss : 놓치다

Case 03

길 좀 가르쳐주시겠어요? 길을 잃었어요.

F: 죄송하지만 길 좀 가르쳐주시겠어요? 길을 잃었어요.

P: 그러죠, 어디를 가려고 하세요?

F: 리움 갤러리를 찾고 있어요. 택시기사가 잘못 내려준 것 같습니다.

P: 걱정마세요. 바로 이 근처에 있는데 찾기 쉽습니다.

F: 다행이네요. 제가 방향감각이 둔해서요.

P: 전혀 어렵지 않습니다. 상세히 설명해드릴게요.

F: 감사합니다.

P: 이 길로 두 블록을 걸어가서 우회전을 하시면 오른쪽으로 리움이 보입니다.

F: 표지가 될 만한 건물 같은 게 있나요?

P: 두 번째 블록 끝에 큰 아치가 길에 걸쳐져 있습니다. 저기 아래로 보이죠?

F: 어디요. 아 저기 있네요.

P: 아치에서 우회전을 해서 200미터만 걸어가세요. 쉽게 찾을 수 있습니다.

F: 잘됐네요. 도와주셔서 감사합니다.

P: 천만에요.

Key Terms

give directions : 길을 알려주다
Please give me directions to Namsan Park.
남산공원으로 가는 길 좀 알려주세요.

be/get lost : 길을 잃다
I got lost in the dark.
어둠 속에서 길을 잃었습니다.

drop off : 내려주다
You can drop me off here.
여기서 내려주세요.

at/in the wrong place : 잘못된 곳에
I think I'm in the wrong place.
이곳이 아닌 것 같아요.

have a bad/good sense of direction : 방향감각이 둔하다/좋다
I have a poor sense of direction.
저는 방향감각이 둔합니다.

explain carefully : 자세히 설명하다
Let me explain carefully the way to the National Museum.
국립박물관 가는 길을 상세히 설명해드릴게요.

make a right/left turn : 오른쪽/왼쪽으로 돌다
Make a right turn at the second traffic light.
두 번째 신호등에서 우회전하세요.

on your right/left : 오른쪽에/왼쪽에
You will pass a hospital on your right.
오른쪽으로 병원을 지나가게 됩니다.

let me see : 글쎄, 어디 보자
Well, let me see, where did I put it?
가만 있자, 그걸 어디 두었더라?

There it is. 거기 있다
There it is—just behind you.
거기 있네요, 바로 당신 뒤에요.

can't miss it : 쉽게 찾다
It's a white two-story building. You can't miss it.
흰색 2층 건물이에요. 쉽게 찾을 겁니다.

My pleasure : 천만에
The pleasure was all mine. Not at all. Any time. Think nothing of it.

More Expressions !

The bank is just next to the bakery.
은행은 빵집 바로 옆에 있습니다.

The main entrance is in the middle of the building.
정문은 빌딩 한가운데 있습니다.

The bus stop is opposite from the police station.
버스 정류장은 경찰서 반대편에 있습니다.

The bus stop is across from the bakery.
버스 정류장은 빵집 바로 맞은편에 있습니다.

The bank is located on the corner.
은행은 모퉁이에 있습니다.

A car is parked in front of my house.
제 집 앞에 차 한 대가 주차되어 있습니다.

The parking lot is behind this building.
주차장은 건물 뒤편에 있습니다.

Could you show me the way to Kyobo Book Store?
교보문고 가는 길 좀 알려주시겠어요?

Go down this street to the pedestrian overpass and cross there.
이 길을 따라 보행자육교까지 가서 거기서 건너세요.

Use the pedestrian underpass right over there.
저기 있는 보행자전용 지하도를 이용하세요.

A good landmark to look for is the old palace on your right.
눈에 띄는 건물로 고궁이 오른편으로 있습니다.

You can walk down into the subway entrance to find the bookstore entrance.
지하철 입구로 내려가면 서점 입구가 나옵니다.

You took the wrong way at a fork.
갈림길에서 길을 잘못 들었습니다.

You're heading in the wrong direction.
길을 잘못 드셨네요.

Turn around and retrace your steps.
돌아서서 온 길을 되돌아가세요.

You should take the left-hand path at the fork.
갈림길에서 왼쪽 길로 가야 합니다.

Keep walking. You're almost there.
계속 걸어가세요. 거의 다 왔습니다.

Case 04

I need to find a gas station.

F : Excuse me officer, can you help me find a gas station? I'm afraid I am running out of gas.

P : Sure, there are a few gas stations near here.

F : Where is the nearest one?

P : Can you pull over to the side of the road?

F : Yes, officer.

[after pulling over]

P : Well, go straight ahead on this street until the second traffic light. Take a left there, and then continue to the first crosswalk.

F : Let me repeat that. I go straight on this street to the second traffic light. Then I take a left and continue on to the first crosswalk. Is that right?

P : Yes.

F : What's next?

P : That's it. You'll see the gas station on your right.

F : Oh, it's quite easy. Thank you.

P : You're welcome.

---

gas station : 주유소　gas : 가솔린　sure : 그래요　side of the road : 도로변　straight : 똑바로　ahead : 앞으로　traffic light : 신호등　continue : 계속하다　crosswalk : 보도　repeat : 반복하다　quite : 꽤, 상당히

Case 04

주유소를 찾아야 합니다.

F: 경관님, 주유소를 찾는데 좀 도와주시겠습니까? 휘발유가 떨어지려고 해서요.

P: 그러죠, 이 근처에 몇 군데 있습니다.

F: 어디가 제일 가까운가요?

P: 도로변으로 차 좀 세우시겠습니까?

F: 네.

[차를 세운 후]

P: 자, 이 길로 두 번째 신호등까지 쭉 가서 좌회전을 한 후 첫 번째 횡단보도까지 계속 가십시오.

F: 제가 다시 말해보죠. 이 길로 두 번째 신호등까지 가서 좌회전을 한 후 첫 번째 횡단보도까지 갑니다. 맞나요?

P: 맞습니다.

F: 다음은요?

P: 그게 답니다. 횡단보도 오른쪽으로 주유소가 있습니다.

F: 아, 찾기 쉽군요. 감사합니다.

P: 천만에요.

Key Terms

Excuse me. 실례합니다
Excuse me, but what is the name of this street?
죄송하지만 이 도로명이 뭐죠?

I'm afraid ~: (유감스런 내용을 말할 때 예의상 덧붙이는 표현) ~ 할 것 같다
I'm afraid I can't help you. I'm a stranger here also.
도움이 못 되겠네요. 저도 여기가 처음이어서요.

run out of ~: ~을 다 써 버리다, 바닥나다
We've run out of money completely.
돈을 다 써버렸어요.

pull over: 차를 한 쪽으로 대다
Please pull over onto the shoulder.
갓길로 차를 대세요.

go straight on/ahead: 길을 쭉 가다
There is a bus stop if you keep going straight on this road.
이 길로 곧장 가면 버스 정류장이 나옵니다.

take a left/right: 왼쪽/오른쪽으로 돌다
Take a left at the next corner.
다음 모퉁이에서 왼쪽으로 도세요.

Let me repeat that. 다시 말하다
Now let me repeat that for you.
당신을 위해 다시 말하겠습니다.

Is that right? 맞니
When I arrive, I pick up a rental car at the airport. Is that right?
도착하면 공항에서 렌터카를 픽업하는 거 맞죠?

What's next? 다음은
I put the key in the engine. What's next?
키를 꽂았습니다. 다음은요?

That's it. 그게 다야
Keep walking straight that way. That's it.
그 길로 곧장 가시면 됩니다. 그게 다에요.

It's quite easy. 아주 쉽다
It's quite easy for one to say that color of skin doesn't matter.
피부색은 중요하지 않다고 말하는 것은 매우 쉽습니다.

You're welcome. 별 말씀을
Don't mention it. Not at all. It's a pleasure. Anytime.

More Expressions!

I need to fill up my car.
차에 기름을 넣어야 합니다.

Is there any self-service station nearby?
근처에 셀프서비스 주유소가 있습니까?

It's located on the corner of Jongno-sam-ga and Euljiro-il-ga.
종로3가와 을지로 1가가 만나는 곳에 있습니다.

I'm looking for an LPG station.
LPG충전소를 찾고 있습니다.

It's not easy to find an LPG station downtown.
시내에서 LPG충전소를 찾는 게 쉽지 않습니다.

I'm looking for Starbucks.
스타벅스를 찾습니다.

There are a couple of Starbucks on this block. Which one?
이 구역에 스타벅스가 두세 개 있습니다. 어느 스타벅스를 찾으시죠?

If I go down this street, do I run into Sejongro?
이 길로 쭉 내려가면 세종로를 만납니까?

You're driving in the wrong direction.
잘못된 방향으로 가고 있습니다.

Stay on the right so that you will be ready to make a right turn at the light.
신호등에서 우회전할 수 있도록 오른쪽 차선으로 계속 가세요.

Just a moment, let me write this down.
잠깐만요, 받아 적을게요.

Can you draw me a map?
약도를 그려줄 수 있나요?

Can you repeat that? / Come again? / What was that again?
한번 더 말씀해주시겠습니까?

Are you with me so far? / Are you following me so far?
지금까지 제가 한 말 알아들었습니까?

I'm afraid I'm not following you.
잘 못 알아듣겠어요.

I got it. I got you. I'm with you. I follow you.
알아들었습니다.

Case 05 Could you show me where we are right now?

F : Pardon me, could you show me where we are right now?

P : Sure. Let me see your map. [pointing to the map] You are right here. Where are you trying to go?

F : We are going to Dongdaemun Market.

P : Dongdaemun Market is over here, on the east side of the city.

F : What's the best way to get there?

P : You can take a subway, but you'll need to transfer two times so you might want to take a taxi.

F : Isn't it expensive?

P : It's not a busy time so it will not cost that much. Regular taxis in Korea are not that expensive. However, deluxe taxis are quite expensive.

F : How can I know a regular taxi from a deluxe taxi?

P : Black taxis are deluxe ones.

F : Oh, I see. Can we take a taxi from here?

P : There is a taxi stand over there. However, you can also try hailing a taxi here.

F : Do taxi drivers speak English?

P : Some do but you can also use a free phone translation service or just give the name or address of your destination.

F : Okay. Thank you very much.

P : You're welcome.

transfer : 갈아타다 expensive : 비싼 busy time : 번잡한 시간 cost : 비용이 들다 taxi fare : 택시요금 regular taxi : 일반택시 deluxe taxi : 모범택시 taxi stand : 택시정류장 hail : 불러 세우다 free phone translation service : 무료전화통역서비스 address : 주소 destination : 목적지

Case 05

지금 저희가 어디에 있나요?

F: 죄송하지만 지금 저희가 어디에 있죠?

P: 지도 좀 보여주세요. [지도를 가리키며] 여러분은 지금 여기 있습니다. 어디를 가려고 하세요?

F: 동대문 시장을 가려고 합니다.

P: 동대문 시장은 여기, 도시 동쪽에 있습니다.

F: 거기로 어떻게 가야 하나요?

P: 지하철을 탈 수 있지만 두 번 갈아타야 하니 택시를 타는 게 나을 겁니다.

F: 비싸지 않나요?

P: 혼잡한 시간이 아니니 요금이 그렇게 많이 나오지는 않을 겁니다. 일반택시는 그렇게 비싸지 않아요. 하지만 모범택시는 비쌉니다.

F: 일반택시와 모범택시를 어떻게 구분하나요?

P: 검정색 택시들이 모범택시입니다.

F: 그렇군요. 여기서 택시를 탈 수 있나요?

P: 저기 택시정류장이 있지만 여기서도 택시를 잡을 수 있습니다.

F: 택시기사들이 영어를 할 수 있나요?

P: 하는 사람도 있기는 하지만 무료전화통역 서비스를 이용하거나 목적지 이름이나 주소를 주시면 됩니다.

F: 알겠습니다. 감사합니다.

P: 천만에요.

Key Terms

Real Life English for Police!

Pardon me : 실례합니다
Pardon me, may I ask you something?
죄송하지만 말씀 좀 묻겠습니다.

Could you show me ~ : ~을 알려주다
Could you show me the way to Namdaemun Market?
남대문 시장 가는 길 좀 알려주시겠어요?

where we are : 현재 있는 곳에
It's better to remain where we are now.
지금 우리가 있는 곳에 남는 것이 낫습니다.

on the east side : 동쪽에
Chong Wa Dae, the Blue House, is on the east side of Bukhan Mountain.
청와대는 북한산 동쪽에 있습니다.

What's the best way to ~ : ~하는 가장 좋은 방법이 무엇인지
What's the best way to get to City Hall?
시청으로 가려면 어디로 가는 게 가장 좋을까요?

It's (not) a busy time. 바쁜 시간이다(아니다)
Christmas holiday is a busy time for police. There are lots of accidents and incidents.
크리스마스시즌은 경찰들에게 바쁜 때입니다. 사건 사고가 많이 일어납니다.

cost much : 경비가 많이 들다
I expected it to cost much more.
훨씬 더 비쌀 거라고 생각했습니다.

that much : 그렇게까지
There isn't that much traffic at this time.
이 시간에는 교통량이 그리 많지 않습니다.

quite expensive : 매우 비싼
It's quite expensive and costs a lot to maintain.
그것은 가격이 매우 비싸고 유지비용이 많이 듭니다.

know ~ from ~ : ~와 ~를 구분하다
He has no sense of direction. He doesn't know east from west.
그는 방향감각이 전혀 없습니다. 동 서도 구분 못합니다.

hail a taxi : 손을 흔들어 택시를 세우다
I hurried away to hail a taxi.
서둘러 나가서 택시를 잡았습니다.

give the name/address : 이름/주소를 알려주다
Let me give you the name and address of my mechanic.
제가 가는 정비소 이름과 주소를 알려드릴게요.

More Expressions !

Where is the taxi stand?
택시정류장이 어디 있죠?

There is one near the subway entrance.
지하철 역 부근에 하나 있습니다.

If I call for a taxi, how long does it take it to get here?
콜택시를 부르면 여기까지 오는 데 얼마나 걸리죠?

It usually takes between five and ten minutes after the phone call.
보통 전화 받고 5분에서 10분이면 택시가 옵니다.

Do call taxis charge more?
콜택시는 요금을 더 내야 하나요?

There is no extra fee for calling a taxi.
콜택시에 추가되는 요금은 없습니다.

Can we pay by credit card?
신용카드로 지불할 수 있나요?

You can pay by cash or credit card.
현금이나 신용카드로 지불할 수 있습니다.

Is it safe to take a taxi at night?
밤에 택시타도 안전한가요?

It's not a good idea for a woman to take a taxi alone at night.
여성이 밤에 혼자 택시를 타는 것은 좋은 생각이 아닙니다.

When does the extra charge take effect?
몇 시부터 요금이 할증되나요?

The taxi fare goes up after midnight.
자정 이후 할증요금이 적용됩니다.

How late do taxis run?
택시는 몇 시까지 운행되나요?

Taxis run twenty-four hours a day.
택시는 하루 24시간 운행합니다.

The fares are calculated by travel distance and time.
요금은 거리와 시간으로 계산합니다.

The basic charge of a regular taxi is three thousand won.
일반택시 기본요금은 3,000원입니다.

The deluxe taxi fare is about two times more expensive than the regular taxi fare.
모범택시 요금은 일반택시 요금보다 두 배 정도 비쌉니다.

PART II

Giving Information about Traffic Control/ Security Check

교통통제/보안검색에 관해 알려주기

Case 06 **도로공사로 길을 통제할 때**

This road is closed for roadwork.

도로공사로 차량통행이 금지됩니다.

Case 07 **행사로 길을 통제할 때**

This road is closed for a special occasion

특별행사가 있어 차량통행이 금지됩니다.

Case 08 **민방위훈련으로 차량을 통제할 때**

We are having a civil defense drill right now.

지금 민방위훈련 중입니다.

Case 09 **국제행사로 인해 보안검색을 할 때**

We are having a security check..

보안검색을 실시하고 있습니다.

Case 10 **국제행사로 인해 현장검문을 실시할 때**

We are spot-checking random guests today.

손님들에게 현장검문을 실시하고 있습니다.

Case 06

This road is closed for roadwork.

P : I'm sorry, but this road is closed to traffic today.

F : What's going on?

P : There's critical roadwork going on in this area today. There was a burst in the water main.

F : Ah! That's why the road is under water. Well then, how can I get past this area?

P : Make a U-turn here and stay on the right side. Then make a right turn at the light.

F : Hold on, let me repeat that. Make a U-turn here and turn right at the first light.

P : Right.

F : What's next?

P : Follow the road for one block and make another right turn. That will take you back to this road and past the roadwork.

F : Okay. Do you know when the roadwork will be completed? I pass by this area every day.

P : It's due to end on Friday.

F : Thank you, officer.

P : Sorry for the inconvenience.

F : No problem.

closed : 차단, 봉쇄되다 traffic : 교통 critical : 중대한 roadwork : 도로공사 area : 지역
burst : 파열 water main : 상수도 본관 stay : 머무르다 follow : 따라가다 block : 구역
past : 지나서 roadwork : 도로공사 light : 신호등 inconvenience : 불편

Case 06

도로공사로 차량통행이 금지됩니다.

P: 죄송하지만 오늘 이 길은 차량통행이 통제됩니다.

F: 무슨 일인가요?

P: 오늘 이 지역에 긴급도로공사가 진행되고 있습니다. 수도관이 파열되어서요.

F: 아, 그래서 도로가 물에 잠겨 있군요. 그러면 이 지역을 어떻게 빠져나가나요?

P: 여기서 U턴을 해서 오른쪽 차선으로 가시다가 신호등에서 우회전을 하십시오.

F: 잠깐만요, 제가 다시 말해볼게요. 유턴을 해서 첫 번째 신호등에서 우회전이요.

P: 맞습니다.

F: 다음은요?

P: 그 길로 한 블록 가서 다시 우회전을 하세요. 그러면 다시 이 길로 오면서 공사현장은 지나칩니다.

F: 알겠습니다. 공사가 언제 끝나죠? 저는 매일 여기를 지나다니는데요.

P: 금요일에 끝날 예정입니다.

F: 감사합니다.

P: 불편을 드려 죄송합니다.

F: 괜찮습니다.

Key Terms

be closed for traffic : 왕래를 금하다
Due to some restoration work, the main street will be closed to traffic next week.
복구 공사로 다음 주에 중심도로 통행이 금지됩니다.

What's going on? 무슨 일이니
What's happening? What's the problem? What is all this about?

That's why : 그 때문이야
That's why I was tied up in traffic for over an hour.
그래서 제가 한 시간이 넘도록 교통체증에 갇혀있었어요.

under water : 침수하여
Banpo Bridge is under water due to flooding so motorists should use an alternate route.
반포교가 홍수로 침수되어 운전자들은 다른 도로를 이용해야 합니다.

get past ~ : 지나가다 통과하다
She pulled over so that an ambulance could get past.
그녀는 앰뷸런스가 지나갈 수 있도록 차를 한쪽으로 세웠습니다.

make a U-turn/right turn/left turn : U턴/우회전/좌회전을 하다
You made an illegal U-turn.
불법유턴을 했습니다.

on the right side : 우측에
Cars run on the right side of the street in Korea.
한국에서 차는 오른쪽으로 달립니다.

Hold on : 잠깐만
Just a minute/moment/second.

pass by : 지나가다
Does bus number four seven two pass by here?
472번 버스가 여기를 지나가나요?

be due to ~ : ~ 할 예정이다
The traffic control is due to be removed on May first.
도로통제는 5월 1일에 풀릴 예정입니다.

Sorry for the inconvenience. 불편하게 해서 미안하다
We're sorry for the inconvenience caused by the road construction work.
도로건설공사로 통행에 불편을 드려 죄송합니다.

No problem : 괜찮아
That's ok. It can't be helped. No worries. I don't mind.

More Expressions!

The road is closed as construction is going on.
공사 중이어서 도로가 폐쇄되었습니다.

One lane of the road is closed for repaving.
도로 한 차선이 재포장공사로 폐쇄되었습니다.

When will the repair work be over?
복구공사가 언제 끝납니까?

It is due to be finished in December 2014.
2014년 12월에 마칠 예정입니다.

This street will be closed to traffic all next week. They have to tear it up to fix some pipes.
이 길은 다음 주 내내 교통이 통제됩니다. 수도관 보수공사를 위해 도로를 파헤쳐야 합니다.

A traffic accident on the bridge closed the two left lanes for three hours.
다리 위에서 일어난 차 사고로 왼쪽 차선 두 차선이 세 시간 동안 폐쇄되었습니다.

The police completely closed off the scene of the accident from traffic.
경찰은 사고발생지점의 교통을 전면 통제하였습니다.

You need to take a detour/roundabout.
우회하셔야 합니다.

Do I have to go the long way around?
많이 돌아가야 합니까?

For how long will the road be closed?
도로는 얼마간 폐쇄됩니까?

Just a couple of hours. It's a temporary traffic control.
두 시간 가량이요. 일시적인 교통통제입니다.

Why have riot police been positioned around the hotel?
왜 호텔주변에 전경이 배치되었나요?

A big labor union is demonstrating. Drive away from this area promptly.
대규모 노동조합이 시위 중입니다. 즉시 이 지역에서 벗어나십시오.

Police officers have been placed on the major roads of the city because of a demonstration.
시위 때문에 주요도로에 경찰이 배치되었습니다.

Traffic has been diverted because of a demonstration being held in front of City Hall.
시청 앞에서 열리고 있는 시위로 인해 차들이 우회하고 있습니다.

You'd better use public transportation to access this part of town for the time being.
이 근처로 오실 때는 당분간 대중교통을 이용하는 것이 좋습니다.

Case 07

This road is closed for a special occasion.

P : Good afternoon, sir. You'll need to turn your car around. This road is closed.

F : Why? I really need to get to City Hall.

P : K-pop stars are having a big concert in City Hall Square tonight.

F : Oh, really?

P : The performance will be televised in this area so we are closing streets in preparation.

F : Is it a free concert?

P : Yes.

F : Huh, I should try to come see it tonight.

P : You'd better get here as soon as possible to secure a good place. We expect about eighty thousand people.

F : Wow, it sure is a large scale performance. I'd better hurry.

P : You should. All the popular singers, groups, and bands will be performing tonight.

F : I can't wait to see it. By the way, do you know if City Hall is closed today?

P : All government offices are open as usual.

F : I guess I will have to find a way around this.

P : The best way to get around this is to make a U-turn and then take the second right.

F : Thanks, I'll try it.

special occasion : 특별 행사　square : 광장　performance : 공연　televise : TV로 방송하다
free concert : 무료콘서트　secure : 확보하다　expect : 예상하다　large scale : 대규모
hurry : 서두르다　popular : 인기 있는　government office : 관공서　closed : 휴무, 휴업이다
open : 업무, 영업을 하다

Case 07

특별행사가 있어 차량통행이 금지됩니다.

P : 안녕하십니까. 차를 돌리셔야 합니다. 이 길은 차량통행이 통제됩니다.

F : 왜요? 시청에 가야 하는데요.

P : K팝 스타들이 오늘 밤 시청광장에서 대규모 콘서트를 엽니다.

F : 그래요?

P : TV로 공연을 중계할 거여서 준비를 위해 도로를 폐쇄하고 있습니다.

F : 무료콘서트인가요?

P : 네.

F : 그럼 저도 보러 와야겠어요.

P : 좋은 자리를 잡으시려면 가능한 빨리 와야 합니다. 관객 8만 명 정도를 예상하고 있습니다.

F : 와, 정말 대규모 공연이군요. 서둘러야겠습니다.

P : 그러셔야 합니다. 모든 인기 있는 가수, 그룹, 밴드들이 오늘 밤에 공연합니다.

F : 정말 보고 싶네요. 그런데 오늘 시청이 휴무인가요?

P : 관공서는 평상시처럼 업무를 봅니다.

F : 그럼 우회길을 찾아야겠군요.

P : 가장 좋은 방법은 여기서 유턴을 해서 두 번째에서 우회전을 하는 겁니다.

F : 감사합니다, 그렇게 하죠.

Key Terms

be televised : TV로 방영되다
The president speech will be televised live at ten am.
오전 열 시에 대통령 연설이 생중계 됩니다.

in preparation : 준비로
A plane lowers its wheels in preparation for landing.
비행기가 착륙하기 위해 바퀴를 내립니다.

as soon as possible : 가능한 빨리
You need to leave this place as soon as possible.
가능한 빨리 이곳을 떠나야 합니다.

secure a place : 자리를 잡다
He arrived early to secure a good place at the front.
그는 앞쪽 좋은 자리를 잡으려 일찍 도착했습니다.

I'd better hurry. 서두르는 게 좋겠다
I'd better hurry or my seat will be far from the stage.
서둘러야겠어요, 안 그러면 무대에서 멀리 떨어진 곳에 앉겠어요.

It sure is ~ : 정말 ~ 하다
It sure is hot today.
오늘 정말 덥네요.

by the way : 그런데
By the way, what time is it?
그런데 지금 몇 시죠?

be closed/open (관공서, 영업장 등이) 휴무하다/업무를 보다
All government offices will be closed on New Year's Day and the next day.
모든 관공서들이 설날과 그 다음날 휴무입니다.

as usual : 평상시대로
Some restaurants will be open as usual.
일부 음식점들은 평상시처럼 영업을 합니다.

find a way around ~ : ~를 돌아갈 길을 찾다
She had to find a way around the flooded road.
그녀는 침수된 도로를 피해 돌아가야 했습니다.

get around : (곤란한 상황 등을) 피하다, 벗어나다
He took a detour to get around the checkpoint.
그는 검문소를 피하기 위해 돌아갔습니다.

take the second right : 두 번째에서 우회전하다
Take the first left, then the second right.
첫 번째 길에서 좌회전한 후 다시 두 번째에서 우회전하세요.

More Expressions !

What is all the fuss about?
왜 이렇게 난리죠?

Who's playing? When is the performance?
누가 공연하나요? 공연 시간이 언제죠?

K-pop stars are having a charity concert from eight pm to ten pm.
K팝 스타들이 밤 8시부터 10시까지 자선콘서트를 엽니다.

An outdoor concert is taking place in City Hall Square.
시청광장에서 야외콘서트가 열립니다.

What is this concert for? What do they celebrate?
무슨 공연이죠? 뭘 경축하나요?

It's for celebrating National Liberation Day.
광복절을 기념하는 공연입니다.

Large celebrations with parades, festivals, and concerts will take place on Chuseok, the Korean traditional fall harvest holiday.
추석 휴일에는 거리행진, 축제, 공연 등의 대규모 축하행사들이 열립니다.

There will be a huge audience tonight.
오늘 밤 청중이 많이 모일 겁니다.

How much is the admission?
입장료는 얼마인가요?

They charge no admission. The first arrivals get the best seats.
입장료는 없습니다. 빨리 오는 사람이 좋은 자리를 차지합니다.

It's free on a first come first served basis.
선착순으로 무료입니다.

A variety of events are held in City Hall Square all year round.
시청광장에서는 일년 내내 다양한 행사들이 열립니다.

The national football team is playing this evening.
오늘 저녁 국가대표축구팀 경기가 있습니다.

People will gather together here and cheer for the Korean soccer team tonight.
오늘밤 사람들은 여기 함께 모여 한국축구 대표팀을 응원할 것입니다.

During the FIFA World Cup, City Hall Square was completely packed with people cheering for the Korean soccer team all night.
FIFA 월드컵 동안 시청 앞 광장은 밤새 한국축구팀을 응원 하는 사람들로 꽉 들어찼습니다.

Korean football and baseball fans are well known for their passionate cheering.
한국 축구팬과 야구팬들은 열정적인 응원으로 유명합니다.

Case 08

We are having a civil defense drill right now.

[Sirens go off]

P : Sir, could you pull over your car, please?

F : What's wrong? What are the sirens for?

P : Don't be afraid, sir. We're having a civil defense drill right now.

F : Oh, I see. What am I supposed to do?

P : I need you to park your vehicle here and please wait until the sirens stop before you continue.

F : How long will it last?

P : It takes a total of twenty minutes. Ten minutes of a warning alarm, and another ten minutes of an air-raid alarm.

F : Well then, where should I park my car?

P : Right here is fine.

F : OK.

P : You also must stay in your vehicle. You can't walk around during the drill.

F : Sure, I understand. What about the pedestrians?

P : People will take shelter in the underground passage during the air-raid alarm.

F : Oh, I see. It's a new experience for me.

P : Thank you for your cooperation.

F : Sure no problem.

---

siren : 사이렌 civil defense drill : 민방위훈련 vehicle : 차량 continue : 계속하다 last : 지속하다 warning alarm : 경계경보 another : 또 하나의 air-raid alarm : 공습경보 park : 주차하다 vehicle : 차량 pedestrians : 보행자 shelter : 대피소 underground passage : 지하도 experience : 경험 cooperation : 협조

Case 08

지금 민방위훈련 중입니다.

[사이렌이 울린다]

P: 차 좀 세우시겠습니까?

F: 무슨 일인가요? 사이렌은 왜 울리죠?

P: 놀라지 마십시오. 민방위 훈련 중입니다.

F: 그렇군요. 제가 어떻게 해야 하나요?

P: 여기 차를 세우고 사이렌이 멈출 때까지 기다려야 합니다.

F: 얼마나 걸리죠?

P: 총 20분입니다. 10분은 경계경보, 10분은 공습경보입니다.

F: 그러면 차를 어디에 세워야 하나요?

P: 여기 세우시면 됩니다.

F: 알겠습니다.

P: 그리고 차 안에 계셔야 합니다. 훈련 중에는 돌아다닐 수 없습니다.

F: 알겠습니다. 보행자들은 어떡하나요?

F: 보행자들은 공습경보 중에 지하도로 대피하게 됩니다.

P: 그렇군요. 저에겐 새로운 경험입니다.

F: 협조해주셔서 감사합니다.

P: 별말씀을요.

Key Terms

Real Life English for Police!

go off : 울리다
The siren goes off at ten am to pay respect to the deceased patriots today.
오늘 오전 10시에 호국영령들을 기리기 위한 사이렌이 울립니다.

pull over : 차를 한쪽으로 세우다
My car is making strange noises. Let's pull over and take a look.
차에서 이상한 소리가 납니다. 차를 한쪽으로 세워서 살펴봐야겠어요.

What's wrong? 무슨 일이니
What's the problem? What's going on?

What's ~ for? 무슨 이유로
What is that police line for?
저 경찰저지선은 왜 처져 있나요?

Don't be afraid. 겁내지 마
Don't be afraid. It's just a contingency simulation exercise.
겁내지 마세요, 그냥 비상사태 모의훈련입니다.

be supposed to ~ : ~ 하기로 되어 있다
You are supposed to keep off the grass.
잔디밭에는 출입금지입니다.

wait until : ~ 할 때까지 기다리다
Wait until the light turns green.
파란 불이 켜질 때까지 기다리세요.

a total of : 총, 전부
A total of ten people showed up.
총 10명이 참석했습니다.

Well then : 그러면, 자
Well then, I will take a break for twenty minutes.
그럼 20분간 휴식을 취하겠습니다.

stay in ~ : ~에 머무르다
All of you should stay in the safe areas.
모두 안전한 지역에 머물러야 합니다.

walk around : 돌아다니다
You'd better not walk around that dangerous slum at night.
밤에는 위험한 슬럼가를 돌아다니지 않는 것이 좋습니다.

take shelter : 피난하다, 피하다
I took shelter from a sudden shower in a coffee house.
갑작스런 소나기를 피하기 위해 커피숍으로 들어갔습니다.

More Expressions !

A civil defense drill will begin shortly.
곧 민방위훈련이 시작됩니다.

The civil defense drill is over. You may go now.
민방위훈련이 끝났습니다. 이제 가셔도 됩니다.

A disaster warning has been issued/cleared.
재난경보가 발령/해제되었습니다.

A forest fire watch has been issued/lifted.
산불주의보가 발령/해제되었습니다.

A typhoon watch is in effect. You'd better hurry home.
태풍주의보가 발령 중입니다. 서둘러 귀가하시는 게 좋습니다.

A huge typhoon is approaching the Korean Peninsula at the speed of twenty kilometers per hour.
대형태풍이 시속 20킬로 속도로 한반도로 접근하고 있습니다.

The typhoon warning was cleared. There was much damage done this time.
태풍경보가 해제되었습니다. 이번에는 피해가 컸습니다.

The government and people are doing their best to recover from the damage.
정부와 주민이 피해복구에 최선을 다하고 있습니다.

A/The CBR warning has been issued/cleared.
화생방경보가 발령/해제되었습니다.
* CBR : Chemical, Biological, and Radiological

People were ordered to evacuate their homes because of the flood.
홍수로 사람들에게 대피 명령이 내려졌습니다.

If asked to evacuate, do so immediately.
대피하라고 하면 즉시 하십시오.

You should call one one nine and try to help people escape.
119에 전화하고 사람들이 대피하도록 도와주세요.

There was a gas explosion at a chemical plant and there were lots of casualties.
화학공장에서 가스폭발사고가 일어나서 사상자가 많습니다.

There was a big fire in a building.
건물에서 큰 화재가 일어났습니다.

Please stay away from the scene of the fire.
화재현장에서 떨어져 계십시오.

Police used water cannons to put out the fire.
경찰은 화재진압을 위해 물대포를 쏘았습니다.

Case 09

We are having a security check.

P : Good afternoon, sir. We are having a security check while the G-20 Summit is being held. Please put all your things in this basket.

F : What about my cell phone?

P : Yes, that too. Please empty out everything you have in your pockets.

F : That's everything.

P : Thank you. And please take off your shoes and put on these slippers.

F : Take off my shoes? Why?

P : We are taking extra precautions and scanning shoes as well. There could be a bomb or other weapon in a shoe.

F : Oh, I see.

P : Now, please step through the metal detector and then step up on that block to be hand scanned.

F : OK.

P : You are clear to go. Thank you for your cooperation.

F : No problem.

---

security check : 보안검색 while : ~ 하는 동안 G-20 summit : G-20 정상회담 empty : 비우다
extra : 특별한 precaution : 예방책 scan : 검색하다 bomb : 폭탄 weapon : 무기
metal detector : 금속탐지기 block : 구역 cooperation : 협조

Case 09

보안검색을 실시하고 있습니다.

P: 안녕하십니까. G-20 정상회담이 열리는 동안 보안검색을 실시하고 있습니다. 소지품을 바구니에 담아 주십시오.

F: 휴대폰은요?

P: 휴대폰도요. 주머니에 있는 것 모두 꺼내서 담아주세요.

F: 그게 답니다.

P: 감사합니다. 그리고 신발을 벗고 슬리퍼를 신으세요.

F: 신발을 벗으라고요? 왜요?

P: 각별한 주의를 기울여 신발검색도 하고 있습니다. 신발에 폭탄이나 다른 무기가 있을 수 있으니까요.

F: 그렇군요.

P: 자, 이제 금속탐지기를 통과한 다음 저 발판에 올라서서 손 검색을 받으십시오.

F: 알겠습니다.

P: 가셔도 됩니다. 협조해주셔서 감사합니다.

F: 별말씀을요.

Key Terms

have a security check : 보안 검색을 하다
You need to have a background security check.
당신은 신원조사를 받아야 합니다.

hold a summit : 정상회담을 열다
They held a summit between the ruling party and opposition leaders.
여야영수회담을 가졌습니다.

What about ~ : ~는 어때
"I think full body image scans are an invasion of privacy." "What about enhanced pat-downs?"
"저는 전신이미지 스캔은 프라이버시 침해라고 생각합니다." "강화된 몸수색은요?"

empty out : 비워내다
He emptied his bag out onto the table.
그는 가방 안에 있는 물건을 모두 테이블 위로 쏟아냈습니다.

take off/put on : 벗다/입다
You also need to take off your coat. Now you can put it back on.
코트도 벗어주세요. 이제 코트를 다시 입으세요.

take extra precaution : 각별한 주의를 기울이다
Police advised citizens to take extra precautions when visiting disaster areas.
경찰은 시민들에게 재해지역을 방문할 때는 각별한 주의를 기울일 것을 권고했습니다.

There could be ~ : ~가 있을 수 있다
There could be further security checks during the week.
주중에 추가 보안검색이 있을 수도 있습니다.

Oh, I see. 아, 그렇군
"Full body scans have been added to airports since nine eleven." "Oh, I see."
"911 이후로 공항에서 전신검색이 포함되었습니다." "아, 그렇군요."

step through ~ : ~을 통과하다
She stepped through the full body scanner.
그녀는 전신검색기를 통과해 나갔습니다.

step up : 앞으로 나가다
She stepped up and took responsibility for the mistake of the team.
그녀는 앞으로 나서서 팀의 실수를 책임졌습니다.

hand scanned : 손 검색 당하다
People were randomly hand scanned as they passed the security check point.
사람들은 보안검색대를 지나면서 무작위로 손 검색을 받았습니다.

clear to go : (보안검색에서) 통과하다
Your child is clear to go.
아이는 통과해도 됩니다.

More Expressions!

Police officers have been stationed at every street corner for the duration of the summit.
정상회담 기간 동안 모든 길목마다 경찰이 배치되어 있습니다.

Thousands of police were deployed around COEX.
코엑스 주변에 수천 명의 경찰이 배치되었습니다.

Temporary traffic controls are in operation on Teheran-Ro.
테헤란로에 일시적 교통통제가 실시됩니다.

They closed the streets around COEX for security's sake.
보안상의 이유로 코엑스 주변 길을 폐쇄시켰습니다.

If your plate ends in an odd number you can only drive on odd numbered days.
차량번호판이 홀수로 끝나면 홀수 날에만 차를 운행할 수 있습니다.

Traffic has been completely shut down in selective areas due to the opening ceremony.
개막식으로 인해 일부 구간은 차량이 전면 통제되었습니다.

The traffic control will cause great inconvenience to the city's citizens.
교통통제는 서울 시민들에게 큰 불편을 초래할 것입니다.

All the government offices and companies will tell their employees to come to work one hour late.
모든 관공서와 회사들은 출근시간을 한 시간 늦출 것입니다.

Police will ease their control during the weekend.
경찰이 주말에는 통제를 완화할 것입니다.

It's not mandatory but we ask for your active participation and support.
의무적은 아니지만 여러분의 적극적인 참여와 협조 부탁드립니다.

People have gathered to protest the G-20 summit.
사람들이 G-20회담에 반대하기 위해 모였습니다.

Police declared the march illegal.
경찰은 집회가 불법이라고 선포했습니다.

The crowd was stopped by riot police.
군중들이 진압경찰에 의해 저지되었습니다.

The police fired pepper spray to break up the demonstration.
경찰은 시위대를 해산시키기 위해 분사액체를 쏘았습니다.

What was at first a peaceful protest went out of control.
처음에는 평화적인 시위였던 것이 통제불능상태에 빠졌습니다.

There exists a threat of terrorism so you should use caution.
테러의 위험이 존재하니 조심해야 합니다.

Police have carried out counter terrorism training for more than one month.
경찰은 한 달 이상 대 테러훈련을 실시했습니다.

Case 10

We are spot-checking random guests today.

P : Excuse me, sir. The foreign press of the G-20 Summit is staying at this hotel so we are spot-checking random guests. May I ask for your cooperation?

F : Sure, no problem.

P : Could you please show me your ID?

F : Yes, here you are, officer.

P : What is the purpose of your visit to Korea?

F : I'm here for business.

P : Are you staying at this hotel?

F : Yes.

P : Would you please show me your personal belongings, sir?

F : Sure, here they are.

P : Thank you. We are taking special precautions to protect all our guests.

F : I understand.

P : There are also some restricted areas of the hotel. We are sorry for the inconvenience.

F : That's OK. How long will it last?

P : Until Friday when the summit is over.

F : I see.

P : Thank you for your cooperation.

---

foreign press : 외신　summit : 정상회담　spot-check : 불시검사, 현장검사　random : 무작위　ID(identification) : 신분증　purpose : 목적　visit : 방문　business : 사업　personal belongings : 개인소지품　precaution : 예방조치　restricted area : 출입제한구역　inconvenience : 불편　protect : 보호하다　last : 지속하다

Case 10 손님들에게 현장검문을 실시하고 있습니다.

P: 죄송하지만 G-20 정상회담 외신팀이 이 호텔에 묵어 손님들에게 현장검문을 실시하고 있습니다. 협조 부탁드립니다.

F: 알겠습니다.

P: 신분증 좀 보여주십시오.

F: 여기 있습니다.

P: 한국을 방문하신 목적이 무엇입니까?

F: 사업차 왔습니다.

P: 이 호텔에 묵으시나요?

F: 네.

P: 개인소지품 좀 보여주십시오.

F: 여기 있습니다.

P: 감사합니다. 저희는 손님들을 보호하기 위해 각별한 주의를 기울이고 있습니다.

F: 이해합니다.

P: 그리고 호텔 내에 일반인 출입제한구역이 있습니다. 불편을 드려 죄송합니다.

F: 괜찮습니다. 검문이 언제까지 지속되나요?

P: 정상회담이 끝나는 금요일까지입니다.

F: 그렇군요.

P: 협조해주셔서 감사합니다.

Key Terms

Real Life English for Police!

stay at : 숙소를 잡다
Until the summit is over, I'd better stay at another hotel.
정상회담이 끝날 때까지 다른 호텔에 묵는 게 좋겠습니다.

ask for : 요청하다
Don't hesitate to ask for anything you want.
필요한 게 있으면 뭐든 망설이지 말고 말하세요.

Sure, no problem. 물론
"Can you take your jacket off?" "Sure, no problem."
"상의 좀 벗어주시겠어요?" "네, 그러죠."

Could you please show me ~? ~ 좀 보여주겠니
Could you please show me what's in your briefcase?
서류가방 속에 든 것 좀 보여주시겠습니까?

Here you are. 여기
Here they are. Here it is. Here you are. Here you go.

What is the purpose of ~ : ~의 목적이 무엇인가
What is the purpose of this meeting?
이 회의의 목적이 무엇입니까?

be here for ~ : ~ 때문에 오다
Are you here for business or pleasure?
사업차 왔습니까, 관광차 왔습니까?

be sorry for ~ : ~에 대해 죄송하다
I am really sorry for being late.
늦어서 죄송합니다.

That's okay. 괜찮다
That's alright. No worries. No problem.

How long ~? 얼마나 오랫동안
I don't know for how long the meeting will last.
회의가 얼마나 지속될지 모르겠습니다.

be over : 끝나다
The meeting will be over in an hour.
한 시간이면 회의가 끝날 겁니다.

I see. 그렇군
"It's all for your safety." "I see."
"모두가 당신의 안전을 위한 것입니다." "그렇군요."

More Expressions !

I'm in Seoul for some sightseeing. / I'm here on business.
서울에 관광차 왔습니다. / 사업차 왔습니다.

I'm here to visit relatives.
친지 방문하러 왔습니다.

I'm afraid it's an ill-timed visit.
때를 잘못 맞춰 방문한 것 같습니다.

I think the hotel should not have accepted guests other than those that registered.
호텔은 등록된 사람들 외에는 손님을 받지 말았어야 했습니다.

It's just a routine spot check. It will last for a week.
통상적인 현장검문입니다. 일주일간 계속될 것입니다.

Pat downs and bag checks are frequently occurring.
몸수색과 가방검사가 자주 실시되고 있습니다.

Can I check your pass? Only those with passes are admitted.
출입증 좀 보여주시겠어요? 출입증을 소지한 사람만 출입할 수 있습니다.

Police are carrying out random spot checks on vehicles as well.
경찰은 차량에 대해서도 불시 점검을 실시하고 있습니다.

Police are having security checks on major streets.
경찰이 주요길목에서 검문검색을 시행하고 있습니다.

We need to step up the inspection against possible terrorist attacks.
일어날 수 있는 테러공격에 대비해서 검문검색을 강화해야 합니다.

This building is off-limits to anyone except the people involved.
이 건물은 관계자 외에는 출입이 엄격히 통제됩니다.

No admittance except on business. / No unauthorized entry allowed.
관계자 외에는 들어오지 마세요.

The area is closed to the public for security reasons.
그곳은 보안상 일반인출입이 통제됩니다.

No visitors are allowed to enter this building.
이 건물은 방문객들의 출입을 통제합니다.

The police exercise strict control over outsider's access to this place.
이곳은 경찰에 의해 외부인의 출입이 엄격히 통제되고 있습니다.

We would appreciate your voluntary cooperation.
여러분의 자발적인 협조를 바랍니다.

PART III

Identifying and Explaining Traffic Violations
교통위반 확인하고 설명해주기

Case 11 **정지신호 위반**
You drove through a red light without stopping.
정지신호에 서지 않았습니다.

Case 12 **과속**
You were speeding.
과속했습니다.

Case 13 **주차 위반**
This is a no parking or standing area.
이곳은 주정차 금지구역입니다.

Case 14 **버스전용차선 위반**
You drove in the bus-only lane.
버스전용차선으로 달렸습니다.

Case 15 **운전 중 휴대폰 사용**
Driving while using a cell phone is not allowed.
운전 중 휴대폰 사용이 금지되어 있습니다.

Case 16 **안전벨트 미착용**

Seatbelts are mandatory for all passengers.

모든 승객이 안전벨트를 착용해야 합니다.

Case 17 **헬멧 미착용**

You're not wearing a helmet.

헬멧을 쓰지 않았습니다.

Case 18 **무단횡단**

Jaywalking is illegal.

무단횡단은 불법입니다.

Case 19 **음주운전**

You failed the breathalyzer test.

음주운전입니다.

Case 20 **중앙선 침범**

You crossed over the center line.

중앙선을 침범했습니다.

Case 11 You drove through a red light without stopping.

P : Could you roll your window down, please? I need to see your driver's license.

F : Yes, sir.

P : You failed to stop at the last red light.

F : Oh, I'm sorry. I was in a hurry to get to Seoul Arts Center in time.

P : There is no excuse for running a red light.

F : I know. I'm sorry about that. But I really need to get there in time. No one will be admitted to the concert hall after the performance has started.

P : Then, you should have left earlier.

F : I did. But the traffic's been bumper to bumper so far. Now it's beginning to move fairly well.

P : I understand. There was a serious accident ahead thirty minutes ago.

F : I thought so.

P : Well, I'm only going to give you a warning this time. But in the future you should obey all the traffic signs and lights.

F : Yes, officer. I will. Thank you very much.

P : Drive safely and enjoy the performance.

F : Thank you.

---

driver's license : 운전면허증　red light : 정지신호　Seoul Arts Center : 예술의 전당　excuse : 변명　admit : 입장하다　concert hall : 연주회장　performance : 공연　then : 그렇다면　bumper : 범퍼　fairly : 상당히　accident : 사고　ahead : 전방에　warning : 주의　obey : 준수하다　traffic sign : 교통신호　traffic light : 신호등　performance : 공연

Case 11

정지신호에 서지 않았습니다.

P: 창문 좀 내려주십시오. 면허증 좀 보여주세요.

F: 네, 경관님.

P: 마지막 정지신호에 서지 않았습니다.

F: 죄송합니다. 예술의 전당에 제 시간에 가야 해서요.

P: 정지신호 위반에는 어떤 변명도 있을 수 없습니다.

F: 압니다, 죄송해요. 하지만 정말 시간 내로 가야 해서요. 공연이 시작되면 연주회장에 입장할 수 없어요.

P: 그럼 좀 더 일찍 출발하셨어야죠.

F: 그랬어요. 하지만 지금까지 교통체증이 너무 심했습니다. 이제서야 제대로 움직이기 시작하네요.

P: 이해합니다. 30분 전에 전방에서 심한 교통사고가 있었어요.

F: 그런 것 같았어요.

P: 그럼 이번에는 주의만 드리겠습니다. 하지만 앞으로 모든 교통신호와 신호등을 준수하시기 바랍니다.

F: 네, 그러겠습니다. 감사합니다.

P: 안전운전하시고 공연 재미있게 보십시오.

F: 감사합니다.

Key Terms

roll down : 내리다
He rolled down his car window and started shouting at motorcyclist.
그는 차창을 내리고 오토바이 운전자에게 고함을 지르기 시작했다.

fail to : 하지 않다
You failed to observe the stop line.
정지선을 지키지 않았습니다.

be in a hurry to ~ : 급히 ~하다
I'm in a hurry to get to work on time.
직장에 서둘러 제시간에 가야 합니다.

in time : 제시간에
I'm afraid she won't arrive in time for the movie.
그녀가 영화상영시간 내에 오지 못할 것 같습니다.

be admitted to : 입장하다, 허용되다
The public was admitted to the court when the case was tried.
그 사건 공판은 일반인 방청이 허용되었습니다.

There is no excuse : 변명의 여지가 없다
There is no excuse for drunk driving.
음주운전에는 변명의 여지가 없습니다.

leave early : 빨리 출발하다
I'll have to leave early tomorrow morning.
내일 아침 일찍 출발해야 합니다.

bumper to bumper : 차가 꼬리를 문
It was bumper to bumper (traffic) all the way to the office.
사무실로 가는 내내 차가 밀렸습니다.

I thought so. 그러면 그렇지, 그렇게 생각하다
"I'm a novice driver." "I thought so."
"초보운전자입니다." "그러면 그렇지."

give a warning : 주의를 주다
I will give him a strong warning.
그에게 따끔한 주의를 주겠습니다.

this time : 이번에는
Please forgive me this time.
이번 한번만 용서해주세요.

in the future : 앞으로는
Please be more careful in the future.
앞으로는 좀 더 조심하세요.

More Expressions !

You ran / drove a red light at the intersection.
당신은 교차로에서 정지신호를 무시하고 달렸습니다.

You will receive penalty points as well a fine if you go through a red light.
정지신호를 무시하고 달리면 벌금과 벌점을 받게 됩니다.

I thought it was a yellow light when I saw it.
신호등을 봤을 때 노란 불이라고 생각했습니다.

As I was crossing the intersection, the light turned red.
교차로를 지나고 있을 때 신호등이 빨간 불로 바뀌었습니다.

If drivers don't stop for stop signs at intersections, there will be considerable congestion.
교차로에서 운전자들이 정지신호에 서지 않으면 정체가 심할 것입니다.

There is a crackdown on crossroad congestion these days.
요즘은 교차로 정체에 대한 단속기간입니다.

Traffic in the northbound lane is at a complete standstill.
북단 차선의 차량들은 완전히 정지해 있는 상태입니다.

There is considerable congestion between the Hannam overpass and Namsan Tunnel number one.
한남고가와 남산1호 터널 사이에 정체가 심합니다.

There is always heavy traffic downtown in spite of the tolls on some roads and tunnels.
시내는 일부 도로와 터널에서 통행료를 부과함에도 불구하고 항상 교통량이 많습니다.

The lanes bound for Seoul on the highway are slow.
고속도로 상행선이 지체되고 있습니다.

The traffic is crawling. I need to take a different route.
차가 거북이걸음을 하고 있어서 다른 길로 가야겠습니다.

What's holding up traffic ahead of us?
뭐 때문에 차가 이렇게 막힙니까?

A big accident held up traffic for a couple of hours.
사고가 일어나서 두, 세 시간 째 차가 막혔습니다.

If you use real time traffic information on the road, you can save time.
실시간 교통정보들을 이용하면 시간을 절약할 수 있습니다.

Digital signboards on the road show real time traffic conditions of the city.
도로 전광판에서 실시간 교통현황을 알려주고 있습니다.

You can check traffic flow conditions by using a smart phone application.
스마트폰 앱에서 교통흐름상황을 확인할 수 있습니다.

Case 12

You were speeding.

P : Roll your window down, please.

F : Yes, officer. What's the trouble?

P : You were speeding. You were driving fifty two kilometers per hour in a thirty zone.

F : Oh, I didn't realize I was driving that fast.

P : This is a school zone so you should have slowed down.

F : I'm sorry. I didn't see the sign.

P : I'll need to see your driver's license, please.

F : Yes, sir. Here it is.

P : I have to give you a ticket. You can pay at any bank.

F : How much is the fine?

P : You were driving twenty over the limit so the fine is sixty thousand won.

F : When is the fine due?

P : You need to pay in the next ten days. If not, the fine will go up to seventy thousand won.

F : Okay.

P : Please drive more carefully in the future.

F : Yes, officer. I will.

trouble : 문제, 골칫거리　speeding : 과속하다　per : ~ 마다　zone : 구역　realize : 깨닫다
school zone : 어린이 보호구역　ticket : 범칙금통지서　fine : 벌금　limit : 제한속도　within : 이내에

Case 12

과속했습니다.

P: 창문 좀 내려주십시오.

F: 네, 경관님. 무슨 일이시죠?

P: 과속했습니다. 시속 30km 구역에서 52km로 달렸습니다.

F: 오, 제가 그렇게 빨리 달리고 있는 줄 몰랐습니다.

P: 여기는 어린이 보호구역이어서 속도를 줄였어야 했습니다.

F: 죄송합니다, 표지판을 보지 못했어요.

P: 면허증 좀 보여주십시오.

F: 여기 있습니다.

P: 범칙금통지서를 발부합니다. 아무 은행에서나 낼 수 있습니다.

F: 벌금이 얼마죠?

P: 20km 이상을 초과해서 6만원입니다.

F: 언제까지 내야 하나요?

P: 10일 내로 내지 않으면 범칙금이 7만원으로 올라갑니다.

F: 알겠습니다.

P: 앞으로는 안전운전하십시오.

F: 네, 그러겠습니다.

Key Terms

What's the trouble? 무슨 일이니
What's wrong? What's the matter?

be speeding : 과속하다
I didn't know I was speeding.
과속한 줄 몰랐습니다.

per hour : 시간당
This car can do two hundred kilometers per hour.
이 차는 시속 200킬로까지 달릴 수 있습니다.

in a ~ zone : ~ 구역에서
This car was clocked at 95kilometers (per hour) in a seventy zone.
이 차는 70km구역에서 95km를 달린 것으로 측정되었습니다.

slow down : 속도를 줄이다
You should slow down at crosswalks whether there are traffic lights or not.
횡단보도 앞에서는 신호등이 있든 없든 속도를 늦추어야 합니다.

give a ticket : 범칙금 통지서를 발부하다
I'm going to give you a ticket for speeding.
과속으로 범칙금통지서를 발부하겠습니다.

over the limit : 제한속도를 넘어서
Don't go over the speed limit.
제한속도를 넘어서지 마세요.

I didn't realize that ~ : ~ 한 줄 몰랐다
Sorry, I didn't realize I was speeding.
죄송해요, 과속한 줄 몰랐습니다.

be due : 예정인
Payment is due on the first of May.
5월 1일까지 지불해야 합니다.

in the next ~ days : 다음 ~일 내로
The notice of payment will be sent to you by mail in the next few days.
납입고지서가 수일 내로 우편으로 갈 겁니다.

If not : 그렇지 않다면
Reduce your speed to one hundred kilometers. If not, you'll end up in a big accident.
100km로 속도를 줄이세요. 그렇지 않으면 결국 큰 사고를 당할 것입니다.

go up : 상승하다
Every day, gas prices go up more.
석유가격이 매일 오릅니다.

More Expressions!

Do you know what the speed limit is?
제한속도가 얼마인지 아십니까?

You broke the speed limit. / You got stopped for speeding.
제한속도를 위반했습니다. / 과속으로 걸렸습니다.

Driving too fast puts people in danger.
과속은 사람을 위험에 처하게 합니다.

Police are going to be ticketing speeding vehicles.
경찰이 과속차량을 단속할 것입니다.

You will get a thirty thousand won fine for going fifteen kilometers over the speed limit.
제한 속도보다 15킬로미터를 초과해서 벌금 3만원을 내야 합니다.

Every driver has to travel slower than thirty kilometers per hour in school zones.
모든 운전자는 어린이보호구역에서 시속 30킬로미터 이하로 달려야 합니다.

This is a place of frequent accidents. / Accidents happen frequently here.
여기는 교통사고 다발지역입니다.

Watch out! This is an accident black spot.
주의하세요. 교통사고 다발지점입니다.

The number of deaths by traffic accidents is increasing every year.
자동차 사고로 인한 사망자수가 해마다 늘어가고 있습니다.

There is a speed camera up ahead.
저기 앞에 속도감시카메라가 있습니다.

Speed bumps are there to slow down the cars.
차량속도를 줄이기 위해 과속방지턱이 있습니다.

A bunch of speeding cars were caught on the unmanned camera.
과속차량들이 무인단속카메라에 무더기로 적발되었습니다.

There's a minimum speed limit as well as maximum on the highways.
고속도로에서는 최고속도는 물론 최저속도제한도 있습니다.

There is a minimum speed limit to prohibit slow forms of transport.
저속 운송수단을 금지하기 위해 최저속도제한이 있습니다.

The speed limits are different according to the highways.
제한속도는 고속도로에 따라 다릅니다.

An automated traffic enforcement system based on the travel time speed is in effect on some highways.
어떤 고속도로에서는 구간과속단속 시스템이 실행 중입니다.

Case 13

This is a no parking or standing area.

F : Officer!

P : Yes, how may I help you?

F : I just ran into the pharmacy for a minute and when I got back I had this paper on my window. Is this a parking ticket?

P : Yes, it is. This is a no parking area.

F : But I wasn't parked. My engine was running. And it took only five minutes.

P : I noticed that. However, that's still considered parking and regardless standing is not allowed here either.

F : But I didn't see the sign, sir. Is it posted?

P : Right over there is a sign that says no parking or standing.

F : Oh, I see now.

P : This is a very busy street. In a few more minutes your car may have been towed away.

F : All right.

P : There are CCTVs here and there and streets around here are tow-away zones.

F : I didn't know that. By the way, where should I pay the fine?

P : You can pay at any bank.

pharmacy : 약국 parking ticket : 주차위반통지서 no parking area : 주차 금지구역 still : 여전히 consider : 간주하다 regardless : 상관없이 standing : 정차 allow : 허용하다 either : 역시 notice : 보고 알다 sign : 표지판 post : 게시하다 busy street : 번화가 tow : 견인하다 here and there : 여기저기 payment : 지불 tow away zone : 불법주차견인구역

Case 13

이곳은 주정차 금지구역입니다.

F: 경관님!

P: 뭘 도와드릴까요?

F: 제가 약국에 잠시 다녀왔는데 돌아와 보니 창문에 이 종이가 있습니다. 주차위반통지서인가요?

P: 네, 그렇습니다. 여기는 주차 금지구역입니다.

F: 주차한 게 아닙니다. 자동차 엔진을 켜 놨었어요. 그리고 5분밖에 안 걸렸어요.

P: 알고 있습니다. 하지만 그것도 주차로 간주되고 그것과 상관없이 이곳은 정차도 금지된 구역입니다.

F: 그런 표지판이 어디 있습니까? 게시되어 있나요?

P: 저기 주차 또는 정차 금지 표지판이 있습니다.

F: 아, 이제 보이네요.

P: 여기는 매우 번잡한 거립니다. 몇 분만 더 지났으면 차가 견인되었을 겁니다.

F: 알겠습니다.

P: 여기저기 CCTV들이 있고 이 거리 주변들은 견인지역입니다.

F: 몰랐어요. 그런데 벌금은 어디에 내나요?

P: 아무 은행에 내시면 됩니다.

Key Terms

run into : 뛰어들어가다
I ran into a store to pick up a couple of things.
가게로 뛰어들어가서 물건 두어 개를 샀습니다.

for a minute : 잠깐만
Hold on (for) a minute!
잠깐만 기다리세요.

get back : 돌아오다
What time did you get back last night?
지난밤에 몇 시에 돌아왔습니까?

It takes only ~ : ~ 밖에 안 걸린다
It takes only ten minutes to get there by car.
차로 거기까지는 10분밖에 안 걸립니다.

I noticed that. 알고 있다
"Look! There's a dent here on the passenger door!" "I noticed that."
"이것 좀 봐요. 오른쪽 차문이 움푹 들어갔어요." "저도 알고 있어요."

a sign that says ~ : ~ 라고 적힌 표지
He has a sign on his car that says "inexperienced driver."
그는 차에 "초보운전자"라고 적힌 표지를 붙였습니다.

be posted : 게시되다
Directions to the conference should be posted.
회의장소로 가는 표지판을 붙여 놔야 합니다.

in a few more minutes : 몇 분만 더 지났으면
That was a close call. I would have been given a parking ticket in a few more minutes.
아슬아슬했어요. 몇 분만 더 지났으면 주차위반통지서를 발부 받았을 겁니다.

towed away : 견인되다
His car was towed away for illegal parking.
그의 차는 불법주차로 견인되었습니다.

All right. 알겠다, 좋아
All right. I'll accept your offer.
좋습니다. 당신 제안을 받아들이죠.

by the way : 그런데
By the way, can you speak any other (foreign) languages?
그런데 다른 외국어도 구사할 수 있나요?

pay a fine : 벌금을 내다
The court decided that she must pay a fine.
법원은 그녀가 벌금을 내도록 판결했습니다.

More Expressions!

These are reserved parking spaces.
이곳은 지정주차구역입니다.

This is handicapped parking.
여기는 장애인전용 주차구역입니다.

You will get a fine if you park in the handicapped zone.
장애인 전용 구역에 주차하면 벌금을 내게 됩니다.

You should not park in front of hydrants.
소화전 앞에 주차하면 안 됩니다.

I couldn't find a parking space so I had to double park.
주차자리가 없어 이중(병렬)주차를 했습니다.

There are public parking lots on both sides of the main street.
대로 양쪽으로 공용주차장이 있습니다.

You committed a stopping violation.
정차위반을 했습니다.

Parking your car on the street on Sundays is allowed.
일요일에는 노상주차가 허용됩니다.

There is a crackdown on illegal parking this week.
이번 주에 주차위반 일제단속이 있습니다.

An illegal parking control squad is driving up and down the streets looking of parking violations.
주차단속반 차가 불법주차한 차들을 찾으면서 거리를 왔다갔다합니다.

They take photos of illegally parked cars and send the violators a ticket by mail.
그들은 불법주차된 차 사진을 찍어 위반자에게 메일로 범칙금통지서를 보냅니다.

The truck is towing the car.
트럭이 차를 견인하고 있습니다.

Any car in a no-parking zone with a ticket can be towed away.
주차금지구역에서 범칙금통지서가 발부된 어떤 차든 견인될 수 있습니다.

You should go to the Jamsil Towed Vehicles Storage Office to recover your car.
잠실 견인차량보관소에 가서 차를 찾아야 합니다.

Violators' vehicles will be towed away at the owner's expense.
위반자 차량은 차주 비용으로 견인됩니다.

You have to pay the towing charge, storage fee, and the fine. It will be a good sum of money.
견인비용과 주차비, 그리고 벌금을 내야 합니다. 상당한 액수가 될 것입니다.

The storage fee goes up every thirty minutes so you'd better recover your car as soon as possible.
차량보관료는 30분마다 올라가므로 차를 빨리 찾는 것이 좋습니다.

Case 14

You drove in the bus-only lane.

P : Good afternoon, sir. Could I see your license, please?

F : Here it is, officer. Did I do something wrong?

P : Yes, you were driving in the bus-only lane.

F : Oh, I didn't know that.

P : They are marked in blue so you shouldn't drive in the blue lane.

F : Are they off limit twenty four hours a day?

P : No, you can use them before seven am and after nine pm.

F : What if I need to make a right turn?

P : You can change lanes by crossing the broken blue line.

F : Oh, I see. I'm sorry. It won't happen again.

P : Are you a tourist or a foreign resident?

F : I'm a foreign resident.

P : Then, you should be well acquainted with Korean traffic regulations.

F : I've been here only for a couple of months. It's my mistake anyway.

P : I'll let you go with a warning this time. Have a good day and drive safely.

F : Thank you very much.

---

bus-only / blue lane : 버스전용차선 mark : 표시하다 off limit : 출입금지구역 broken blue line : 청색점선 tourist : 관광객 foreign resident : 외국인 체류자 traffic regulation : 교통법규 a couple of : 두어(둘의, 두 서너 개의) mistake : 실수, 잘못 anyway : 어쨌든

Case 14

버스전용차선으로 달렸습니다.

P: 안녕하세요. 면허증 좀 보여주십시오.

F: 여기 있습니다. 제가 뭘 잘못했나요?

P: 네, 버스전용차선으로 달렸습니다.

F: 오, 몰랐습니다.

P: 버스전용차선은 청색으로 표시가 되어 있으니 청색 차선으로 달리면 안 됩니다.

F: 청색차선은 하루 종일 출입금지되나요?

P: 오전 7시 이전 오후 9시 이후에 사용 가능합니다.

F: 우회전을 하려면 어떻게 해야 하나요?

P: 청색점선에서는 차선변경을 할 수 있습니다.

F: 알겠습니다. 죄송합니다. 앞으로는 이런 일이 없도록 하겠습니다.

P: 관광객인가요, 외국인 체류자인가요?

F: 외국인 체류자입니다.

P: 그러면 한국교통법규를 잘 아셔야죠.

F: 한국에 온 지 두어 달밖에 안 됐습니다. 어쨌든 제 실수입니다.

P: 이번에는 주의만 드리겠습니다. 안녕히 가시고 안전운전하십시오.

F: 감사합니다.

Key Terms

do something wrong : 잘못하다
Why do you look angry? Did I do something wrong?
왜 화났어요? 제가 뭘 잘못했어요?

marked in ~ : ~으로 표시된
The route has been marked in red.
그 노선은 빨간 색으로 표시되어 있습니다.

off limit : 출입금지
The bus only lane on the highway is off limit to cars from nine am to nine pm during the weekend.
고속도로 버스전용차선은 주말 오전 9시부터 오후 9시까지 승용차 출입금지입니다.

twenty four hours a day : 온종일
The convenience store is open twenty four hours a day.
편의점은 하루 24시간 영업합니다.

What if ~ : ~하면 어쩌지
What if I was caught on a surveillance camera?
감시카메라에 찍혔으면 어쩌죠?

change lanes : 차선을 바꾸다
You will need to change lanes if you want to turn off at the next junction.
다음 교차로에서 빠져나가려면 차선을 바꿔야 합니다.

It won't happen again. 다시는 이런 일 없도록 하겠다
Don't let it happen again.

be well acquainted with ~ : ~을 잘 알고 있다
He is well acquainted with Korean affairs.
그는 한국 사정에 능통합니다.

I've been here (for) : (얼마간) 지속적으로 있다
I've been here all this afternoon.
오늘 오후 내내 여기 있었습니다.

It's my mistake. 내 잘못이다
I take the blame. It's my fault.

let go : 봐주다, 놓다
Let him go this time. Overlook it.
이번 한번만 봐주죠. 눈감아줍시다.

Drive safely/carefully. 안전운전해라
Make sure you drive safely.
꼭 안전운전하세요.

More Expressions !

This lane is for buses only. / Only buses are allowed to use this lane.
이 차선은 버스전용차선입니다.

Vehicles which can carry over nine passengers can drive in the bus lane.
9인승 이상 차량만 버스전용차선을 이용할 수 있습니다.

This is a fifteen passenger van so we can drive in the bus lane.
이 승합차는 15인승이어서 버스전용차선을 이용할 수 있습니다.

You will get a ticket for a bus lane violation.
버스전용차선위반으로 범칙금통지서를 발부합니다.

You are in the wrong lane.
차선을 잘못 들어섰습니다.

You are driving on the wrong side of the street.
반대편 차선으로 주행하고 있습니다.

The first two lanes lead you to a beltway around Seoul.
1, 2차선으로 가면 서울외곽순환도로가 나옵니다.

You shouldn't drive over the center line.
중앙선을 침범하면 안 됩니다.

You shouldn't drive over the double center line for any reason.
어떤 이유에서든 이중으로 된 중앙선은 넘어서는 안 됩니다.

You can't change lanes or pass other cars on the solid white or yellow lines.
흰색 또는 황색 실선에서는 차선변경이나 추월이 불가능합니다.

You can change lanes on the broken white and yellow lines.
흰색 또는 황색 점선에서는 차선을 변경할 수 있습니다.

You should change lanes to get into the off-ramp.
고속도로 진입로에 들어가려면 차선을 바꿔야 합니다.

A bottleneck took place around the off-ramp with the buildup of traffic.
진입로 부근에서 교통의 증가로 병목현상이 일어났습니다.

You were driving on the shoulder.
갓길로 운행하고 있습니다.

Driving on the shoulder is illegal except for emergency purposes.
갓길주행은 비상시를 제외하고 불법입니다.

I was driving on the shoulder because I think my car is overheating.
차가 과열되고 있는 것 같아 갓길로 운행했습니다.

I was looking for a good place to stop.
차를 세울 적당한 곳을 찾고 있었습니다.

Case 15 Driving while using a cell phone is not allowed.

P : Sir, please pull over your car.

F : Yes, officer. Am I in trouble?

P : I noticed you were driving while using your cell phone. It's against the law.

F : Oh, I'm sorry. I was just about to hang up. Will I be getting a ticket?

P : You will be fined seventy thousand won for talking on the phone while driving.

F : I'm sorry. My son is very sick so I needed to check his condition.

P : In that case, you should have pulled your car over.

F : I tried to pull over but I couldn't find a suitable place to stop.

P : That doesn't justify your violation.

F : You're right. I'm sorry.

P : I'll let you go with a warning this time. But remember that talking on cell phones can lead to an accident.

F : Oh, thank you. It won't happen again.

P : Have a good day.

---

cell phone/mobile phone : 휴대전화 illegal : 불법의 as well : 마찬가지로 check : 확인하다 allow : 허용하다 sick : 아픈 condition : 상태, 상황 suitable : 적당한 justify : 정당화하다 violation : 위반 accident : 사고

Case 15

운전 중 휴대폰 사용이 금지되어 있습니다.

P: 차를 세우세요.

F: 네, 경관님. 제가 뭘 잘못했나요?

P: 운전 중에 휴대폰을 사용했습니다. 위법입니다.

F: 오, 죄송합니다. 지금 막 끊으려고 했어요. 범칙금통지서를 받게 되나요?

P: 운전 중 휴대폰 사용으로 7만원 범칙금을 내야 합니다.

F: 죄송합니다. 아이가 아파서 상태가 어떤지 확인해봐야 해서요.

P: 그런 경우에는 차를 도로변에 세웠어야죠.

F: 세우려고 했는데 적당한 곳을 찾지 못했어요.

P: 그렇다고 해서 위반이 정당화될 수는 없습니다.

F: 맞습니다. 죄송합니다.

P: 이번에는 주의만 주겠습니다. 하지만 핸드폰 사용이 사고를 유발한다는 사실을 명심하세요.

F: 감사합니다. 앞으로는 이런 일이 없도록 하겠습니다.

P: 좋은 하루 되세요.

Key Terms

pull over : 차를 한쪽으로 세우다
Pull over onto the shoulder.
갓길로 차를 세우세요.

be in trouble : 곤경에 처하다
If he refuses to cooperate, you will be in big trouble.
그가 협조를 거부하면 당신은 큰 곤경에 처하게 될 겁니다.

drive while using a cell phone : 운전 중 휴대폰 전화를 사용하다
You will be fined if you are caught using a cell phone while driving.
운전 중 휴대폰을 사용하다 걸리면 벌금형에 처해집니다.

against the law : 법에 반하는
Driving a car without insurance is against the law.
보험 없이 운전하는 것은 불법입니다.

be about to ~ : 막 ~ 하려 하다
I was about to turn off my cell phone to avoid taking calls from my ex-boyfriend.
전 남자친구의 전화를 받지 않으려고 전화기를 끄려던 참이었습니다.

hang up : 전화를 끊다
Don't hang up. Are you still there?
끊지마세요, 여보세요?

talk on the phone : 전화통화를 하다
Please don't talk a long time on the phone.
통화를 길게 하지 마세요.

justify violation : 위반을 정당화하다
Don't give any excuses. No excuse can justify your violation.
변명 따위 하지 마세요. 어떤 변명도 위반을 정당화시키지 못합니다.

check condition : 상태를 체크하다
Check the car's condition closely before you take a long road trip.
장거리여행을 하기 전에 자동차 상태를 꼼꼼히 점검하세요.

in that case : 그런 경우에는
In that case, you'd better stop the car.
그런 경우에는 차를 세우는 게 낫습니다.

You're right. 네 말이 옳다
You're right. I might get into a car accident.
당신이 옳아요. 차 사고를 낼 수도 있어요.

lead to ~ : ~로 이어지다
Carelessness can lead to a big accident.
방심하다가 큰 사고를 일으킬 수 있습니다.

More Expressions!

I just checked a text message.
문자 확인만 했어요.

It was an emergency call.
긴급전화였습니다.

That was a phone call I had to answer.
꼭 받아야 하는 전화였습니다.

Please have a heart.
한번만 봐주세요.

Cell phone use while driving is very distracting.
운전 중 핸드폰사용은 운전자를 산만하게 합니다.

Don't text and drive.
운전 중에 문자 보내지 마십시오.

Cell phones and driving are not a good combination.
운전 중 휴대폰 사용을 해서는 안 됩니다.

It is extremely dangerous to text message behind the wheel.
운전 중에 문자메시지를 보내는 것은 매우 위험합니다.

You should have used a hands-free device.
핸즈프리장치를 사용했어야죠.

Police have begun to enforce the ban on the use of cell phones while driving.
경찰은 운전 중 휴대폰 사용을 강력히 규제하기 시작했습니다.

Talking on a cell phone while driving quadruples the risk of an accident.
운전 중 휴대폰 통화는 사고위험을 네 배나 증가시킵니다.

Statistically driving while on the phone is as dangerous as driving while intoxicated.
통계적으로 볼 때 운전 중 휴대폰 사용은 음주운전만큼이나 위험합니다.

Watching (DMB) TV while driving is more dangerous than driving drunken.
운전 중 DMB로 TV를 보는 것은 음주운전보다 더 위험합니다.
*DMB: Digital Multimedia Broadcasting (디지털 위성방송/다중매체 방송)

Operating a navigation system while driving distracts your attention.
운전 중에 네비게이션을 작동하는 것은 정신을 산만하게 합니다.

Set up your destination in the automobile or phone's navigation system before you start your car.
출발 전에 차량이나 핸드폰 네이게이션에서 목적지를 설정하세요.

Case 16

Seatbelts are mandatory for all passengers.

P : Could you roll down your window, please? I need to see your driver's license, please.

F : Yes, officer. What seems to be the problem?

P : I noticed that your backseat occupant was not wearing a seatbelt.

F : Is it required? I thought just front seat passengers have to wear seatbelts.

P : Seatbelts are mandatory for all passengers in Korea.

F : Oh, I didn't know that.

P : Actually, the law was enacted quite recently.

F : That's why I had no idea about that. Will I be getting a ticket?

P : Yes, even though your passenger was not wearing a seatbelt, you, the driver, receive the fine.

F : Again, I'm sorry.

P : However, considering you are a guest in our country, I will let you go this time with a warning. Please make sure all your passengers are belted from now on.

F : Yes, officer. Thank you.

P : Have a good day.

---

back/front seat : 뒤/앞 좌석 occupant : 탑승자 passenger : 승객/동승자 seatbelt : 안전벨트 mandatory : 법에 정해진, 의무적인 actually : 실은 enact : 법을 제정하다 quite : 아주, 상당히 recently : 최근에 receive : 받다 considering : 고려해서 guest : 손님

Case 16

모든 승객이 안전벨트를 착용해야 합니다.

P: 창문 좀 내려주시겠어요? 면허증 좀 보여주십시오.

F: 네, 무슨 일이시죠?

P: 뒷좌석 승객이 안전벨트를 매지 않았습니다.

F: 뒷자석도 매야 하나요? 전 앞좌석 승객만 매면 된다고 생각했어요.

P: 한국에서는 모든 승객이 안전벨트를 매도록 되어 있습니다.

F: 오, 몰랐습니다.

P: 실은 법이 제정된 지 얼마 안 됐습니다.

F: 그래서 몰랐군요. 범칙금통지서가 발부되나요?

P: 다른 승객이 안전벨트를 매지 않아도 운전자가 범칙금을 내야 합니다.

F: 다시 한번 죄송합니다.

P: 하지만 우리나라에 오신 손님이니 이번에는 주의만 드리겠습니다. 앞으로는 승객들 모두 벨트를 매도록 하세요.

F: 네, 감사합니다.

P: 좋은 하루 되세요.

Key Terms

What seems to be the problem? 무슨 일이니
What's the problem? What's the matter?

wear a seatbelt : 안전벨트를 매다
The fact that I was wearing a seatbelt saved my life.
안전벨트를 매서 목숨을 구했습니다.

be required : 요구되다
Is a baby seat required for my toddler?
갓난아기도 카시트가 있어야 하나요?

be mandatory : 의무적인
The meeting will start at ten sharp and attendance is mandatory.
회의는 10시 정각에 시작되고 의무적으로 참석하셔야 합니다.

be enacted : 제정되다
The law was enacted on July first.
그 법은 7월 1에 제정되었습니다.

quite recently : 아주 최근에
I didn't know that until quite recently.
아주 최근까지 그 일을 몰랐습니다.

That's why ~ : 그래서 ~했다
That's why I asked.
그래서 물어본 겁니다.

have no idea about ~ : ~에 대해 전혀 모르다
I had no idea about the revised law.
저는 개정된 법에 관해 전혀 몰랐습니다.

receive a fine : 범칙금을 물다
You will receive a fine for driving without a seatbelt.
안전벨트를 매지 않고 운전하면 범칙금이 부과됩니다.

let go : 보내주다, 봐주다
Will they let the hostage go?
그들이 인질을 풀어줄까요?

from now on : 이제부터
Be sure to follow driving laws from now on.
이제부터 교통법을 지키세요.

make sure ~ : 반드시 ~ 하다
Make sure to appear in court at two pm tomorrow.
내일 오후 두 시에 꼭 법정에 출두하세요.

More Expressions !

Under the new law, back seat occupants are required to wear seatbelts as well.
새로운 법에 따르면 뒷좌석 승객도 안전벨트를 매야 합니다.

Passengers caught without using their seatbelt on motorways will be fine thirty thousand won.
주행 중 안전벨트 미착용 시 과태료 3만원이 부과됩니다.

Seatbelts can safeguard your life from serious traffic accidents.
안전벨트는 심각한 교통사고로부터 생명을 보호해줍니다.

Many people die in an auto accident because they didn't wear their seatbelt.
많은 사람들이 안전벨트를 매지 않아 교통사고로 사망합니다.

A driver can fly through the windshield when he doesn't wear a seatbelt.
운전자가 안전벨트를 매지 않으면 차창 밖으로 튕겨나갈 수 있습니다.

There is widespread public apathy towards car accidents.
자동차 사고에 대한 안전불감증이 만연해있습니다.

The traffic fatality rate in Korea is very high.
한국의 교통사고 사망률은 매우 높습니다.

Drivers and passengers can escape serious injury if they're wearing seatbelts.
안전벨트를 매고 있으면 운전자와 승객들은 큰 부상을 면할 수 있습니다.

Children under six are not allowed to sit in the front seat.
6세 미만 어린이는 앞에 앉으면 안 됩니다.

Children should travel in a child car seat.
아이들은 유아용 카시트에 앉혀서 다녀야 합니다.

Children should always be buckled up regardless of the duration or distance you're driving.
아이들은 운전 지속시간과 거리에 상관없이 항상 벨트를 매고 있어야 합니다.

Taking off a seatbelt to sleep more comfortably is a poor excuse.
편안히 잘 수 있도록 안전벨트를 풀었다는 것은 변명이 안 됩니다.

Airbags designed to hit adults in the chest often strike kids in the face.
성인의 가슴 쪽으로 터지도록 만들어진 에어백은 종종 아이들의 얼굴에 터집니다.

Airbags were designed to protect people wearing seatbelts.
에어백은 안전벨트를 매고 있는 사람을 보호하도록 고안되었습니다.

It's important to wear a seatbelt even if your car is equipped with airbags.
차에 에어백이 장치되어 있으면 안전벨트를 매는 것이 중요합니다.

You can adjust seatbelts to your height.
안전벨트를 당신의 키에 맞출 수 있습니다.

Seatbelts should be fitted to all seats on coaches and minibuses.
대형 버스와 미니버스에는 전 좌석에 안전벨트가 장착되어야 합니다.

Case 17

You're not wearing a helmet.

P : Sir, on the motorcycle. Please pull off the road!

F : What's going on?

P : Could you turn your engine off for me?

F : Yes, officer. Is there a problem?

P : Yes, you're not wearing a helmet. Korean law requires all motorcyclists to wear helmets.

F : I didn't wear the helmet because it's just a five minute drive from home to the bank.

P : However short the distance is, you should wear a helmet. Do you have a driver's license?

F : Yes. Here it is.

P : Is this your bike?

F : Yes, it is.

P : You should have learned all the laws when you registered your bike and got your license.

F : You're right.

P : You should wear a helmet for your own safety. I have seen many motorcyclists severely injured by not wearing helmets.

F : I'll keep that in mind.

P : You will be fined thirty thousand for not wearing a helmet. Ride safely.

F : Thank you, officer.

motorcycle/motorbike : 오토바이　wear : 쓰다　require : 요구하다　distance : 거리
motorcyclist : 오토바이 운전자　register : 등록하다　bike : 자전거, 오토바이　safety : 안전
severely : 심하게　injured : 다치다

Case 17

헬멧을 쓰지 않았습니다.

P: 오토바이 타신 분, 도로변으로 오토바이를 세워주세요.

F: 무슨 일이십니까?

P: 시동 좀 꺼주십시오.

F: 네. 뭐가 잘못됐나요?

P: 헬멧을 쓰지 않았습니다. 한국 법에 의하면 모든 오토바이 운전자들은 헬멧을 써야 합니다.

F: 집에서 은행까지 5분 거리여서 헬멧을 안 썼습니다.

P: 아무리 짧은 거리라도 헬멧을 써야 합니다. 운전면허증이 있습니까?

F: 네, 여기요.

P: 선생님 오토바이입니까?

F: 네.

P: 그러면 오토바이를 등록하고 면허를 받을 때 모든 법규를 잘 배웠어야죠.

F: 맞는 말씀입니다.

P: 안전을 위해 헬멧을 써야 합니다. 많은 운전자들이 헬멧을 쓰지 않아 심하게 다치는 걸 봐왔습니다.

F: 명심하겠습니다.

P: 헬멧미착용으로 삼 만원 벌금을 부과합니다. 안전운행하세요.

F: 감사합니다.

Key Terms

pull off the road : 도로변으로 차를 세우다
If you feel sleep coming on, you should stop and pull off the road.
졸리면 차를 멈추고 도로변으로 세워야 합니다.

turn off : 끄다
Turn off the headlights/taillights.
전조등/미등을 끄세요

Is there a problem? 무슨 문제가 있니
I'm a police officer. Is there a problem here?
경찰입니다. 무슨 문제라도 있습니까?

wear a helmet : 헬멧을 쓰다
Wear a helmet for your own safety.
당신의 안전을 위해 헬멧을 써 주세요.

a ~ minute drive : 차로 ~분 거리
There are two gas stations within a ten minute drive from here.
여기서 차로 10분 거리 내에 주유소가 두 곳 있습니다.

However ~ it is : 아무리 ~ 해도
However uncomfortable it is, you should wear your helmet.
아무리 불편해도 헬멧을 써야 합니다.

You should have +동사 완료 : ~ 했어야 했다
You should have checked the gas gauge before leaving.
떠나기 전에 유량계를 점검했어야 했어요.

get a license : 면허를 받다
The legal age for getting a driver's license is sixteen.
16세가 되어야 면허증을 딸 수 있습니다.

for your safety : 안전을 위해서
Remember to wear a helmet and gloves for your safety.
안전을 위해 반드시 헬멧과 장갑을 착용하세요.

be severely injured : 중상을 입다
A twenty year old man was severely injured in a motorcycle accident.
20세 남자가 오토바이사고로 중상을 입었습니다.

Keep ~ in mind : ~을 명심하다
Keep in mind that speeding can cause a big accident.
과속으로 큰 사고가 날 수 있다는 걸 명심하세요.

ride safely : 안전하게 타다
You can safely ride a bicycle with this helmet.
이 헬멧을 쓰면 안전하게 자전거를 탈 수 있습니다.

More Expressions !

Motorcyclists must observe the same driving laws that apply to motorists.
오토바이 운전자도 차량 운전자에 적용되는 운전법규를 똑같이 준수해야 합니다.

Motorcyclists need to ride trained, ride licensed, and ride sober.
오토바이 운전자들은 충분히 연습하고 자격증을 소유하고 술 취하지 않은 상태에서 타야 합니다.

Motorcyclists should follow the posted speed limit.
오토바이 운전자들은 게시된 속도제한을 지켜야 합니다.

It will prevent death or severe injuries by crashes from occurring.
그것이 충돌로 인한 죽음이나 심한 부상을 예방할 수 있게 합니다.

Use of daytime running lights on motorcycles can reduce fatal crashes.
주간 주행등을 켜면 치명적인 충돌사고를 감소시킬 수 있습니다.

Motorcyclists are riding faster and more frequently without the proper licensing.
오토바이 운전자들은 더 빨리 그리고 더 빈번히 올바른 면허 없이 달리고 있습니다.

Motorcycle gangs are speeding along the road in broad daylight.
폭주족들이 대낮에 거리를 질주하고 있습니다.

A motorcycle thundered by at full speed.
오토바이 한 대가 전속력으로 굉음을 내며 지나갔습니다.

The motorcyclist sped away when the police attempted to stop him for a traffic violation.
경찰이 교통위반으로 오토바이 운전자를 세우려 하자 그는 달아나 버렸습니다.

A motorcycle ran a red light and slammed into the side of a truck.
한 오토바이가 정지신호를 무시한 채 달리다가 트럭에 측면으로 충돌했습니다.

The actual cause of the traffic accident will be known after we decode the black box.
비극적인 사고의 원인은 블랙박스를 열어본 후에 알 수 있습니다.

The tickets frequently given to motorcyclists are:
(오토바이 운전자들에게 자주 발행되는 범칙금통지서)

Illegal helmet violation: 헬멧미착용
Uninspected motorcycle: 미 점검 오토바이
Improper placement of motorcycle plates: 번호판 위치 변경
Unlawful or altered exhaust: 불법배기관개조
Unregistered motorcycle: 미등록 오토바이
Unsafe motorcycle tire: 안전하지 못한 타이어
Lane splitting: 양차선 걸치기

Case 18

Jaywalking is illegal.

P : Excuse me, sir?

F : Yeah, what's the matter?

P : You just jaywalked across the street.

F : Is that illegal?

P : Yes, you violated traffic laws. The crosswalk is just down the street.

F : I'm sorry. I was in a hurry to get to work.

P : Could I see your identification, please?

F : Yes, sir. Am I in trouble?

P : Yes, I'm going to give you a ticket.

F : How much is the fine?

P : It's twenty thousand won.

F : Can you just let it go this time? It won't happen again.

P : I'm afraid I can't. Traffic is very dangerous here. A pedestrian was hit by a truck here two days ago.

F : Is that so?

P : Yes. Is this your current address?

F : Yes, it is.

P : Here's your ticket. The instructions for payment are on the back. Please be more careful.

jaywalk : 무단횡단 illegal : 불법적인 violate : 어기다 traffic law : 교통법규 crosswalk : 횡단보도 fine : 범칙금 dangerous : 위험한 pedestrian : 보행자 current address : 현주소 instruction : 설명, 지시 payment : 지불

Case 18

무단횡단은 불법입니다.

P: 실례합니다.

F: 네, 무슨 일이시죠?

P: 무단횡단을 했습니다.

F: 불법인가요?

P: 네, 교통법규를 위반했습니다. 바로 저 아래에 횡단보도가 있습니다.

F: 죄송합니다. 직장에 가느라 서둘렀습니다.

P: 신분증 좀 보여주세요.

F: 여기 있습니다. 처벌 받나요?

P: 네, 범칙금통지서를 드릴 겁니다.

F: 범칙금이 얼마인가요?

P: 2만원입니다.

F: 한번만 봐주세요. 앞으론 이런 일이 없을 겁니다.

P: 안 됩니다. 여긴 교통이 너무 위험해요. 이틀 전에도 여기서 보행인이 트럭에 치었습니다.

F: 그래요?

P: 네. 이게 현주소입니까?

F: 네.

P: 여기 범칙금통지서입니다. 지불방법은 뒷면에 적혀 있습니다. 좀 더 조심하세요.

Key Terms

What's the matter? 무슨 일이니
What's the problem? What's wrong?

across the street: 길을 가로질러서
A street vendor is moving the trolley across the street.
한 노점상인이 길을 가로질러 수레를 끌고 갑니다.

be illegal: 불법이다
The court ruled the action to be illegal.
법원은 그 행위가 불법이라고 판결했습니다.

violate traffic law: 교통법규를 위반하다
He habitually violates traffic laws.
그는 습관적으로 교통법규를 어깁니다.

down the street: 길 따라, 주변으로
It's a couple of buildings down the street.
길 따라 빌딩 두서너 개만 지나면 있습니다.

be in a hurry: 서두르다
Don't be in such a hurry when you cross the street.
길을 건널 때 그렇게 서두르지 마세요.

get to work: 직장에 가다
Make haste, or you will not get to work on time.
서두르지 않으면 지각합니다.

let it go: 너그러이 봐주다
Please let it go. I've reflected deeply on what I've done.
좀 봐주세요. 제가 한 일에 대해 깊이 반성하고 있습니다.

It won't happen again. 다시는 이런 일이 없을 것이다
I won't let it happen again. I won't do it again.

I'm afraid I can't. 못할 것 같다
I'm afraid I can't make it that day.
아쉽지만 그 날은 안 되겠어요.

be hit by ~: ~에 치이다
A child was hit by a car on the crosswalk.
한 어린아이가 횡단보도에서 차에 치었습니다.

on the back: 뒷면에
If you look on the back of the ticket, you'll find the telephone number.
범칙금 통지서 뒷면을 보면 전화번호가 있습니다.

More Expressions !

A lot of people still jaywalk.
아직도 많은 사람들이 무단횡단을 합니다.

Don't be a jaywalker. There is a crossroad nearby.
무단횡단 하지 마세요. 바로 옆에 횡단보도가 있습니다.

If you get caught jaywalking, you'll be fined twenty thousand won.
무단횡단하다 걸리면 벌금 2만원을 내야 합니다.

On average a pedestrian is killed every eighteen minutes.
평균 매 18분마다 보행자가 한 명씩 사망합니다.

A pedestrian was hit by a car under an overpass.
육교 밑에서 한 보행인이 차에 치었습니다.

The accident happened because he didn't cross using the pedestrian overpass.
육교로 건너지 않아 사고가 났습니다.

The driver argued that the reckless pedestrian was to blame for the accident.
운전자는 무모한 보행자가 사고책임을 져야 한다고 주장했습니다.

Child pedestrian accidents need to be of particular concern.
어린이 보행자 사고에 대해 특별한 관심을 가져야 합니다.

It's dangerous to cross the street against a red light.
정지신호에 건널목을 건너는 것은 위험합니다.

Wait for the light to change. Don't cross against the light.
신호가 바뀔 때까지 기다리세요. 무단횡단하지 마세요.

Before you cross the street at a crosswalk, first look both ways.
건널목을 건널 때는 항상 주위를 확인하고 건너세요.

Careless pedestrians cause accidents with bicyclists, inline skaters, and other pedestrians.
부주의한 보행자들은 자전거, 인라인 스케이트 타는 사람들, 그 외 다른 보행자들과 사고를 일으킵니다.

On the street, pedestrians have the right of way.
도로에서는 보행자가 우선입니다.

Cars are supposed to yield to pedestrians.
차들이 보행자에게 양보해야 합니다.

Motorists are required to give way to pedestrians under defined conditions.
정해진 규정하에서는 운전자가 보행자에게 통행권을 양보해야 합니다.

It's not a good idea to gun your car/take off as soon as the light changes.
신호가 바뀌자마자 출발하는 건 좋지 않습니다.

It is dangerous for a car to speed through yellow lights.
노란 불일 때 차가 속도를 내어 통과하는 것은 위험합니다.

Case 19

You failed the breathalyzer test.

P : Stop the car please and roll down your window. Would you blow into here, please?

F : Okay. Hoo~

P : Please breathe out deeply.

F : Hoooo~

P : You failed the breathalyzer test. Your blood alcohol level is zero point zero six.

F : I had one or two drinks. I'm okay to drive, though.

P : In Korea you may not operate a vehicle after consuming any alcohol.

F : Oh, I didn't know that.

P : Please get out of your vehicle.

F : Yes, sir. What happens now?

P : You can call a friend to come drive you home or you can come to the station and wait until you sober up. Either way I'm going to give you a DUI ticket.

F : Let me make a couple of phone calls to find someone to pick me up.

P : Okay. Here's your ticket. You will have to appear in person in order to be put on record.

F : Yes, officer.

---

blow : 불다 breathe : 호흡하다 deeply : 깊이 breathalyzer test : 음주측정 blood alcohol level : 혈중알코올농도 though : 하지만 operate : 가동하다 vehicle : 차량 consume : 마시다 DUI(driving under the influence of alcohol) : 음주운전 (police) station : 경찰서 sober : 술 취하지 않은 appear : 출두하다 record : 기록

Case 19

음주운전입니다.

P: 차를 세우고 창문을 내려주십시오. 여기 대고 후 불어주세요.

F: 그러죠. 후~

P: 좀 더 세게 부세요.

F: 후~~

P: 음주운전입니다. 혈중알코올농도가 0.06입니다.

F: 한두 잔밖에 안 마셨습니다. 이 정도면 운전할 수 있어요.

P: 한국에서는 술을 입에 대었다 하면 운전하면 안 됩니다.

F: 오, 몰랐습니다.

P: 차에서 내리세요.

F: 네. 이제 어떻게 되죠?

P: 친구를 불러서 집까지 태워달라고 하든지 경찰서로 가서 술이 깰 때까지 기다리시면 됩니다. 어떻게 하든 음주운전으로 범칙금통지서를 발부하겠습니다.

F: 데리러 올 사람이 있나 전화 몇 통만 하겠습니다.

P: 그러시죠. 여기 범칙금통지서입니다. 기록을 위해 직접 출두해야 합니다.

F: 알겠습니다.

Key Terms

blow into ~: ~에 대고 후 불다
Would you blow into this breathalyzer?
음주측정기에 대고 부세요.

breathe out: 내쉬다
Now breathe in and then breathe out.
이제 숨을 들이쉬고 다시 내 쉬세요.

fail the breathalyzer test: 음주운전하다
He was stopped at a sobriety checkpoint and failed the breathalyzer test.
음주단속에 걸려 알코올측정 테스트를 받았는데 통과하지 못했습니다.

have a drink: 한잔 하다
It's hard to refuse when someone asks me to have a drink.
누가 술 마시자고 하면 거절하기가 어렵습니다.

operate a vehicle: 차를 운전하다
Do not use a cell phone while operating a vehicle.
운전 중에는 휴대폰을 사용하지 마세요.

consume alcohol: 술을 소비하다, 마시다
No one should consume alcohol while driving.
운전 중에 술을 마시면 안 됩니다.

get out of ~: ~에서 나가다
Let's get out of this bar as soon as possible.
가능한 한 이 술집에서 빨리 나갑시다.

sober up: 술이 깨다
He was left to sober up in a police holding cell.
그는 경찰서 유치장에서 술이 깨도록 남아 있었습니다.

either way: 어느 쪽이든
Maybe the accident was your fault or may be his fault. Either way, you need a new car.
사고가 당신 잘못일 수도 있고 저 사람 잘못일 수도 있지만 어쨌든 새 차를 사셔야 할 것 같습니다.

make a phone call: 전화를 걸다
I made a phone call to my cousin to pick me up.
사촌에게 데리러 오라고 전화를 했습니다.

pick up: 태우러 가다/오다
Please come as early as possible to pick me up.
최대한 빨리 데리러 오세요.

put on record: 기록하다
We put his remarks on record.
우리는 그의 말을 기록했습니다.

More Expressions !

This is a sobriety checkpoint.
음주운전 단속 중입니다.

Would you please take a breath test?
음주측정을 하겠습니다.

There is a crackdown on drinking and driving.
음주운전을 엄중단속하고 있습니다.

Legally drunk in Korea is zero point zero five.
한국에서 0.05 이상이면 음주운전입니다.

Your BAC is zero point zero seven so you have your license suspended for thirty days.
혈중알코올농도가 0.07이어서 30일간 면허정지입니다.
*BAC : Blood Alcohol Concentration

You are too drunk to be driving
너무 취해서 운전할 수 없습니다.

A level of zero point one will require your license to be revoked.
혈중알코올농도 0.1이 넘으면 면허취소입니다.

You may serve jail term from six months to one year.
6개월에서 1년까지 징역형을 살 수 있습니다

Don't drink and drive.
음주운전은 하지 마세요.

Drunk driving endangers the lives of other people.
음주운전은 다른 사람의 목숨을 위태롭게 합니다.

There is zero tolerance for drinking and driving.
음주운전은 엄중처벌이 원칙입니다.

The government has increased the penalties for drunk driving.
정부는 음주운전에 대한 처벌을 강화했습니다.

You will be fined over three million won for a DUI.
음주운전으로 300만원 이상의 범칙금이 부과될 것입니다.

You will have your license revoked for drunk driving.
음주운전으로 일년간 면허 취소됩니다.

We're going to move your car over to the side.
차량을 한쪽으로 이동하겠습니다.

The keys will be with me. Did you find a ride?
자동차열쇠는 제가 가지고 있겠습니다. 데려다 줄 사람을 찾았습니까?

Case 20

You crossed over the center line.

P : Sir, please pull you car over.

F : Yes, officer.

P : You crossed over the center line. You are not allowed to make a U-turn here.

F : Oh, I'm sorry. Traffic is moving so slowly that I tried to find another way around it.

P : That does not justify your violation. Driving over the center line can cause a big accident.

F : You're right.

P : I will give you a ticket and penalty points as well.

F : How many penalty points?

P : Thirty points. You will get a license suspension if you receive more than forty penalty points.

F : For how long?

P : For forty days. And you will lose your license if you receive more than one hundred twenty-one points within a year.

F : Oh my goodness. I should be more careful to drive safely.

P : That's a good idea.

---

cross : 건너다 center line : 중앙선 justify : 정당화시키다 violation : 위반 cause : 초래하다 penalty points : 벌점 as well : 역시 license suspension : 면허정지 receive : 받다 more than : ~보다 더 within : ~ 이내에 goodness : 와(놀람) careful : 조심하는 safely : 안전하게

Case 20

중앙선을 침범했습니다.

P: 차 좀 세우세요.

F: 네, 경관님.

P: 중앙선을 침범했습니다. 여기서 유턴을 하시면 안 됩니다.

F: 죄송합니다. 정체가 너무 심해서 다른 길을 찾으려고 했습니다.

P: 그게 위반 사유가 될 수는 없습니다. 중앙선 침범은 큰 사고를 초래할 수 있습니다.

F: 옳은 말씀입니다.

P: 범칙금통지서와 벌점을 부여하겠습니다.

F: 벌점이 얼마죠?

P: 30점입니다. 벌점 40점이 넘으면 면허정지가 됩니다.

F: 얼마 동안이요?

P: 40일간입니다. 그리고 일 년 내에 벌점이 121점을 넘으면 면허취소가 됩니다.

F: 아이고. 안전운전에 더 신경 써야겠어요.

P: 그러셔야죠.

Key Terms

pull over : 길 한쪽으로 차를 대다
There seems to be trouble with the car. Let's pull over and take a look.
차에 이상이 있는 것 같아요. 길 가에 세워서 한번 봐야겠어요.

cross over : 건너다
I waved and she crossed over to my side of the street.
내가 손을 흔들자 그녀가 길을 건너 제 쪽으로 왔습니다.

make a U-turn : U턴을 하다
A man reversed his car suddenly and then made an illegal U-turn.
어떤 사람이 갑자기 후진을 해서 불법유턴을 했습니다.

Traffic moves slowly. 교통 소통이 느리다
During the rush hour traffic moves slowly.
출퇴근 시간에는 교통 소통이 느립니다.

find another way around it : 돌아가는 다른 길을 찾다
The traffic is backed up on the exit ramp. We'll have to find another way around it.
출구램프 쪽에 차가 꽉 막혀있어요. 돌아갈 다른 길을 찾아봐야 해요.

drive over the center line : 중앙선을 침범하다
An accident happened because the oncoming car drove over the center line.
마주 오던 차가 중앙선을 침범해 사고가 발생했습니다.

cause an accident : 사고를 유발하다
Falling asleep at the wheel causes traffic accidents.
졸음운전은 교통사고의 원인이 됩니다.

for how long : 얼마 동안
For how long will it be going on?
얼마나 지속될까요?

get a license suspension : 면허정지 처분을 받다
I got a license suspension due to my DUI offense.
음주운전으로 면허정지처분을 받았습니다.

lose a license : 면허를 잃다
If you get caught driving drunk, you'll lose your license.
음주운전하다 걸리면 운전면허가 취소될 것입니다.

Oh my goodness! 맙소사
Goodness! Oh my! My god! Oh my gosh!

That's a good idea. 좋은 생각이야
An excellent idea! That's a better idea. You have the right idea.

More Expressions!

You drove over the center/central line.
중앙선을 침범했습니다.

You will get a ticket for crossing the center line.
중앙선 침범으로 범칙금통지서를 발부합니다.

You are not allowed to cross over the double solid yellow line for any circumstance.
어떤 경우에도 이중황색실선은 넘어서는 안 됩니다.

You were swerving all over the lane.
전 차선을 누비고 다녔습니다.

You were straddling the line and almost hit several other vehicles.
차선을 걸쳐 타고 달려서 여러 다른 차들과 거의 충돌할 뻔 했습니다.

You can take a traffic safety education class to reduce your penalty points.
벌점을 감하기 위해 교통안전교육을 받을 수 있습니다.

Types of Lines & Lanes 차선 종류

solid yellow line : 황색실선
broken yellow line : 황색점선
solid white line : 흰색실선
passing/fast lane : 추월차선
shoulder lane : 갓길
emergency lane : 응급차선
bus/blue lane : 버스전용차선

Other Cases of Traffic Violations 다른 형태의 교통위반 케이스들

Unsafe lane change : 위험한 차선변경
Tailgating : 앞차에 바짝 대기
Passing on the shoulder : 갓길주행
Windshield wipers not working : 와이퍼고장
Smoky exhaust : 배기가스배출
Driving on the footpath : 보행자보도 주행
Bald tires : 타이어마모
Indicator not working : 방향지시등 고장
Obstruction : 방해운전
Engine running in unattended vehicle : 엔진 공회전
No lights : 등화 불이행

PART Ⅳ

Dealing with Traffic Accidents
교통사고 처리하기

Case 21 **골목길 충돌 사고**

That guy bashed the right side of my car.

저 사람이 제 차 오른편을 들이박았습니다.

Case 22 **측면 충돌 사고**

That van crashed into me.

저 승합차가 제 차와 충돌했습니다.

Case 23 **뺑소니 사고**

A car just ran right into me.

차에 치였습니다.

Case 24 **안전거리불이행으로 인한 추돌 사고**

You didn't keep a safe distance.

안전거리를 유지하지 않았습니다.

Case 25 **운전자시비로 인한 기물파손 사건**

Someone reported vandalism here.

기물파손 신고를 받았습니다.

Case 21

That guy bashed the right side of my car.

P: How did the accident happen?

F: I was just driving along and that guy just came out of the alley and bashed the right side of my car.

P: Are you okay?

F: My neck is a little stiff.

P: I think you should go see a doctor. Could I see your license, please?

F: Here it is.

P: I've talked to the other driver. I've determined you were each partially to blame. I'm giving both of you tickets for careless driving.

F: No way. I think I have the right of way.

P: Yes, but you should have slowed down on this narrow street.

F: Can I dispute this ticket? I don't think the accident was my fault.

P: You can call this number [points to ticket] and they can instruct you how to dispute a ticket.

F: And then where will I have to go?

P: To the traffic section in Gangnam Police Station.

F: Oh, I see.

P: You need to have the door fixed as soon as you can. There is a body shop just one block away.

F: Okay, thank you.

P: Have a good day and drive safely.

---

lane : 차선 guy : 녀석, 사람 bash : 세게 치다 alley : 골목길 right side : 오른편 stiff : 뻣뻣한 determine : 결정하다 partially : 부분적으로 blame : 책임으로 보다 careless driving : 부주의운전 right of way : 우선통행권 dispute : 이의를 제기하다 narrow street : 좁은 길 fault : 잘못 instruct : 지시하다 traffic section : 교통과 fix : 고치다 body shop : 자동차정비소

Case 21

저 사람이 제 차 오른편을 들이박았습니다.

P: 어떻게 사고가 났습니까?

F: 운전을 하고 있는데 저 사람이 골목에서 튀어나와 제 차 오른편을 들이박았습니다.

P: 괜찮습니까?

F: 목이 좀 뻣뻣합니다.

P: 병원에 가봐야겠군요. 면허증 좀 보여주십시오.

F: 여기 있습니다.

P: 차량보험증서도 좀 보여주세요.

F: 잠깐만요, 여기 있습니다.

P: 다른 운전자와 얘기를 해봤는데 양측 다 잘못이 있는 걸로 밝혀졌습니다. 두 분 모두에게 부주의한 운전으로 범칙금통지서를 드리겠습니다.

F: 말도 안됩니다. 저에게 우선통행권이 있잖아요.

P: 그렇긴 하지만 좁은 골목에서 속력을 늦추었어야죠.

F: 이의를 제기할 수 있나요? 제 잘못으로 사고가 났다고 생각하지 않습니다.

P: [통지서를 가리키며] 이 번호로 전화하시면 이의 제기 방법을 알려드릴 겁니다.

F: 그런 후 어디로 가야 하나요?

P: 강남경찰서 교통과로 가시면 됩니다.

F: 알겠습니다.

P: 차 문을 가능한 빨리 고쳐야 하겠어요. 한 블록만 가면 수리센터가 있습니다.

F: 그러죠. 감사합니다.

P: 좋은 하루 되시고 안전운행하십시오.

Key Terms

drive along : 차를 몰고 가다
We drove along the coastal highway for an hour.
우리는 한 시간 동안 해안고속도로를 따라 달렸습니다.

come out of ~ : ~에서 나오다
He came out of the store and saw that his car had been ticketed.
그가 가게에서 나왔을 때 차에 위반딱지가 붙어 있었습니다.

go see a doctor : 병원에 가다
You look sick. Why don't you go see a doctor?
아파 보이는데 병원에 가보지 그래요.

I've determined : 알아내다, 밝히다
After looking at all the evidence, I've determined the cause of the accident.
모든 증거를 살펴본 후에 사고의 원인을 밝혀냈습니다.

be to blame : 책임이 있다
You are largely to blame for this three-car rear-end collision.
당신이 3중 추돌사고에 큰 책임이 있습니다.

No way! 말도 안 된다
"He's been driving without a license for a year." "No way!"
"그는 면허도 없이 일년 간 운전을 했습니다." "말도 안 됩니다."

have the right of way : 우선통행권이 있다
I'm sure it's my right of way at this intersection.
이 교차로에서는 제가 우선통행권이 있는 게 확실합니다.

dispute the ticket : 범칙금통지서에 이의를 제기하다
"Did he write you a ticket?" "Yes, but I'll dispute it."
"그가 당신에게 범칙금통지서를 발부했나요?" "네, 하지만 이의를 제기할 것입니다."

how to ~ : ~ 하는 방법
I am learning how to parallel park properly.
평행주차를 제대로 하는 걸 배우고 있습니다

have ~ fixed : ~을 수리하다
Where did you have it fixed?
어디서 고쳤습니까?

as soon as you can : 가급적 빨리
I'll be there as soon as I can.
가급적 빨리 갈게요.

one block away : 한 블록 떨어진 곳에
The subway station is just one block away.
한 블록만 가면 지하철역이 있습니다.

More Expressions !

I had a fender-bender on my way home.
집으로 오는 길에 접촉사고가 났습니다.

My car was rear-ended by a truck.
트럭이 제 차 뒤를 박았습니다.

My car got a dent on the right hand side.
차 오른쪽이 움푹 파였습니다.

His car broadsided/sideswiped mine.
저 차가 제 차 옆을 박았습니다.

Two cars collided head-on, totaling each other.
두 차가 정면충돌해서 둘 다 대파되었습니다.

Is there much damage?
손상이 심합니까?

Fortunately, the damage was light.
다행히 많이 파손되지는 않았습니다.

My car has some dents and scratches here and there.
차 여기저기가 파이고 흠집이 났습니다.

You need to have the car towed.
차를 견인시켜야겠습니다.

He survived the accident with a slight injury.
사고가 났지만 경미하게 다쳤습니다.

The car is totaled but the driver is okay.
차는 대파되었지만 운전자는 괜찮습니다.

Did you witness the accident?
사건을 목격했습니까?

Cases of Collision 충돌사고의 예

rear-end collision : 추돌사고
three-car rear-end collision : 3중 추돌사고
multi-vehicle collision : 다중추돌
head-on collision : 정면충돌
broadside collision : 측면충돌
fender-bender : 가벼운 접촉사고

Case 22

That van crashed into me.

P : Good afternoon. Can you tell me what happened here?

F : Yes, I was driving and that van crashed into me.

P : The damage seems to be to your front bumper.

F : Yes, that's correct.

P : Were you passing the van, or was the van passing you?

F : I'm not sure. He was driving two lanes over from me.

P : From the damage I can see, it appears he was the lead vehicle and therefore had the right of way. Are you okay?

F : I think so. What about him?

P : He didn't seem to be badly hurt but both of you should be checked by a doctor for an accurate diagnosis.

F : Okay.

P : I'll need to see your license, please.

F : Here you are.

P : Take this ticket, please. Pay the fine on the ticket at the nearest bank within ten days.

F : Okay.

P : Is this vehicle insured?

F : Yes, it is.

P : Did you contact your insurance company?

F : Yes, I did. I think I should deal with it through insurance.

van : 승합차 crash : 충돌하다 damage : 손상 front bumper : 앞 범퍼 pass : 지나가다 over : 너머, 건너 appear : ~ 처럼 보이다 lead vehicle : 선두차량 right of way : 우선통행권 badly : 심하게 accurate : 정확한 diagnosis : 진단 insure : 보험에 들다 report : 보고하다 insurance company : 보험회사

Case 22

저 승합차가 제 차와 충돌했습니다.

P: 안녕하세요. 무슨 일이십니까?

F: 운전을 하고 있는데 저 승합차가 제 차와 충돌했습니다.

P: 앞 범퍼가 망가졌군요.

F: 네, 그렇습니다.

P: 선생님 차가 승합차를 추월했나요 승합차가 선생님 차를 추월했나요?

F: 잘 모르겠습니다. 승합차가 제 차에서 두 차선 떨어져 있었어요.

P: 손상으로 봐서는 승합차가 우선통행권이 있는 것 같습니다. 다치지는 않았습니까?

F: 전 괜찮은 것 같습니다. 승합차 운전자는요?

P: 다행히 심하게 다치지는 않았지만 두 분 다 정확한 진단을 위해 의사의 검진을 받아봐야겠습니다.

F: 알겠습니다.

P: 면허증 좀 보여주세요.

F: 여기 있습니다.

P: 범칙금 통지서를 받으세요. 가까운 은행에서 10일 이내로 내시기 바랍니다.

F: 네, 알겠습니다.

P: 이 차량 보험 들어있나요?

F: 네.

P: 보험회사에는 연락했습니까?

F: 네, 했습니다. 보험으로 처리해야 할 것 같습니다.

Key Terms

Real Life English for Police!

crash into ~ : ~에 충돌하다
I crashed into a red sports car on a highway.
고속도로에서 빨간 스포츠카와 충돌했습니다.

That's correct. 맞아
"Are you in charge here?" "That's correct."
"당신이 여기 책임자인가요?" "맞습니다만."

pass a car : 추월하다
I sped up to pass the car ahead.
앞차를 추월하려고 속도를 올렸습니다.

I'm not sure. 확실치 않다
I'm not sure who approached the intersection first.
누가 교차로에 먼저 접근했는지 확실치 않습니다.

From ~ I can see : ~으로 봐서는
From the skid marks I can see, I can imagine how fast the car had been travelling.
타이어가 미끄러진 자국으로 봐서 그 차가 얼마나 빨리 달렸는지 짐작할 수 있습니다.

be badly hurt : 심하게 다치다
He was badly hurt in a traffic accident last night.
그는 어젯밤 교통사고로 크게 다쳤습니다.

be checked by a doctor : 의사에게 검진을 받다
He was checked by a doctor and nothing serious was found.
의사에게 검진을 받았는데 별문제 없었습니다.

for accurate diagnosis : 정확한 진단을 위해
For accurate diagnosis, a detailed examination is needed.
정확한 진단을 위해 자세한 검사가 필요합니다.

pay the fine : 범칙금을 내다
The court ruled that she must pay a fine.
법원은 그녀가 벌금을 내야 한다고 판결했습니다.

be insured : 보험이 되어있다
My car is insured against damage and loss.
제 차는 손실, 손상보험에 들어있습니다.

contact insurance company : 보험회사에 연락하다
Notify the police and then contact your insurance company.
먼저 경찰에 알린 후 보험회사에 연락하세요.

deal with ~ : ~을 처리하다
I'd like to deal with the repair cost through my insurance company.
수리비는 보험회사를 통해 처리하겠습니다.

More Expressions!

Traffic moves quickly in Seoul.
서울은 교통흐름이 빠릅니다.

Driving is dangerous because cars cut in so much.
차가 너무 끼어들어 운전이 위험합니다.

I started to change lanes and that guy just came out of nowhere.
제가 차선을 바꾸고 있는데 저 사람이 갑자기 나타났습니다.

The cars were passing the truck on an uphill road.
오르막길에서 차들이 트럭을 추월하고 있습니다.

A cargo truck moved onto the shoulder lane for me to overtake him.
화물트럭이 제가 추월할 수 있도록 갓길로 빠져주었습니다.

It is dangerous to pass a car on a curve as the driver can't see an approaching vehicle.
커브에서 추월하는 것은 운전자가 마주 오는 차를 볼 수 없기 때문에 위험합니다.

You should slacken your speed at a tight bend in the road.
도로의 급격한 커브에서는 속도를 늦춰야 합니다.

There are a lot of car crashes on highways during the holiday seasons.
휴가철에는 고속도로에서 자동차 충돌사고가 많이 일어납니다.

Bad road and weather conditions are main causes of automobile crashes.
나쁜 도로와 날씨 상황은 자동차 충돌사고의 주요 원인입니다.

Potholes have been made here and there on the road due to fatigue of the road surface.
노면의 피로로 도로 여기저기가 움푹 파여 있습니다.

You should drive slowly as the road is very slippery from the heavy rain.
폭우로 노면이 미끄러워 서행해야 합니다.

People rarely yield the right of way on a merge ramp.
사람들은 병합 진입로에서 거의 우선권을 양보하지 않습니다.

If two cars are approaching a merge ramp at nearly the same time, the one to the right has the right of way.
두 차가 병합진입로에 거의 동시에 접근하면 오른쪽 차가 우선통행권이 있습니다.

More people are killed in car crashes than in wars.
전쟁에서보다 자동차사고로 더 많은 사람이 죽습니다.

Drowsy driving is a major cause of automobile crashes.
졸음운전은 자동차 충돌사고의 주요 원인입니다.

Airbags are designed to soften the impact of a car crash.
에어백은 자동차 충돌사고 때 충격을 완화시키도록 설계되어 있습니다.

Case 23

A car just ran right into me.

P : Ma'am! Can you hear me?

F : Yes.

P : An ambulance is on the way. Can you tell me your name?

F : Kathleen. My name is Kathleen Whalen.

P : Good, Kathleen, can you tell me where you feel pain?

F : My legs. I can't move my leg. And I have a throbbing pain in my head.

P : OK. Don't move. You'll be just fine, Kathleen, can you tell me what happened?

F : I was crossing the street. The light turned green and I started to walk. Then I heard brakes squealing and a car just ran right into me.

P : What color was the car?

F : It was white, I think.

P : Can you remember anything else about the vehicle?

F : No, it happened so fast. And the car sped away immediately.

P : It's a hit-and-run accident. We will ask around for witnesses.

F : I hope you'll catch the driver.

P : Certainly, ma'am. Well, the ambulance is here now. Is there someone you want to call?

F : Can you find my cell phone?

P : Sure, here's your phone. Who do you need me to dial?

F : Please find Angela on the contact list.

P : Okay, I will call her to come to the hospital.

pain : 고통 throbbing : 지끈거리는, 욱신거리는 light : 신호등 brake : 브레이크 squeal : 끼익 소리를 내다 anything else : 그 외 다른 것 immediately : 즉시 hit-and-run : 뺑소니 witness : 목격자 catch : 잡다 contact list : 연락처목록

Case 23

차에 치였습니다.

P: 부인, 제 말 들립니까?

F: 네.

P: 앰뷸런스가 오고 있습니다. 이름이 뭐죠?

F: 캐서린. 캐서린 웨일렌입니다.

P: 좋아요, 캐서린. 어디가 아픈지 말씀해보세요.

F: 다리가 아파요. 움직일 수가 없습니다. 그리고 머리가 지끈거립니다.

P: 알겠습니다. 움직이지 마세요. 괜찮을 겁니다. 어떻게 된 일인지 말해줄 수 있나요?

F: 길을 건너고 있었어요. 파란불이 켜져 걷기 시작했는데 끼익-하는 브레이크 소리가 났고 차에 치였어요.

P: 차가 무슨 색이었나요?

F: 흰색인 것 같아요.

P: 차량에 대해 기억나는 게 없습니까?

F: 아뇨, 너무 순식간에 일어난 일이어서요. 그리고 차가 즉시 달아났습니다.

P: 뺑소닙니다. 이리저리 증인을 찾아보겠습니다.

F: 범인을 잡아주세요.

P: 알겠습니다. 저기, 앰뷸런스가 왔습니다. 누구 전화하실 분이 있습니까?

F: 제 핸드폰 좀 찾아주시겠어요?

P: 네, 여기 있습니다. 누구에게 걸어 드릴까요?

F: 연락처에서 안젤라 좀 찾아보세요.

P: 알겠습니다. 전화해서 병원으로 오라고 하겠습니다.

Key Terms

Can you hear me? 내 말 들리니
Can you hear me at the back?
뒤에 계신 분 들 제 말 들립니까?

on the way : 오는/가는 중
My car stopped suddenly on the way to the gas station.
주유소로 가는 도중에 차가 갑자기 서버렸습니다.

feel pain : 통증을 느끼다
I feel pain all over my body.
온몸이 아픕니다.

have a throbbing pain : 쿡쿡 쑤시다
I have a throbbing pain in my knee.
무릎이 쿡쿡 쑤십니다.

You'll be fine. 괜찮을 거야
You'll be all right. You'll be OK.

turn green : 신호등이 녹색으로 바뀌다
I waited until the light turned green.
파란 불이 켜질 때까지 기다렸습니다.

run into ~ : ~에 들이받다, 충돌하다
His car ran into a tree.
그의 차가 나무를 들이받았습니다.

It happened so fast. 너무 갑작스레 일어났다
It happened so fast. I really can't remember.
너무 갑작스레 일어나 전혀 기억이 안 납니다.

speed away : 서둘러 달리다
The car that caused the accident sped away.
사고를 낸 차가 뺑소니를 쳤습니다.

hit-and-run accident : 뺑소니 사고
There was a hit-and-run accident involving a truck and a pedestrian.
트럭이 보행자를 치고 뺑소니쳤습니다.

anything else : 그 밖에 또 다른
Is there anything else you want to add to that?
추가로 하실 말씀은 없으세요?

ask around : 수소문하다
I asked around every where to find out his whereabouts.
그의 행방을 백방으로 수소문했습니다.

More Expressions !

He is involved in a hit-and-run.
그는 뺑소니 사건에 연루되었습니다.

He tried to cover up a hit-and-run accident.
그는 뺑소니 사고를 은폐하려 했습니다.

Road casualties involving pedestrian accidents are increasing year by year.
보행자교통사고로 인한 도로 사상자가 해마다 늘고 있습니다.

Hit-and-run accidents have doubled in the last decade.
지난 10년간 뺑소니 사고가 두 배 증가했습니다.

We are looking for accident witnesses.
교통사고 목격자를 찾습니다.

The police did a lot of legwork to find an eyewitness.
경찰은 목격자를 찾기 위해 탐문수사를 했습니다.

There are CCTVs on this street so one might have caught (an image of) the license plate.
이 거리에는 CCTV들이 있어서 어쩌면 차량번호판을 포착했을 수도 있습니다.

Where does it hurt most?
어디가 가장 아픕니까?

Don't move and stay still. Paramedics will be here right away.
움직이지 말고 가만히 계세요. 응급구조원이 곧 올 겁니다.

Don't worry. We've called an ambulance.
걱정 마세요, 앰뷸런스를 불렀습니다.

I will give you first aid. I'm certified in first aid.
응급처치를 하겠습니다. 자격증이 있어요.

Many were saved by first aid.
많은 사람들이 응급처치로 살아났습니다.

I put a splint on your broken leg.
다친 다리에 부목을 댔습니다.

You need to have/put your arm in a sling.
팔걸이 붕대를 해야 합니다.

You will be carried on a stretcher.
들것으로 옮겨질 것입니다.

Is there anyone I can contact for you?
연락해드릴 사람이 있습니까?

Case 24

You didn't keep a safe distance.

P : Sir, can you tell me what happened?

F : That car came to a sudden halt so I couldn't avoid crashing into him.

P : It was a big accident. You were lucky to escape unhurt.

F : You can say that again. But my car was badly smashed.

P : In cases of rear-end collision, the car behind has all or more liability for the accident for not keeping a safe distance.

F : But he stopped his car suddenly. Do you know why he stopped his car?

P : A cat ran in front of his car.

F : Anyway, he caused this accident.

P : You're right. However, you didn't keep a safe distance and you were speeding so your liability is greater than his. Is your vehicle insured?

F : Yes. I hope my insurance will cover the loss.

P : You'd better report it to the insurance company right now.

F : I will.

P : Can I see your vehicle insurance paperwork, please?

F : Sure, here it is, officer.

P : Let me fill this form out for you. You'll need it when you contact your insurance company.

F : Thank you.

P : Here's my name in case your insurance company needs more information from me.

F : Thank you again, officer.

sudden : 갑작스러운 half : 멈춤, 중단 avoid : 피하다 crash : 충돌 escape : 모면하다 smashed : 박살나다 rear-end collision : 추돌사고 liability : 책임 assure : 확보하다 safe distance : 안전거리 cause : 초래하다 accident : 사고 fair : 공정한 cover : 돈을 대다, 보장하다 loss : 손해액 report : 신고하다 insurance company : 보험회사 vehicle insurance paperwork : 차량보험증서 fill : 채우다 form : 서식, 신청서 contact : 연락하다 information : 정보

Case 24

안전거리를 유지하지 않았습니다.

P: 무슨 일이시죠?

F: 저 차가 갑자기 멈춰서 충돌을 피할 수가 없었습니다.

P: 큰 사고였는데 다치지 않은 게 다행입니다.

F: 정말 그래요. 하지만 차가 심하게 파손되었습니다.

P: 추돌사고의 경우 뒤차가 안전거리를 확보하지 않아 모든 책임이 있든지 더 큰 책임이 있습니다.

F: 하지만 저 사람이 차를 갑자기 멈췄잖아요. 차를 왜 멈췄죠?

P: 고양이가 차로 뛰어들었어요.

F: 어쨌든 저 사람이 사고 원인을 제공한 거죠.

P: 맞습니다. 하지만 선생님이 안전거리를 확보하지 않은데다 과속을 해서 책임이 더 큽니다. 차량이 보험에 들어있나요?

F: 네. 보험으로 손실을 처리할 수 있어야 할 텐데요.

P: 보험회사에 바로 연락하시는 게 좋습니다.

F: 그러죠.

P: 차량등록증 좀 보여주세요.

F: 여기 있습니다.

P: 제가 서류를 작성해 드리겠습니다. 보험회사와 연락할 때 필요할 겁니다.

F: 감사합니다.

P: 보험회사가 정보를 더 필요로 하면 여기 제 이름입니다.

F: 다시 한번 감사드립니다.

Key Terms

come to a sudden halt : 갑자기 멈추다
The angry driver has come to a sudden halt in front of my car.
화난 운전자가 갑자기 제 차 앞에서 차를 멈췄습니다.

avoid the crash : 충돌을 피하다
Even though I drove very carefully, I couldn't avoid the crash due to slippery road conditions.
조심스레 운전했지만 길이 미끄러워 충돌을 피할 수 없었습니다.

escape unhurt : 다치지 않다
The driver escaped unhurt but a pedestrian was injured.
운전자는 다치지 않았지만 보행인 한 명이 다쳤습니다.

You can say that again. 정말 그렇다
I agree with you. I agree completely. I know that already.

in case of ~ : ~의 경우
In case of emergency, I always keep a first aid kit in my car's trunk.
비상시를 대비해서 구급상자를 항상 차 트렁크에 가지고 다닙니다.

have a liability (for) : 책임이 있다
All parents have a liability for their children under the age of eighteen.
모든 부모는 18세 미만의 자녀에 대한 법적 책임이 있습니다.

keep a safe distance : 안전거리를 확보하다
Make sure you keep a safe distance from other cars on the expressway.
고속도로에서는 반드시 안전거리를 확보하세요.

run into : 들이받다, 충돌하다
The bus went out of control and ran into a line of people.
버스가 통제력을 잃더니 줄 서 있는 사람들을 덮쳤습니다.

cause accident : 사건의 원인을 제공하다
The accident caused serious concern.
그 사건은 심각한 우려를 야기하였습니다.

cover the loss : 손해액을 메우다
The government would raise taxes to cover the loss.
정부는 적자를 메우러 세금을 올릴 것입니다.

report to : 보고하다
You need to report it to a superior officer right away.
지금 즉시 상관에게 보고해야 합니다.

fill out : 기입하다
Please fill out this registration form.
이 등록용지에 기입하세요.

More Expressions !

The car ahead is driving too slowly in the fast-lane.
앞차가 추월차선에서 너무 천천히 달립니다.

You were driving too close to the car in front of you.
앞차를 너무 바싹 따라갔습니다.

Tailgating is so dangerous. You should keep due distance.
앞차를 바싹 따라가는 것은 매우 위험합니다. 안전거리를 확보해야 합니다.

He braked suddenly, causing the front wheels to skid.
그가 갑자기 브레이크를 밟아서 앞바퀴가 미끄러졌습니다.

A guard rail fell across the road, which obstructed traffic and caused an accident as well.
중앙분리대가 길에 쓰러져 있어서 교통을 방해하고 사고까지 냈습니다.

A five-car rear-end collision took placed due to the boxes scattered on the road.
도로에 흩어진 박스들 때문에 5중 추돌사고가 일어났습니다.

There was a ten-car accident on the highway, which was caused by heavy fog.
심한 안개로 고속도로에서 10중 추돌사고가 발생했습니다.

I hope my insurance will pay for it.
보험으로 처리되기를 바랍니다.

How much of the loss is covered by insurance?
손해액 중 얼마나 보험으로 처리되나요?

The entire medical expense will be covered by insurance.
치료비는 전액 보험처리 될 겁니다.

The damage comes to/amounts to two million won.
손해액은 2백만 원입니다.

If the damage is big, your insurance premium may go up.
손상이 크면 보험료가 할증될 수 있습니다.

What kind of insurance do you have?
어떤 보험을 가지고 있습니까?

I have accident insurance/full coverage insurance.
저는 상해보험/종합보험에 들었습니다.

You'd better buy full insurance coverage to be on the safe side.
만약을 대비해서 종합보험에 드는 게 좋습니다.

He presented fake medical documents to get coverage from insurance firms in collaboration with the hospital.
그는 보험금을 타내려 병원과 짜고 허위진단서를 제출하였습니다.

Case 25

Someone reported vandalism here.

M : motorcyclist

P : Someone reported vandalism here. What's the problem?

F : Sir, this guy smashed the mirror on my car with his hand.

P : Is that right?

M : He cut me off suddenly while I was riding in the right lane of traffic. I was almost knocked over by his car.

F : No, I didn't cut him off suddenly. I signaled before I turned right.

M : He didn't. He drove so recklessly so I followed him to the gas station to confront him.

P : Even if he did wrong, you will be cited for vandalism.

M : Are you blaming me for what just happened? He's a crazy driver. He could've killed me.

P : [to the foreigner] Sir, reckless drivers can have their license suspended.

F : This is unfair. He is lying, I swear it.

M : No, he is lying.

P : All right, you two, it seems we have a bit of road rage here. Let's all calm down. I need to take both of you to the police station.

report : 신고하다 vandalism : 공공기물파손죄 smash : 때려부수다 suddenly : 갑자기 right lane : 오른쪽 차선 signal : 신호를 보내다 recklessly : 무모하게 confront : 맞서다 cite : 범칙금통지서를 발부하다 crazy driver : 난폭운전자 reckless driver : 난폭운전자 suspend : 정지시키다 unfair : 불공평한 lie : 거짓말하다 swear : 맹세하다 road rage : 운전자 분노, 시비

Case 25

기물파손 신고를 받았습니다.

P : 여기서 기물파손이 일어났다는 신고를 받았습니다. 무슨 일입니까?

F : 경관님, 이 사람이 손으로 제 차 거울을 부쉈습니다.

P : 사실입니까?

M : 제가 오른편 차선으로 달리고 있는데 저 사람이 갑자기 끼어들었습니다. 차에 치일 뻔했어요.

F : 갑자기 끼어든 게 아닙니다. 우회전하기 전에 지시등을 켰습니다.

M : 켜지 않았어요. 저 사람이 너무 난폭운전을 해서 따지려고 주유소까지 따라왔습니다.

P : 설사 저 분이 잘못했다 하더라도 당신은 기물파손으로 범칙금통지서를 받게 됩니다.

M : 제 잘못이라는 겁니까? 저 사람이 미친 듯이 운전을 했어요. 절 죽일 뻔 했습니다.

P : [외국인에게] 난폭운전으로 면허정지를 받을 수도 있습니다.

F : 불공평해요, 맹세코 저 사람이 거짓말을 하는 겁니다.

M : 아닙니다, 저 자가 거짓말을 하고 있어요.

P : 알겠습니다, 두 분, 운전자시비인 것 같습니다. 자 진정하세요. 두 분 다 경찰서로 데려가겠습니다.

Key Terms

smash a mirror : 거울을 박살내다
A boy smashed every side mirror of the parked vehicles.
한 소년이 주차된 차량들의 사이드미러를 모두 박살냈습니다.

in the right lane : 오른편 차선으로
The traffic on Dongho Bridge has slowed to a crawl because of an accident in the right lane.
동호대교 우측차선에서 발생한 사고로 교통이 서행되고 있습니다.

cut off : 끼어들다
That guy just cut me off without (using) any turn signal.
저 사람이 차선변경 신호도 주지 않고 끼어들었습니다.

be knocked over : 치이다
The street lamp was knocked over by a reckless driver last night.
어젯밤에 한 난폭운전자가 가로등을 들이박았습니다.

turn right : 오른쪽으로 향하다, 돌다
Turn right after you pass the hospital.
병원을 지난 후에 오른쪽으로 가세요.

confront somebody : 맞붙다, 한바탕 싸우다
I think I have to confront him about this problem.
이 문제에 대해 그와 한바탕해야겠습니다.

do wrong : 잘못하다
What did I do wrong, sir?
제가 무슨 잘못을 했나요?

be cited for : 범칙금통지서를 발부받다
You will be cited for speeding.
과속으로 범칙금통지서를 발부합니다.

This is unfair. 불공평하다
This is unfair and must be changed.
이건 불공평해서 반드시 바뀌어야 합니다.

I swear it. 맹세하다
I swear it won't happen again.
다시는 이런 일이 없다고 맹세합니다.

have one's license suspended : 면허정지 당하다
I had my license suspended for thirty days for reckless driving.
난폭운전으로 30일간 면허정지 당했습니다.

calm down : 진정하다
My car was severely damaged. How can I possibly clam down now?
차가 이렇게 크게 부서졌는데 어떻게 진정할 수 있겠어요?

More Expressions !

He overtook my car while I was on a bend.
그가 커브에서 제 차를 추월했습니다.

Be sure to slow down as you approach that dangerous curve.
위험한 커브길에서는 반드시 속도를 늦춰야 합니다.

He drove fast to catch up with my car.
그가 제 차를 따라잡으려고 빨리 달렸습니다.

He drove like crazy to overtake my car.
그가 제 차를 추월하려고 미친 듯이 달렸습니다.

This is a no-passing zone.
여기는 추월금지구역입니다.

Passing is not allowed in tunnels.
터널에서는 추월이 금지되어 있습니다.

Police impose tough penalties on drivers who fail to signal lane changes.
경찰은 차선변경신호를 보내지 않는 운전자에게 엄중한 벌을 부과합니다.

Make sure to signal before moving into another lane.
다른 차선으로 진입하기 전에 반드시 신호를 보내세요.

In this case, the motorcyclist was clearly in the wrong.
이번 경우에는 오토바이 운전자 과실이 분명합니다.

A man was severely hurt in a road rage incident.
운전자시비로 한 사람이 크게 다쳤습니다.

Road rage has become an increasingly common problem.
운전자시비는 점점 흔한 문제가 되었습니다.

Road rage takes place when you drive with no respect or regard for others on the road.
도로에서 다른 차량에 대한 존중이나 배려 없이 운전할 때 운전자 간의 시비가 일어납니다.

Avoid road rage. You don't know the other people in their cars.
상대방 차에 어떤 사람이 타고 있는지 모르니 운전자시비는 피하세요.

Road rage may lead you to be severely injured or killed.
운전자시비는 당신을 심하게 다치게 하거나 죽게 할 수 있습니다.

Automobile and motorbike accidents on the roads are increasing.
도로에서 자동차와 오토바이 사고가 늘고 있습니다.

You always need to think about your blind spots when you're driving.
운전할 때 늘 사각지대에 신경을 써야 합니다.

PART V

Dealing with Complaints on the Spot
현장에서 불만사항 처리하기

Case 26 **택시바가지요금**

I was charged way too much by a taxi driver.

택시기사가 바가지요금을 씌웠습니다.

Case 27 **도로관련 민원**

I tripped over a cable left on the road.

길에 버려져 있는 전선에 걸려 넘어졌습니다.

Case 28 **인종차별 발언**

That drunken man shouted racist remarks at me.

저 취객이 제게 인종차별 발언을 했습니다.

Case 29 **소음 민원**

I can't work because of the noise from the loudspeaker.

확성기 소음 때문에 일을 할 수가 없습니다.

Case 30 **이웃관련 민원**

My child was bitten by the neighbor's dog.

제 아이가 이웃집 개에 물렸습니다.

Case 26 I was charged way too much by a taxi driver.

F : Officer, can you help me?

P : Yes, what's the problem?

F : I think I was overcharged by that taxi driver.

P : Can you tell me what happened?

F : I took his taxi from the airport. My friend says it usually costs around seventy thousand won from the airport to this hotel but he charged me one hundred thousand won.

P : Did you complain to the taxi driver about the fare?

F : I did. He says that there was a severe traffic jam. But traffic was not that bad.

P : Okay, I'll talk to him. For your information, Seoul City publicized standard taxi fares on fifty six routes popular among foreign tourists.

F : That's good news. That will protect us from being overcharged. Where can I check those fares?

P : The standard fares are available online at www.visitseoul.net, smart phone applications, and tour guidebooks.

F : Good! I'll check that out.

P : You should. Taxi overcharging is one of the most frequent complaints among foreign visitors.

F : If so, then those sites will be of much help to tourists.

---

overcharge : 바가지 씌우다 around : 약, 쯤 complain : 불평, 항의하다 fare : 요금 traffic jam : 교통체증 publicize : 공표하다 standard taxi fare : 택시요금기준표 foreign tourist : 외국인 관광객 route : 노선 available : 이용할 수 있는 online : 온라인상으로 application : 응용프로그램 guidebook : 안내서 frequent : 빈번한 complaints : 불평사항들, 민원
*www.visitseoul.net=double u double u double u dot visit seoul dot net

Case 26

택시기사가 바가지요금을 씌웠습니다.

F: 경관님, 좀 도와주세요.

P: 네, 무슨 일이시죠?

F: 저 택시기사가 바가지요금을 씌웠습니다.

P: 어떻게 된 일인지 말씀해주세요.

F: 공항에서 택시를 탔어요. 친구 말에 의하면 공항에서 이 호텔까지 7만원 정도 나온다고 했는데 10만원을 내라고 했습니다.

P: 요금에 관해 택시기사에게 항의해보셨어요?

F: 네. 교통정체가 심해서 그렇다고 하는데 그렇게 막히지 않았습니다.

P: 알겠습니다, 제가 택시기사와 얘기해보죠. 참고로 서울시에서 외국관광객들에게 인기 있는 56개 노선에 대한 택시요금기준표를 공표하였습니다.

F: 그거 좋은 소식이군요. 요금기준표가 있으면 바가지요금을 쓰지 않겠군요. 어디서 그걸 확인할 수 있나요?

P: 온라인 www.visitseoul.net이나 스마트폰 앱, 그리고 관광 안내 책자에 나와 있습니다.

F: 좋아요. 확인해봐야겠군요.

P: 그러세요. 택시바가지요금이 외국인 관광객들 사이에서 가장 흔한 민원사항입니다.

F: 그렇다면 그런 사이트들이 관광객들에게 큰 도움이 되겠군요.

Key Terms

be overcharged : 바가지요금을 쓰다
Make sure you are not overcharged by street vendors.
거리상인들에게 바가지요금 안 쓰도록 하세요.

It costs ~ : 비용이 ~ 들다
The airport limousine bus costs fifteen thousand won for a one way trip and twenty five thousand won round trip.
공항리무진버스는 편도 15,000원, 왕복 25,000입니다.

complain to ~ : ~에게 항의하다
Who should we complain to for this?
이 문제에 관해 누구에게 항의해야 하나요?

There was a traffic jam. 차가 밀렸다
There was a severe traffic jam so the meter showed almost double the usual.
차가 너무 밀려서 미터 요금이 평소 두 배 정도 나왔습니다.

Traffic was bad. 교통사정이 좋지 않았다
Is traffic always bad like this in Seoul?
서울은 교통사정이 항상 이렇게 나쁜가요?

for your information : 참고로 말하는데
For your information, there are many English tourism information sites you can refer to.
참고로 당신이 참조할 수 있는 영어 관광정보 사이트들이 많습니다.

That's good news. 정말 잘됐네요.
That's good! Good!

protect ~ from ~ : ~를 ~으로부터 보호하다
It will help protect you from identity theft.
그것이 신원 도용을 방지해드릴 것입니다.

be available : 이용할 수 있는, 구할 수 있는
Further information is available on request.
요청하시면 추가정보를 알려드립니다.

check out : 확인하다, 참조하다
Check out their home page for more information.
정보를 더 얻으려면 홈페이지를 참조하세요.

If so : 만일 그렇다면
I don't expect to be late, but if so, I'll let you know.
늦을 것 같지는 않지만 만약 그렇게 되면 연락드릴게요.

be of much help : 큰 도움이 되다
I'm afraid I can't be of much help.
제가 큰 도움이 안 될 것 같네요.

More Expressions !

Standard Tax Fare covers routes linking two airports, five lodging facilities and five tourist attractions.
택시요금기준표는 공항 두 곳, 숙박업체 5곳과 관광명소 5곳을 연결시켜주는 코스들을 포함하고 있습니다.

We should stamp out the illegal practice of taxi overcharging.
불법 택시바가지요금이 근절되어야 합니다.

TBS eFM and Arirang Radio broadcast English programs that deliver news and information on weather, traffic, and tourism.
TBS eFM과 아리랑 라디오에서는 뉴스와 날씨, 교통, 관광에 관한 정보를 알려주는 영어프로그램들을 방송합니다.

A dispute arose between a taxi driver and his passenger over the fare.
택시기사와 승객 사이에 요금문제로 시비가 붙었습니다.

The taxi driver said tolls were added to the final fare.
택시기사는 통행료가 요금에 더해졌다고 말합니다.

The taxi driver charged me more than the final fare shown on the meter.
택시기사가 최종 미터요금보다 더 많은 요금을 요구했습니다.

A higher rate is used for taxi fares from midnight to four am.
자정부터 새벽 4시까지 택시요금이 할증됩니다.

You pay about twenty percent extra as a late hour premium.
심야할증으로 20%를 더 냅니다.

How much is the toll to enter downtown? What vehicles are exempted from the toll?
도심통행료는 얼마인가요? 어떤 차량들이 면제되나요?

The toll is two thousand won and a vehicle with over three passengers can pass free.
통행료는 2,000원이고 3인 이상 차량은 무료입니다.

Tourists often experience communication difficulties, traffic jams, and rip-off rate fares.
관광객들은 종종 의사소통의 어려움, 교통체증, 그리고 바가지요금을 겪습니다.

I was ripped off at a bar last night. I was charged double.
어젯밤 술집에서 바가지를 썼습니다. 요금이 두 배나 청구되었습니다.

They didn't show me a menu or any prices - just a huge bill at the end of the night.
그들은 저에게 메뉴나 요금표는 보여주지 않고 나갈 때 엄청난 계산서만 보여줬습니다.

Some local shops have been overcharging tourists.
일부 지역 상점들이 관광객들에게 바가지를 씌워왔습니다.

We paid nearly two times what the Korean customer next to us paid.
저희는 옆에 있는 한국인이 지불하는 가격의 거의 두 배를 지불했습니다.

Case 27

I tripped over a cable left on the road.

F : Officer, can you help me?

P : Yes. What happened?

F : I tripped over a cable left on the road.

P : Were you hurt badly?

F : I think I hurt my ankle. It really aches. And I skinned my knee from the fall.

P : That's too bad. Do you need me to call an ambulance?

F : It's not that serious. I'd rather just take a cab to a hospital nearby.

P : Okay. I'll help you to get up.

F : Thank you. Who should I complain to about this? Where is this cable from?

P : There is construction going on nearby. I think a garbage truck dropped this cable on its way to the dump.

F : Would you check it out for me?

P : Sure. I'll meet the supervisor to find out if the cable is from the construction site. Meanwhile you'd better see a doctor.

F : Yes, officer.

P : Luckily, there is an orthopedic hospital just across the street. I will take you to the hospital first.

F : Thank you, officer.

---

cable : 케이블선 ankle : 발목 ache : 아프다 skin : 피부가 까지다 serious : 심한 cab : 택시 nearby : 근처 complain : 항의하다 garbage truck : 쓰레기차 drop : 떨어뜨리다 dump : 쓰레기하치장 supervisor : 감독 construction site : 공사장 meanwhile : 그동안에 orthopedic hospital : 정형외과 first : 먼저

Case 27

길에 버려져 있는 전선에 걸려 넘어졌습니다.

F: 경관님, 좀 도와주시겠습니까?

P: 네, 무슨 일이시죠?

F: 길에 버려져 있는 전선에 걸려 넘어졌습니다.

P: 많이 다쳤습니까?

F: 발목을 다쳤는데 많이 아픕니다. 그리고 넘어지면서 무릎이 까졌어요.

P: 안됐군요. 앰뷸런스를 불러드릴까요?

F: 그 정도는 아닙니다. 택시를 타고 근처에 있는 병원에 갔으면 합니다.

P: 알겠습니다. 일어서도록 도와드리죠.

F: 감사합니다. 이 일에 대해 누구에게 항의를 해야 하죠? 이 전선은 어디서 나온 건가요?

P: 근처에 공사 현장이 있는데 아마 쓰레기차가 하치장에 가는 도중에 떨어뜨린 것 같습니다.

F: 좀 알아봐주실 수 있나요?

P: 그러죠. 공사감독을 만나 이 전선이 거기서 나온 건지 알아보겠습니다. 그동안 병원을 가보는 게 좋을 것 같습니다.

F: 알겠습니다.

P: 다행히 길 건너 정형외과가 있네요. 병원으로 먼저 모셔드리죠.

F: 감사합니다, 경관님.

Key Terms

trip over : 발이 걸려 넘어지다
Remove the stone or someone will trip over it.
저 돌을 치우지 않으면 누군가 걸려 넘어질 것입니다.

left on the road : 길에 버려져 있는
The box left on the road caused this accident.
도로에 떨어져 있는 박스 때문에 사고가 났습니다.

be hurt badly : 심하게 다치다
He was badly hurt and is in the hospital recovering.
그는 심하게 다쳐서 지금 병원에서 회복 중입니다.

from the fall : 넘어져서 생긴
The wound from the fall has become infected.
넘어져서 생긴 상처가 감염이 되었습니다.

That's too bad. 유감이다
That's a shame. It's a pity. I feel sorry.

not that serious : 그렇게 심각하지는 않은
Take it easy. It's not as serious as you think.
걱정 마세요, 생각하시는 것만큼 심각하지는 않아요.

I'd rather ~ : 차라리 ~ 하겠다
I'd rather go to the pharmacy.
차라리 약국으로 가겠습니다.

complain to : 항의하다
I will complain to the authorities.
당국에 항의하겠습니다.

be from : ~로부터의
This coffee is from Columbia.
이 커피는 콜롬비아산입니다.

on its way to ~ : ~로 가는 도중인
The patrol car is on its way to the crime scene.
순찰차가 범죄현장으로 가고 있습니다.

find out : 알아보다
I need to find out what caused the accident.
사고의 원인이 무엇인지 알아내야 합니다.

see a doctor : 진료를 받다
How about going to see a doctor?
병원에 가보는 게 어때요?

More Expressions !

There are shards of glass on the street over there.
저쪽 도로에 유리파편들이 있습니다.

I had a flat tire because of the broken glass on the road.
길에 깨진 유리 때문에 차 바퀴가 펑크 났어요.

I trod a nail into my foot in a public outdoor pool.
공영 옥외수영장에서 못에 찔렸습니다.

The street is littered with rubbish.
거리에 쓰레기가 흩어져 있습니다.

The construction work is creating a lot of dust and noise.
건설공사가 엄청난 먼지와 소음을 발생시키고 있습니다.

A car is parked on the sidewalk and lies in the way.
인도에 차가 주차되어 있어서 길을 가로막고 있습니다.

The water main broke and flooded the street.
수도본관이 터져서 거리가 물에 잠겼습니다.

There is an open manhole down the street.
길 아래 맨홀이 열려 있습니다.

Side walk manholes are being electrically charged by faulty wiring or a short circuit.
배선 결함이나 누전으로 인도에 있는 맨홀 뚜껑에 전기가 흐르고 있습니다.

The roads are slick with snow. Why don't you clear snow from the roads?
눈이 와서 도로가 미끄럽습니다. 왜 제설작업을 하지 않나요?

Why didn't they post a warning sign around the danger area?
왜 위험지역 주위로 경고사인을 붙이지 않았죠?

There aren't any warning lights at all around that obstacle.
그 장애물 주위로 아무 경고등도 없었습니다.

I wouldn't have had this accident if that area had been blocked off.
그 지역이 차단됐으면 이 사고는 일어나지 않았을 겁니다.

Several street lights are out in my neighborhood so it's so dark at night.
집 주변 가로등 몇 개가 나가서 밤에 몹시 어둡습니다.

The traffic light at the crosswalk doesn't work.
횡단보도의 신호등이 작동하지 않습니다.

The traffic lights were out of phase.
신호등이 서로 맞지 않게 작동합니다.

Cars are entangled in a side street behind Citibank. I've been stuck for twenty minutes.
시티은행 뒷골목길에 차가 엉켜 있습니다. 20분간 꼼짝 못하고 있습니다.

Case 28 That drunken man shouted racist remarks at me.

F : Officer, officer. Can you help me?

P : Sure. What's the problem?

F : That drunken man shouted insults and threw a stone at me.

P : The guy with the red shirt?

F : Yes. He threw a stone at me yelling ethnic slurs. He's still shouting.

P : I know him. He's homeless and he does this whenever he's drunk. Are you okay?

F : No, the stone hit me in the left leg.

P : Why don't you go to the emergency room nearby?

F : Fortunately it grazed me so I just had my leg skinned. I only need to go to a pharmacy.

P : He can be prosecuted on charges of assault and racist remarks. Do you want to bring a charge against him?

F : No, that's okay. I don't want to confront him. I just want to go home safely.

P : This area is kind of dangerous for a woman to walk alone late at night.

F : Yes, it is. Could you take me to a pharmacy nearby, please?

P : Sure. Get into the squad car.

F : Thank you officer. Without you, I would have landed in big trouble.

P : It would be better not be out alone at night.

F : I can see the logic in that, officer.

P : I need to call my colleague to take that guy to the police station.

drunk man : 취객 shout : 큰소리치다 insult : 욕설 throw : 던지다 yell : 고함치다
ethnic slurs : 다른 민족에 대한 욕 homeless : 노숙자 emergency room : 응급실 nearby : 근처
pharmacy : 약국 graze : 가볍게 스치며 지나가다 prosecute : 기소하다 charge : 고발
assault : 폭행 racist remarks : 인종차별 발언 confront : 대면하다 squad car : 순찰차
logic : 타당성 colleague : 동료

Case 28

저 취객이 제게 인종차별 발언을 했습니다.

F: 경관님, 경관님, 좀 도와주세요.

P: 네, 무슨 일입니까?

F: 저 취객이 제게 욕을 하고 돌을 던졌어요.

P: 빨간 셔츠를 입은 남자요?

F: 네. 제게 인종차별적인 욕을 하면서 돌을 던졌습니다. 아직도 소리를 지르고 있어요.

P: 저 사람 압니다. 노숙자인데 술만 취하면 저래요. 괜찮으세요?

F: 아뇨, 왼쪽 다리에 돌을 맞았습니다.

P: 근처에 있는 응급실로 가시겠어요?

F: 다행히 스치기만 해서 다리가 까지기만 했어요. 약국에 가면 될 것 같습니다.

P: 저 사람을 상해와 인종차별 발언으로 기소할 수 있습니다. 고소하시겠어요?

F: 아뇨, 저 사람과 대면하고 싶지 않아요. 그냥 무사히 집에 가기를 원합니다.

P: 이 지역은 여성이 밤늦게 혼자 걷기에는 위험한 지역입니다.

F: 그러네요. 근처 약국까지 좀 데려다 줄 수 있나요?

P: 그러죠. 순찰차에 타세요.

F: 감사합니다. 경관님 아니었으면 큰일 날 뻔했어요.

P: 밤에는 혼자 다니지 마세요.

F: 지당한 말씀이세요.

P: 제 동료에게 연락해서 저 사람을 경찰서로 데려가라고 해야겠습니다.

Key Terms

shout insults : 모욕적인 말을 외치다
The demonstrators were shouting insults at the police.
시위자들이 경찰에게 모욕적인 말들을 외쳐 댔습니다.

throw a stone at ~ : ~ 에게 돌을 던지다
The protesters threw stones at the police.
시위대가 경찰에게 돌을 던졌습니다.

hit somebody+전치사+신체 일부 : 누구의 ~를 치다
The stone hit him right in the head and knocked him down.
돌이 그의 머리에 정통으로 맞아 그가 의식을 잃고 쓰러졌습니다.

Why don't you ~? : ~ 하는 게 어때
Why don't you request protection from the police if you feel a threat to your safety?
신변에 위험을 느끼면 경찰에 보호를 요청하는 게 어때요?

be prosecuted : 고발되다
He was prosecuted for accidental homicide.
그는 과실치사로 기소되었습니다.

on charged of ~ : ~의 죄로
Police booked him on a charge of fraud.
경찰은 그를 사기죄로 입건했습니다.

bring a charge against ~ : ~를 고소하다
She brought a charge against her boss of sexual abuse.
그녀는 사장을 성희롱으로 고발했습니다.

get into a car : 차에 타다
I put on my seatbelt as soon as I get into the car.
나는 차에 타자마자 안전벨트를 맵니다.

without you : 당신이 없었더라면
I couldn't have done this without you.
여러분이 안 계셨으면 전 이 일을 해낼 수 없었을 겁니다.

land in trouble : 곤경에 처하다
Your greed will land you in a whole lot of trouble.
그렇게 과욕을 부리면 큰코다칩니다.

It would be better not to ~ : ~ 하지 않는 게 좋다
It would be better not to go out at night.
밤에는 외출을 안 하는 게 좋습니다.

see the logic : 이치에 맞다, 합당하다
I can't see the logic in his argument.
그의 주장은 이치에 맞지 않습니다.

More Expressions !

He has been following me since the subway and hitting on me.
저 사람이 지하철역에서부터 절 따라오면서 수작을 걸었습니다.

He felt/brushed my breast on the crowded subway.
저 사람이 복잡한 지하철에서 제 가슴을 만졌습니다.

I was taken for a pervert on the subway this morning.
오늘 아침 지하철에서 치한으로 몰렸습니다.

He kept making a pass at my girlfriend.
저 사람이 제 여자친구에게 계속 집적거렸습니다.

Someone has been stalking me since last week.
지난주부터 누군가가 저를 스토킹을 하고 있습니다.

I was molested on my way home.
귀갓길에 치한에게 봉변을 당했습니다.

Someone was following me so I'm scared to walk home.
누군가 저를 따라와서 집으로 걸어가는 게 두렵습니다.

Someone was trying to watch me punch in the door code.
누군가 제가 대문번호를 누르는 걸 보려고 했습니다.

A guy has been hanging around my home for a week.
어떤 남자가 일주일째 제 집 근처를 배회합니다.

A guy has been waiting around for me when I come home from work every day since last week.
지난주부터 퇴근해서 집에 오면 한 남자가 근처를 거닐며 기다리고 있습니다.

There's a man yelling really loudly and pacing back and forth.
고래고래 고함을 지르면서 왔다 갔다 하는 사람이 있습니다.

A drunken man kept piping up from the street.
한 취객이 길거리에서 계속 소리를 질렀습니다.

My boss abused me physically and verbally.
사장이 저를 때리고 욕설을 퍼부었습니다.

He insulted my country by trampling my national flag underfoot.
저 사람이 국기를 짓밟으면서 우리나라를 모욕했습니다.

I've never been so insulted in my life.
제 평생 그런 모욕을 당해본 적이 없습니다.

My co-workers are teasing us just because we are dark skinned.
동료들이 피부색이 검다는 이유만으로 우리들을 괴롭힙니다.

His language and behavior were very inappropriate.
그의 행동과 말이 매우 부적절했습니다.

Case 29 I can't work because of the noise from the loudspeaker.

P: Mr. Brown?

F: Yes.

P: How can I help you?

F: I'm working at home but I can't concentrate because of the noise from the loudspeaker on a truck.

P: Yeah, I saw a street vendor on my way to your place.

F: I told him to stop speaking over the loudspeaker a couple of times but he won't listen to me.

P: How long has he been selling fruit around here?

F: Since Monday. Lots of people buy fruit from him so I'm afraid he will settle down here for good.

P: Actually, it's a good spot for street vendors.

F: Isn't it against a city ordinance or something that you can enforce?

P: Unfortunately, it's not under our jurisdiction. The district office is responsible for that.

F: Then there is no way of preventing them from selling things here?

P: You can file a civil complaint at the district office. Then they will come to crack down on street vendors.

F: I see. However please take some immediate action for me. I can't stand it any longer.

P: Okay. I'll warn him to refrain from making loud noise.

F: That will be of much help. Thank you, officer.

P: No problem.

Case 29

확성기 소음 때문에 일을 할 수가 없습니다.

P: 브라운 씨인가요?

F: 네.

P: 뭘 도와드릴까요?

F: 저는 집에서 일을 하는데 트럭 확성기에서 나오는 소리 때문에 일에 집중을 할 수가 없어요.

P: 네, 여기로 오는 길에 노점상인을 봤습니다.

F: 그 사람에게 확성기 사용을 멈추라고 두어 번 얘기했는데 듣지를 않습니다.

P: 그가 여기서 과일을 판 지 얼마나 됐나요?

F: 월요일부터요. 많은 사람들이 그에게서 과일을 사서 아예 정착할까 걱정입니다.

P: 사실 여기가 불법노점 상인들에게는 좋은 장소입니다.

F: 저건 시 조례에 위반되거나 경찰이 규제할 수 있는 사항이 아닌가요?

P: 유감스럽게도 저희 관할이 아닙니다. 구청 책임입니다.

F: 그러면 여기서 장사하는 걸 막을 방법이 없습니까?

P: 구청에 민원을 제기하시면 와서 단속을 할 겁니다.

F: 알겠습니다. 하지만 지금 당장 무슨 조치를 좀 취해주세요. 도저히 견딜 수가 없습니다.

P: 알겠습니다. 소음 내는 걸 그만두라고 경고하겠습니다.

F: 그래 주시면 큰 도움이 되겠습니다. 감사합니다.

P: 천만에요.

---

concentrate : 집중하다 noise : 소음 loudspeaker : 확성기 actually : 실제로 street vendor : 노점상인 spot : 장소 city ordinance : 시 조례 enforce : 시행하다 jurisdiction : 관할권 district office : 구청 prevent : 금지하다 file : 신청하다 civil complaint : 민원 crack : 때려잡다 immediate action : 즉각적인 조치 stand : 견디다 warn : 경고하다 refrain : 삼가다 loud : 큰

Key Terms

won't listen to ~ : ~의 말을 듣지 않다
He won't listen to a thing you tell him. He's too wasted.
그는 당신이 하는 말을 전혀 듣지 않으려 합니다. 너무 취했습니다.

settle down : 정착하다
If the government legalizes street vendors, they will not set up shop here in the back alley.
정부가 노점상을 양성화하면 이런 뒷골목에 자리잡지는 않을 겁니다.

for good : 영원히
Are you telling me you want to quit for good?
아주 그만두겠다고 말하는 겁니까?

be against : 저촉되다, 반대하다
I'm against legalizing street vendors. I think they make our neighborhood dirty.
저는 노점상 합법화에 반대합니다. 우리 지역을 지저분하게 만듭니다.

under one's jurisdiction : ~ 소관의
This district is under our jurisdiction.
이 지역은 우리 관할 구역입니다.

There is no way of ~ : ~ 할 방법이 없다
There is no way of stopping him for now.
현재로선 그를 막을 방법이 없습니다.

prevent ~ from ~ : ~가 ~ 하는 것을 막다
Nothing prevents him from holding a one-man demonstration.
누구도 그가 일인시위하는 것을 막을 수 없습니다.

file a complaint (against) ~ : ~를 고소하다
I'm going to file a complaint against you.
당신을 고소하겠습니다.

crack down on ~ : ~을 엄중단속하다
Police are cracking down on piracy.
경찰들이 불법복제를 엄중단속하고 있습니다.

take some immediate action : 즉각적인 조치를 취하다
We need to take some immediate action.
즉각적인 행동을 취해야 합니다.

I can't stand it any longer. 더 이상 참을 수 없다
I've had it. I can't endure it anymore. I can't put up with it.

refrain from ~ : ~을 삼가다
Please refrain from playing loud music in residential areas.
주택가에서는 음악을 크게 트는 것을 삼가주세요.

More Expressions !

What are city regulations regarding noise pollution?
소음공해에 대한 시의 규정이 무엇인가요?

Is there any noise control regulation for traffic noise?
차량소음에 대한 소음방지법규가 있습니까?

I can't put up with the perpetual sound of car horns. It's so annoying.
끊임없이 들려오는 자동차 경적소리를 참을 수가 없어요. 정말 괴롭습니다.

I insist that the city install soundproof walls for the houses right by the road.
시에서는 도로변 집들을 위해 방음벽을 세워줘야 합니다.

I need to insulate my house from the noise.
소음이 안 들리게 우리 집에 방음장치를 해야겠습니다.

The building work is creating constant noise, dust and disturbance.
건축공사가 끊임없는 소음과 먼지와 피해를 주고 있습니다.

Is there any preventive measure for construction work noise? It's way too much.
건설공사 소음에 대한 방지대책이 있습니까? 너무 심합니다.

What time should road work stop? It's so loud.
도로 공사는 몇 시에 마치게 되어 있죠? 너무 시끄럽습니다.

The noise from the machine was deafening.
기계에서 발생하는 소음으로 귀가 멍멍합니다.

I am bothered by the loud music coming from the shop next door.
이웃 상점에서 들려오는 시끄러운 음악소리에 시달리고 있습니다.

I can't stand the sound of piano from the piano academy. They should soundproof the room.
피아노학원에서 나는 소리를 더 이상 견딜 수 없습니다. 방음을 해야겠습니다.

The folks next door turn up the TV so loud that we can hear it through the wall.
옆집 사람이 TV를 너무 크게 틀어서 제 집까지 소리가 들립니다.

There are fines for exceeding permitted levels of noise pollution.
소음공해 허용치 초과에 대해서 벌금이 있습니다.

Big cities are the main sources of noise pollution.
대도시들은 소음공해의 주요원천입니다.

It is urgent to create anti-noise measures.
소음방지대책을 마련하는 것이 시급합니다.

Environmental groups and civic groups should lead a campaign against noise pollution.
환경단체와 시민단체는 소음공해에 반대하는 캠페인을 벌여야 합니다.

Case 30

My child was bitten by the neighbor's dog.

P : Sir, how can I help you?

F : My child was bitten by the neighbor's dog.

P : Oh, that's a pity. Was he hurt badly?

F : Yes. He was bitten on the ankle. I could see a mark from the bite.

P : Did he see a doctor?

F : Yes, he received treatment but he still is immensely shocked.

P : What did your neighbor say about that?

F : He told me that my son, John, teased his dog so he bit John. That's ridiculous.

P : Is the dog usually unfriendly and violent?

F : Yes. He is so fierce so John never goes near him.

P : Has the dog usually been kept on a leash?

F : Yes, but this morning the dog was off his leash. The owner is definitely responsible for it.

P : I need to talk to the owner as well.

F : Okay.

P : I hope you guys solve this problem peacefully. You are neighbors.

F : I doubt if he'll admit his responsibility.

P : I can't decide until I've heard both sides of the story.

F : Okay, I'll wait until then.

---

neighbor : 이웃 scar : 흉터 bite : 물다 treatment : 치료 still : 여전히 immensely : 엄청나게 shocked : 충격을 받은 tease : 집적거리다 ridiculous : 터무니없다 unfriendly : 비우호적인 violent : 사나운 fierce : 사나운, 험악한 leash : 가죽 끈, 사슬 definitely : 분명히 peacefully : 평화롭게, 원만하게 admit : 인정하다 both sides : 양측

Case 30

제 아이가 이웃집 개에 물렸습니다.

P: 뭘 도와드릴까요?

F: 제 아이가 이웃집 개에게 물렸습니다.

P: 저런, 안됐군요. 심하게 다쳤습니까?

F: 네, 발목을 물렸는데 물린 자국이 나 있습니다.

P: 병원에는 갔습니까?

F: 네, 치료는 받았는데 아이가 여전히 큰 충격에 빠져있어요.

P: 옆집 사람은 뭐라고 하던가요?

F: 그 사람은 제 아들 존이 자기 개를 놀려서 개가 존을 물었다고 합니다. 말도 안 됩니다.

P: 개가 평상시에도 사나웠나요?

F: 네, 너무 사나워서 존은 근처에도 안 갔습니다.

P: 네가 늘 끈에 묶여 있었나요?

F: 네, 그런데 오늘 아침에 개 끈이 풀려 있었어요. 분명 주인이 책임을 져야 합니다.

P: 제가 주인과 얘기를 해보겠습니다.

F: 그러시죠.

P: 문제를 원만히 해결하면 좋겠습니다. 이웃이잖아요.

F: 그가 자기 책임을 인정할지 모르겠습니다.

P: 양쪽 얘기를 다 들어볼 때까지는 결정을 내릴 수가 없습니다.

F: 알겠습니다, 그럼 기다리죠.

Key Terms

be bitten by ~: ~에게 물리다
A boy was bitten on the leg by an abandoned dog.
한 소년이 유기견에게 다리를 물렸습니다.

That's a pity. 유감이다
That's a shame. That's too bad.

receive treatment: 진료를 받다
You should receive hospital treatment immediately.
즉시 입원치료를 받아야 합니다.

be shocked: 충격을 받은
I was greatly shocked at the scene before my eyes.
눈앞에 벌어진 광경에 몹시 충격을 받았습니다.

That's ridiculous. 말도 안 된다.
It is out of the question. It is quite absurd. It's nonsense.

keep on a leash: 끈에 묶다
When you walk a dog, you should keep it on a leash.
개를 산책시킬 때는 반드시 개 목걸이를 해야 합니다.

off the leash: 끈이 풀리다
Once they got inside the house, he let his dog off the leash.
집안으로 들어오자 그는 개 목걸이를 풀어주었습니다.

be responsible for ~: ~에 책임이 있다
The police are responsible for enforcing a ban on unlawful assembly.
불법시위 금지법 시행은 경찰 관할입니다.

solve the problem: 문제를 해결하다
This is the best way to solve the problem.
이것이 문제를 해결하는 최선의 방법입니다.

I doubt if ~: ~ 할지 의심스럽다
I doubt if it is feasible at all.
그것이 실현 가능할지 의심스럽습니다.

admit one's mistake: 실수를 인정하다
It's not easy to admit one's mistakes.
실수를 인정하기가 쉽지는 않습니다.

wait until ~: ~ 할 때까지 기다리다
Well, then I'll wait here until he comes.
그래요, 그렇다면 그가 올 때까지 기다리겠습니다.

More Expressions !

My neighbor's dog gets into my garden every day.
이웃집 개가 매일 우리 집 정원에 들어옵니다.

My neighbor walks his dogs every day and he never cleans up after them.
이웃이 매일 개를 산책시키는데 배설물을 치우지 않습니다.

My neighbor mistreats his dog and it seems to be injured.
이웃사람이 개를 학대해서 개가 다친 것 같습니다.

There are feral cats around. Who do I contact about them?
주변에 도둑고양이들이 있는데 어디에 얘기를 해야 하나요?

My neighbor burns garbage on his roof. It smells horrible and it's toxic.
이웃이 지붕에서 쓰레기를 태우는데 냄새가 지독하고 유독성입니다.

My neighbor left food waste in her yard for a few days and now it stinks to high heaven.
이웃이 음식물 쓰레기를 며칠간 마당에 방치해서 이제 악취가 진동합니다.

Quite a few people leave garbage outside in improper plastic garbage bags.
상당수의 사람들이 쓰레기를 종량제봉투에 담지 않은 채 바깥에 버립니다.

They don't separate their trash so the garbage truck doesn't pick it up.
쓰레기 분리수거를 하지 않아 쓰레기차가 수거를 해가지 않습니다.

Somebody parked a truck in the entrance to our parking area.
누군가 우리 주차장 입구에 트럭을 세워놨습니다.

The married couple next door quarrels with each other almost every day. They even break things.
옆집 부부가 거의 매일 싸웁니다. 물건을 부수기도 합니다.

My neighbor is hitting his children almost every other day. It's child abuse.
제 이웃이 거의 이틀에 한 번씩 아이들을 때립니다. 아동학대입니다.

The children upstairs are making a row every night.
윗집 아이들이 밤마다 소란을 피웁니다.

My neighbor upstairs runs on a treadmill late at night so I can't sleep.
위층 사람이 밤늦게 러닝머신에서 뛰어서 잠을 잘 수가 없습니다.

My next door neighbor's house is frequented by many suspicious people. I think they're gambling.
옆집에 수상한 사람들이 자주 드나듭니다. 노름을 하는 것 같습니다.

My neighbor often peeps at me through the window.
이웃이 자주 창문 너머로 훔쳐봅니다.

My next-door neighbor swears and screams at me whenever he's drunk.
옆집 사람이 술만 취하면 저에게 욕을 하고 고함을 지릅니다.

The house next door where an old woman lives alone has shown no sign of life for a week.
노인 한 분만 사시는 이웃집에 일주일째 인기척이 없습니다.

Practical English for Investigating Police Officers

수사경찰관을 위한 실무영어

Part I

Taking a Report at the Police Station

경찰서에서 사건/사고 신고 접수하기

Part II

Taking a Report by Phone

전화로 사건/사고 신고 접수하기

Part III

Arresting a Person in the Act (of a Crime)

현장에서 용의자/범죄자 체포하기

Part IV

Investigating Criminals/Suspects

범죄자/용의자 수사하기

PART I

Taking a Report at the Police Station
경찰서에서 사건/사고 신고 접수하기

Case 31 **택시강도 사건**

I was robbed by a taxi driver.

택시기사에게 강도를 당했습니다.

Case 32 **여권분실**

I lost my passport.

여권을 분실했습니다.

Case 33 **어린이 실종 사건**

My child is missing.

아이를 잃어버렸습니다.

Case 34 **성희롱 사건**

I was sexually abused by my boss.

사장에게 성희롱을 당했습니다.

Case 35 **폭행 사건**

I am frequently assaulted by my husband.

남편에게 자주 폭행을 당합니다.

Case 31

I was robbed by a taxi driver.

P : Hi, may we help you?

F : Yes, I need to report a robbery. I was robbed by a taxi driver last night.

P : Tell me what happened.

F : I was drunk and I was fumbling to pay for the ride. He helped me get the right amount. I got out and he drove off. Then I realized he didn't take me to my neighborhood at all. I check for my wallet and it was gone.

P : Did you call for the taxi or hail it?

F : I hailed it on the street.

P : Please describe the taxi cab and the driver as best you can remember.

F : I remember it was an orange car. The driver was maybe in his forties and spoke a little English.

P : I'm afraid there's nothing we can do with such little information.

F : I understand.

P : Could you write down everything you had in your wallet here?

F : Sure.

P : Did you cancel the credit cards you had?

F : Yes, I did. I cancelled them first thing this morning.

P : Very good. Are you a tourist or a foreign resident?

F : I've been here three years teaching English at Yonsei University.

P : I need your cell phone number and work number.

F : My cell phone number is 010-9090-5555. My work number is 2233-2121.

P : I will call you if your wallet is turned in.

F : Okay, thank you.

---

report : 신고하다　robbery : 강도　fumble : 더듬거리다　ride : 승차　right amount : 정확한 액수
neighborhood : 인근　wallet : 지갑　hail : 불러 세우다　describe : 묘사하다　maybe : 아마
cancel : 취소하다　work number : 직장전화번호

Case 31

택시기사에게 강도를 당했습니다.

P: 뭘 도와드릴까요?

F: 강도사건을 신고하려 합니다. 어젯밤 택시기사에게 강도를 당했어요.

P: 어떻게 된 일인지 말씀해주세요.

F: 술이 취해 있었고 택시비를 내려고 지갑을 더듬어 찾았어요. 기사가 도와주어 택시비를 낸 후 저는 내리고 기사는 떠났어요. 그런데 알고 보니 집 주변에 내려주지 않았더군요. 지갑을 확인했는데 지갑도 없어졌고요.

P: 택시를 전화로 불렀나요 그냥 잡아 탔나요?

F: 길에서 잡아 탔습니다.

P: 택시와 택시기사에 대해 기억나는 대로 말씀해주세요.

F: 오렌지색 택시였고 기사는 40대 정도 되었는데 영어를 조금 했습니다.

P: 죄송하지만 그 정도 정보로는 저희가 해드릴 수 있는 게 없네요.

F: 이해합니다.

P: 지갑에 있던 것들 모두 여기 적어주세요.

F: 네.

P: 카드는 정지시켰나요?

F: 네, 아침에 제일 먼저 카드부터 정지시켰습니다.

P: 잘 하셨습니다. 관광객이신가요, 외국인체류자인가요?

F: 연세대에서 영어를 가르치면서 3년째 체류하고 있습니다.

P: 휴대폰번호와 직장번호 좀 말씀해주세요.

F: 휴대폰은 010-9090-5555, 직장번호는 2233-2121입니다.

P: 지갑이 습득되면 연락드리겠습니다.

F: 감사합니다.

Key Terms

be robbed by ~ : ~에게 강도를 당하다
The bank was robbed by two armed men.
2인조 무장강도가 은행을 털었다.

pay for the ride : 차비를 내다
You have to pay for the ambulance ride and hospital visit.
당신이 앰뷸런스 비용과 병원비를 내야 합니다.

get out of car : 차에서 내리다
He ordered me to get out of his car.
그는 저에게 차에서 내리라고 했습니다.

drive off : 차를 몰고 가버리다
The car thief drove off in a stolen vehicle.
차 도둑이 훔친 차를 몰고 가 버렸습니다.

be gone : 사라지다
I parked my car right there. I left for only ten minutes and when I got back it was gone.
저기 차를 세워놓고 10분간 다녀왔는데 돌아와보니 차가 없어졌어요.

call for a taxi : 전화로 택시를 부르다
Could you call a taxi for me, please?
택시 좀 불러주시겠습니까?

hail a taxi : 손짓으로 택시를 부르다
I hailed a passing taxi.
지나는 택시를 불렀습니다.

on the street : 거리에서
People who get caught by police fighting on the street have to pay fines.
거리에서 싸우다 경찰에게 걸리면 범칙금을 내야 합니다.

as best you can : 최선을 다해
Answer the questions as best you can.
질문에 성실히 대답해주세요.

in one's forties : 40대의
The suspect is in his late forties.
용의자는 40대 후반입니다.

first thing this morning : 아침에 맨 먼저
Please call me first thing in the morning.
내일 아침 제일 먼저 저에게 전화부터 해주세요.

turn in : 되돌려주다, 반납하다
Turn in your pass before you leave.
떠나기 전에 출입증을 반납하세요.

More Expressions !

The taxi driver took all the money from my purse and left me on the riverside.
택시기사가 제 지갑에서 돈을 모두 꺼낸 후 저를 강변에 버려두고 갔습니다.

I was robbed and physically assaulted by a taxi driver.
택시기사에게 강도를 당하고 폭행까지 당했습니다.

I got out of my car for valet parking at a restaurant and the person I thought was the valet drove off with my car.
식당에서 대리주차하려고 차에서 내렸는데 대리주차원인 줄 알았던 사람이 제 차를 몰고 가 버렸습니다.

The restaurant denies responsibility saying the guy was not their employee.
식당에서는 그 사람이 자기들 직원이 아니라고 하면서 책임을 부인합니다.

I was robbed of my digital camera by a pickpocket.
디지털카메라를 소매치기 당했습니다.

I had my wallet taken in a crowded bus.
만원버스에서 지갑을 소매치기 당했습니다.

I had my smart phone stolen on a busy street.
사람이 많은 거리에서 스마트폰을 도난 당했습니다.

A motorcyclist snatched my handbag.
오토바이 운전자가 제 가방을 채갔습니다.

I put my back pack on the rack on the subway and it was gone when I got off.
지하철 안에서 짐을 선반에 올려두었는데 내릴 때 보니 짐이 없어졌습니다.

Where were you robbed? When did this happen?
어디서 강도 당했나요? 언제 그랬습니까?

Was it a regular taxi or a deluxe taxi?
일반택시였나요 모범택시였나요?

Do you happen to know the license plate number?
혹시 차 번호를 아세요?

Car theft cases are on the rise as it is a profitable/big business.
차량절도사건은 아주 수지가 맞는 사업이어서 증가하고 있습니다.

Did you contact the issuing companies yet?
카드발급회사와는 연락하셨나요?

Keep the copy of this report in case you need it when applying for a new ARC.
새 외국인등록증을 신청할 때 필요할지 모르니 이 보고서 사본을 가지고 계세요.

You can pick it up any time after Thursday.
목요일 이후 아무 때나 가지러 오세요.

Case 32

I lost my passport.

P : Good morning. May I help you?

F : Yes, I lost my passport.

P : Can I see your ARC, please?

F : Yes, here it is.

P : You're American?

F : That's correct.

P : Have you contacted your embassy?

F : No, not yet.

P : You should report it to them right away.

F : Yes, I will.

P : You have to stop by the embassy in person after you have your report done here. You will need a replacement passport.

F : Oh, I see.

P : What we can do is to fill out a missing article report. I'll take down all your information and if someone returns your passport to a police station we'll contact you.

F : OK.

P : [after filling out paperwork] I'll call you if your passport is turned in.

F : Thank you.

P : Is there anything else we can do for you today?

F : No, thank you very much. You've been very helpful.

P : You're welcome. Good luck to you.

lose : 잃어버리다 passport : 여권 ARC(Alien Registration Card) : 외국인등록카드 contact : 연락하다 embassy : 대사관 right away : 지금 당장 replacement passport : 임시여권 missing article : 분실물 return : 돌려주다 paperwork : 서류

Case 32 여권을 분실했습니다.

P: 안녕하세요, 뭘 도와드릴까요?

F: 여권을 분실했습니다.

P: 외국인등록카드 좀 보여주세요.

F: 여기 있습니다.

P: 미국인인가요?

F: 네.

P: 대사관에는 연락하셨나요?

F: 아직요.

P: 바로 신고하셔야 합니다.

F: 네, 그러죠.

P: 여기서 보고서를 작성한 후 직접 대사관을 들르셔야 합니다. 임시여권이 필요할 겁니다.

F: 알겠습니다.

P: 저희가 해드릴 수 있는 건 분실물신고서를 작성하는 겁니다. 선생님에 관한 모든 정보를 적어두고 누가 여권을 돌려주면 연락드리겠습니다.

F: 좋습니다.

P: [신고서를 작성한 후] 여권이 습득되면 연락드리죠.

F: 감사합니다.

P: 다른 도와드릴 일이 있습니까?

F: 아닙니다, 감사합니다. 도움이 많이 되었습니다.

P: 천만에요, 행운을 빕니다.

Key Terms

That's correct. 맞다
"Are you in charge here?" "That's correct."
"여기 책임자신가요?" "맞습니다."

not yet : 아직 ~ 않다
The work is not finished yet.
아직 일이 끝나지 않았습니다.

right away : 즉시
Sure. I'll take care of that right away.
네, 지금 바로 처리하겠습니다.

stop by : 잠시 들르다
I'll stop by your office on my way home.
집으로 가는 길에 사무실에 잠깐 들를게.

in person : 직접
Apply in person from two to five pm during weekdays.
주중 오후 2~5시 사이에 직접 신청하세요.

What we can do is : 우리가 할 수 있는 건
What we can do is to give you a copy of our report for you to give to immigration.
우리가 할 수 있는 건 당신이 이민국에 제출할 수 있도록 신고서 사본을 드리는 것입니다.

fill out : 기입하다
You need to fill out a lost article form first.
분실물신고서부터 작성해야 합니다.

take down : 기입하다
Let me take down your name and phone number.
이름과 전화번호를 적겠습니다.

Is there anything else we can do for you? 다른 도울 일이 있니
Here are the forms you asked for. Is there anything else we can do for you?
여기 부탁하신 서류들입니다. 다른 도울 일이 있습니까?

turn in : 돌려주다
I can't believe that the bag I left on the train has been turned in.
기차에서 잃어버린 가방이 돌아왔다니 믿을 수가 없습니다.

You've been very helpful. 도움이 많이 됐다
Thanks to you I finished the work ahead of time. You've been very helpful.
예정보다 일을 빨리 끝냈습니다. 당신 도움이 컸습니다.

Good luck to you! 행운을 빈다
Best of luck to you. Good luck and take care. I wish you the best of luck.

More Expressions !

I had my passport stolen.
여권을 도난당했습니다.

I lost my passport. I'd like to have it reissued.
여권을 분실했는데 재발급 받고 싶습니다.

You need to report your lost passport and apply for a new one.
여권 분실신고를 하고 새 여권을 신청해야 합니다.

You need to inform your embassy of your situation.
대사관에 당신의 상황을 알려야 합니다.

You will have a lot of trouble if you lose your passport during the trip.
여행 중에 여권을 분실하면 큰 곤란을 겪게 됩니다.

The consulate office can issue you a visa.
영사관에서 비자발급이 가능합니다.

You can apply for a temporary residence visa at the consulate office.
영사관에서 임시체류비자를 신청할 수 있습니다.

You can renew it, but you'll have to go to the consulate in person.
재발급이 가능하지만 영사관에 직접 가셔야 합니다.

Your passport expires at the end of this month. You need to renew it.
이번 달 말로 여권이 만기됩니다. 갱신하셔야 합니다.

You have a counterfeit passport. Where did you buy it?
위조여권을 소지하고 있는데 어디서 구입했습니까?

A man was caught trying to enter South Korea with a fake passport.
한 남자가 위조여권으로 한국에 입국하려다 잡혔습니다.

He used false passports to facilitate his criminal activity.
그는 범죄활동이 용이하도록 위조여권을 사용했습니다.

He will be forcibly returned to his country after being severely punished.
그는 처벌을 받은 후 강제송환될 것입니다.

The illegal aliens were deported to their own country.
밀입국자들이 본국으로 강제송환되었습니다.

The refugees were forcibly repatriated.
난민들이 강제송환되었습니다.

The government introduced a new electronic passport in an attempt to lower the rate of people using forged passports.
정부는 위조여권 사용률을 낮추기 위한 시도의 일환으로 새로운 전자여권을 도입했습니다.

Case 33

My child is missing.

P : Hello, how may I help you?

F : My child is missing. I can't find her anywhere.

P : Okay, please try to relax and speak clearly. I'm going to help you find her. What's her name?

F : Her name is Alice.

P : How old is she?

F : She is only five.

P : Do you have her passport?

F : I don't have that with me. But here on the back of my immigration card, she is listed as my dependent.

P : OK. About how tall is she? What was she wearing?

F : She's about one meter and she was wearing a yellow T-shirt, blue jeans, and white tennis shoes.

P : Do you have any photos of her with you?

F : Yes here. [shows photos on phone]

P : Thank you. Where did you last see Alice?

F : She was right next to me as we were shopping just down the street. I stopped to look at some shirts and when I looked back for her, she was gone.

P : How long ago was that?

F : Just after one thirty.

P : OK. Please wait here a moment. I'm going to put out a bulletin to all our officers working in this area. I'll also call the security offices of the larger department stores nearby.

F : Thank you so much.

Case 33

아이를 잃어버렸습니다.

P: 뭘 도와드릴까요?

F: 아이를 잃어버렸어요. 아무리 찾아도 없어요.

P: 자, 진정하시고 알아듣게 말씀해주시기 바랍니다. 아이를 찾도록 도와드릴게요. 아이 이름은요?

F: 앨리스입니다.

P: 몇살이죠?

F: 5살입니다.

P: 아이 여권이 있습니까?

F: 없어요. 하지만 제 이민카드에 부양가족으로 기재되어 있습니다.

P: 알겠습니다. 키는 얼마나 되죠? 뭘 입고 있었죠?

F: 키는 1미터 정도이고 노란 티셔츠와 청바지, 흰 테니스화를 신고 있었습니다.

P: 사진이 있나요?

F: 여기 있습니다. [휴대폰에 있는 사진을 보여준다]

P: 감사합니다. 앨리스를 마지막으로 본 게 언제죠?

F: 이 근처에서 쇼핑을 하고 있을 때 바로 제 옆에 있었어요. 제가 셔츠를 보려고 멈추었다가 애가 있나 돌아봤는데 없어졌어요.

P: 그게 언제였죠?

F: 한시 반 직후였습니다.

P: 알겠습니다. 여기서 잠시 기다리세요. 이 지역에 근무하는 모든 경관들에게 공고를 내고 대형백화점 경비실에도 연락해보겠습니다.

F: 정말 감사합니다.

---

relax : 진정하다 clearly : 또렷하게, 분명히 back : 뒷면 immigration card : 이민자 카드
list : 명부에 올리다 dependent : 부양자녀 photo : 사진 bulletin : 고시, 공고 security office : 경비실
nearby : 근처

Key Terms

be missing : 잃어버리다
My bag is missing.
가방이 없어졌어요.

on the back of ~ : ~의 뒷면에
The account number is written on the back of the check.
계좌번호가 수표 뒷면에 적혀 있습니다.

About how tall ~? (키가) 얼마니
About how tall are you? How much do you weigh?
키는 얼마죠? 몸무게는요?

have a photo of : 사진을 가지고 있다
Do you have a photo of Robert? I can't put a face to his name.
로버트 사진 가지고 있나요? 얼굴과 이름을 연결시키지 못하겠어요.

be listed : 명단에 오르다, 등재되어 있다
Many children are listed as missing.
많은 아이들이 행방불명으로 등록되어 있습니다.

last see / see last : 마지막으로 보다
"When and where did you last see him?" "I last saw him in Busan in May."
"그를 언제 어디서 마지막으로 보았나요?" "5월에 부산에서 마지막으로 보았습니다."

right next to ~ : 바로 ~ 곁에
I still feel like you are right next to me.
아직도 당신이 바로 내 곁에 있는 것 같습니다.

look at ~ : ~을 보다
Don't look at me like that. My hands are clean.
절 그렇게 보지 마세요. 전 잘못한 거 없어요.

look for ~ : ~을 찾다
I was looking for something special.
저는 뭔가 특별한 것을 찾고 있었습니다.

be gone : 없어지다
I'll be gone for two weeks on vacation.
휴가로 2주간 없을 겁니다.

How long ago ~ : ~한 지 얼마나 됐니
How long ago did you get a call from the kidnapper?
유괴범에게서 전화를 받은 지 얼마나 됐나요?

put out a bulletin : 공고를 내다
The police put out a bulletin about the kidnapping of a teenage girl.
경찰은 10대 소녀 유괴사건을 알리는 공고를 냈습니다.

More Expressions!

Can you describe her to me? / What does she look like?
아이의 생김새가 어떻습니까?

Does she know your cell phone number or home phone number?
아이가 당신 휴대폰 전화번호나 집 전화번호를 알고 있나요?

Is she wearing any identification tag or a bracelet with her name inscribed?
아이가 이름표나 이름이 새겨진 팔찌 같은 걸 차고 있나요?

Can she speak Korean?
아이가 한국말 할 줄 아나요?

Could you please email me at this address a few of the most clear photos you have of her?
이 메일 주소로 아이의 가장 최근 사진 몇 장만 좀 보내주시겠어요?

Try not to panic. We will do everything we can.
당황하지 마세요. 저희가 최선을 다하겠습니다.

Don't worry. Everything is going to be okay.
걱정 마세요, 괜찮을 겁니다.

Don't think about the worst.
최악의 경우는 생각하지 마세요.

You'd better prepare for the worst.
최악의 경우에 대비하셔야 합니다.

We cannot exclude the possibility of her being kidnapped.
납치 가능성을 배제할 수 없습니다.

We are searching far and wide for your lost child.
잃어버린 아이를 찾아 광범위하게 수색하고 있습니다.

I will call you if there is some progress.
진전이 있으면 연락드리겠습니다.

A man reported that he saw a white child crying in front of the Central Post Office.
어떤 남자가 중앙우체국 앞에서 한 백인꼬마가 울고 있는 걸 봤다는 제보가 들어왔습니다.

We will get there without delay and look everywhere.
즉시 그곳으로 가서 구석구석 찾아보겠습니다.

We found your child. A shop owner is watching her in her clothing shop.
아이를 찾았습니다. 한 옷 가게 주인이 자기 가게에 아이를 데리고 있습니다.

We have your lost child here at Civil Service Center. She seems to be doing just fine.
아이를 민원실에서 보호하고 있습니다. 아이는 잘 지내고 있습니다.

Case 34

I was sexually abused by my boss.

P : May I help you?

F : Yes. I need to report sexual harassment.

P : Okay, what happened?

F : Last night I went to a bar with my boss and coworkers. My coworkers left early for some reason and I was alone with my boss.

P : Why didn't you leave with them?

F : My boss asked me to have one more for the road so I couldn't say no.

P : I see. Please continue.

F : He was drunk and tried to kiss me. I yelled for him to stop but he grabbed me and started touching my body all over.

P : I see. Where were you when this took place?

F : We were still at the table we'd been at all night.

P : What is he usually like?

F : He usually is gentle and quiet. He has never tried anything sexual before. So I didn't think staying alone with him would be a problem.

P : Was there any witness to what happened?

F : I think the staff heard me. I was very loud.

P : Okay. We will investigate this for you starting with questioning your boss and the waiters. We will also check if there was CCTV in or around the bar you were at.

F : Thank you, officer.

---

sexual harassment : 성희롱, 성폭행 boss : 사장 coworker : 동료 leave : 떠나다 drunk : 술이 취한 yell : 고함지르다 grab : 붙잡다 touch : 만지다 witness : 증인 staff : 직원 loud : 시끄러운 investigate : 수사하다 question : 심문하다 check : 확인하다 CCTV(closed-circuit television) : 폐쇄회로 텔레비전

Case 34

사장에게 성희롱을 당했습니다.

P: 뭘 도와드릴까요?

F: 성희롱을 고소하러 왔습니다.

P: 네, 어떻게 된 일입니까?

F: 어제 회사사장님과 동료들과 술집을 갔어요. 동료들은 사정이 있어 먼저 가고 저만 사장님과 남았어요.

P: 왜 같이 안 일어났나요?

F: 사장님이 한잔만 더 하자고 해서 거절할 수가 없었습니다.

P: 알겠습니다, 계속 하세요.

F: 사장님이 술이 취해서 저에게 키스를 하려고 했습니다. 하지 말라고 고함을 질렀지만 절 붙잡고는 온몸을 만지기 시작했습니다.

P: 알겠습니다. 어디서 그런 일이 일어났죠?

F: 그날 밤 내내 앉아 있던 테이블에서요.

P: 사장은 평소에는 어땠습니까?

F: 평소에는 매우 점잖고 조용했어요. 이전에는 성희롱을 한 적이 없었습니다. 그래서 단 둘이 남았어도 문제될 게 없다고 생각했어요.

P: 증인이 있습니까?

F: 직원들이 제 말을 들었을 거예요. 제가 소리를 질렀거든요.

P: 알겠습니다. 먼저 당신 사장과 웨이터들을 심문하면서 수사하겠습니다. 그리고 술집 안과 주변에 CCTV가 있는지도 확인해보겠습니다.

F: 감사합니다.

Key Terms

leave early : 먼저 떠나다, 먼저 일어나다
Could I leave early? I am a little under the weather.
좀 일찍 들어가도 될까요? 몸이 안 좋아요.

for some reasons : 무슨 이유에서인지
I was so tired but for some reason couldn't fall asleep.
너무 피곤한데 무슨 이유에서인지 잠을 잘 수가 없었습니다.

be left alone with ~ : ~와 단둘이 남다
Our friends said goodbye and I was left alone with my boyfriend.
친구들이 가고 남자친구와 단둘이 남았습니다.

have one more for the road : 한 잔만 더 마시다
Let's have one more for the road.
마지막으로 한 잔만 더 합시다.

all over : 곳곳에, 온 데
We looked all over for the ring.
반지를 찾아 온 데를 다 뒤졌습니다.

take place : 일어나다
Where does the conference take place?
회의장소는 어디죠?

at all night : 밤새
I couldn't sleep at all last night.
지난 밤 한숨도 못 잤습니다.

What is he like? 그는 어떤 사람이니
I've never met him in person. What is he like?
그를 직접 만나본 적이 없어요. 어떤 사람인가요?

stay alone : 혼자 남다
You have the choice of going with us or staying alone at home.
우리와 같이 가든지 혼자 집에 남든지 선택하세요.

There is witness to ~ : ~에 관한 증인이 있다
Is there any witness to the rape that happened last night?
어젯밤에 일어난 강간사건에 관한 증인이 있습니까?

be loud : 시끄럽게 소리치다
If you are attacked, you should be very loud in hope of drawing the attention of others.
습격을 당할 경우 다른 사람의 주목을 끌기 위해 크게 소리치는 것이 중요합니다.

starting with ~ : ~를 위시해서
Starting with the bar tender, we will question all the employees who worked last night.
바텐더를 위시해서 그날 근무했던 종업원 모두 탐문할 것입니다.

More Expressions!

What happened next?
그 다음엔 어떻게 됐습니까?

We will subpoena the waiter to testify.
웨이터에게 증언을 해달라고 소환장을 발부하겠습니다.

We will hear evidence from the server.
웨이터의 증언을 들을 것입니다.

We will issue a summons for your boss.
사장에게 소환장을 발부할 것입니다.

If he disobeys a summons, we will issue an arrest warrant.
그가 소환에 불응하면 체포영장을 발부할 것입니다.

The court must hear evidence from both parties.
법원은 양측의 증언을 다 들어야 합니다.

He is a habitual sex offender. Two previous times he was brought in but managed to avoid charges.
그는 상습 성범죄자입니다. 두 번이나 경찰에 연행되었지만 용케 기소를 면했습니다.

He was found guilty of raping minors.
그는 미성년자를 강간한 혐의로 유죄판결을 받았습니다.

A significant portion of sexual assault victims are children.
성범죄 피해자 중 상당수가 어린이입니다.

He has been publicly labeled as a child molester.
그는 아동성추행자로 신상이 공개되었습니다.

She claimed that she had been sexually molested by him.
그녀는 그에게 성추행을 당했다고 주장합니다.

She got a medical certificate to prove her being raped.
그녀는 강간을 입증하기 위해 병원진단서를 뗐습니다.

Sexual harassment takes place frequently in the workplace.
직장에서 성희롱이 자주 일어나고 있습니다.

Sexual molestation on the subways is very common.
지하철 성추행은 흔하게 일어납니다.

It's mandatory for sex offenders to wear an electronic anklet.
성범죄자들은 의무적으로 전자발찌를 차야 합니다.

Some suggest the penalty of chemical castration for repeat offenders.
반복 범죄자에게는 화학거세를 해야 한다고 제안하는 사람이 있습니다.

Case 35

I am frequently assaulted by my husband.

P : Ma'am, you have bruises on your face. What happened?

F : My husband beat me severely.

P : You are black and blue all over. Is this your first time to be beaten by your husband?

F : No, he beats me whenever he gets drunk.

P : Why didn't you report it from the beginning?

F : Because he is kind and considerate when he is sober.

P : So he acts violently only when drunk?

F : Yes. At first he wasn't that violent. However, after he lost his job, he started drinking everyday and beat me more and more and threw things. Now I can't stand it anymore. I'm so scared of him.

P : Can anybody testify that your husband habitually beat you?

F : Ask my neighbors. It's happened so often so there must be many witnesses.

P : Okay. Where is he now?

F : He is at home drinking himself to sleep.

P : I will talk to your neighbors first and issue an arrest warrant against your husband.

F : I see.

P : I think he needs to receive alcohol rehabilitation treatment. Do you have any place to go to avoid him in the future?

F : No, I have neither family nor friends here. I've only been here a few months.

P : Then we will try to find a shelter for abused women for you.

F : Thank you, officer.

Case 35

남편에게 자주 폭행을 당합니다.

P: 부인, 얼굴에 멍이 있는데 무슨 일입니까?

F: 남편이 심하게 때렸습니다.

P: 온통 멍이 들었군요. 남편에게 맞은 게 처음입니까?

F: 아니요, 술만 취하면 저를 때렸어요.

P: 그럼 왜 처음부터 고소하지 않았습니까?

F: 정신이 말짱할 때는 친절하고 사려 깊은 사람입니다.

P: 술만 먹으면 상습적으로 폭행을 하는군요.

F: 네. 처음에는 그렇게 난폭하지 않았어요. 하지만 실직 후 매일 술을 마시기 시작하더니 점점 폭행이 심해지고 물건도 던집니다. 이제는 더 이상 참을 수가 없어요. 남편이 너무 무서워요.

P: 남편의 폭력을 증언할 수 있는 사람이 있습니까?

F: 이웃에 물어보세요. 구타가 잦아 증인이 많을 겁니다.

P: 알겠습니다. 남편은 지금 어디 있습니까?

F: 술에 곯아떨어져서 집에서 자고 있어요.

P: 이웃과 먼저 얘기를 해본 후 남편에게 체포영장을 발부하겠습니다.

F: 알겠습니다.

P: 남편 분이 알코올중독치료를 받아야 할 것 같습니다.

F: 저도 그렇게 생각해요.

P: 장차 남편을 피해서 지낼 데가 있습니까?

F: 없어요, 한국에는 친구도 친척도 없어요. 온 지 몇 개월밖에 안됐습니다.

P: 그러면 학대 받는 여성을 위한 은신처를 찾아봐드리겠습니다.

F: 감사합니다.

---

bruise : 멍　beat : 구타하다　severely : 심하게　black and blue : 검푸르게 멍이 든　considerate : 사려 깊은　sober : 술 취하지 않은　testify : 증언하다　habitually : 상습적으로　witness : 증인　alcohol rehabilitation treatment : 알코올중독재활치료　avoid : 피하다　shelter : 보호소　abused women : 구타당한 여성들

Key Terms

Real Life English for Police!

have bruises on ~ : ~에 멍이 들다
I have a bruise on my chest.
가슴에 멍이 들었습니다.

black and blue : 멍이 들다
He beat me black and blue.
그는 온통 멍이 들도록 절 두들겨 팼습니다.

from the beginning : 처음부터
I trusted him from the beginning.
저는 처음부터 그를 신뢰했습니다.

lose one's job : 실직하다
If you are late one more time, you'll lose your job.
한번만 더 늦으면 직장을 잃을 겁니다

act violently : 폭력을 휘두르다
He habitually acts violently out of drunkenness.
그는 술만 먹으면 습관적으로 폭력을 휘두릅니다.

throw things : 물건을 내던지다
When he gets mad, he throws things out of the window.
그는 화가 나면 창 밖으로 물건을 던집니다.

I can't stand it any longer. 더 이상 견딜 수 없다
I've had it. I can't take it any longer.

be scared of ~ : ~을 두려워하다
I used to be scared of him, but now I'm not.
전에는 그를 두려워했지만 이젠 아닙니다.

drink oneself to sleep : 술에 취해 곯아떨어지다
He often drank himself to sleep.
그는 종종 술에 취해 곯아떨어집니다.

issue an arrest warrant : 체포영장을 발부하다
The police asked the prosecutor to issue an arrest warrant.
경찰은 검찰에 체포영장을 신청했습니다.

neither ~ nor ~ : ~도 ~도 없다/아니다
He is an illegal immigrant. He has neither valid passport nor work visa.
그는 불법체류자입니다. 유효한 여권도 취업비자도 없습니다.

in the future : 장차, 미래에
I don't know what's happening in the future.
앞으로 무슨 일이 일어날지 모르겠습니다.

More Expressions !

Spousal abuse is increasing these days.
최근 배우자폭행이 늘고 있습니다.

Spousal violence is usually perpetrated by men, although attacks by women are increasing.
배우자폭행은 여성에 의한 폭행이 늘고는 있지만 주로 남자가 저지릅니다.

He was charged with assault and battery.
그는 폭행죄로 기소되었습니다.

It was revealed that he had been constantly assaulting his wife.
그는 상습적으로 아내를 폭행한 것으로 밝혀졌습니다.

She got a black eye after being punched in the face.
그녀는 얼굴을 맞아 눈이 멍들었습니다.

She was diagnosed with injuries that required over four weeks to recover.
그녀는 전치 4주의 부상을 입었습니다.

A medical certificate is needed to file a suit.
고소하기 위해서는 진단서가 필요합니다.

He was charged with aggravated child abuse and two counts of rape.
그는 가중아동학대와 두 건의 강간으로 기소되었습니다.

Most parents have pleaded not guilty to child abuse.
대부분의 부모들은 아동학대를 부인합니다.

Domestic violence accounts for a quarter of all violent crimes reported.
가정폭력은 신고된 전체 폭력의 1/4을 차지합니다.

Domestic abuse can take many forms including assault, emotional abuse, economic deprivation, et cetera (etc.).
가정학대는 폭행, 정서적 학대, 경제적 박탈 등 여러 형태를 띱니다.

A teenager reported his father to the police for inflicting physical punishment on him.
한 십대 청소년이 아버지가 자신에게 체벌을 가했다고 경찰에 신고했습니다.

Corporal punishment has been used for ages but now is not permitted in school.
학교에서는 체벌이 오랫동안 행해졌지만 이제는 금지되었습니다.

PART II

Taking a Report by Phone
전화로 사건/사고 신고 접수하기

Case 36 **싸움 신고**

There is a big fight in an alley.

뒷골목에서 큰 싸움이 일어났습니다

Case 37 **소음과 미성년자음주 신고**

Teenagers are drinking, smoking, and making noise.

십대들이 술 마시고 담배 피우고 소란을 피웁니다.

Case 38 **자전거분실 신고**

My bicycle is missing from a subway transfer parking area.

지하철 환승역 주차장에서 자전거가 없어졌습니다.

Case 39 **등산로 추락사고 신고**

I slipped and fell off the trail.

등산로에서 미끄러져서 추락했습니다.

Case 40 **주택 절도사건 신고**

My house was broken into.

집에 도둑이 들었습니다.

Case 36

There is a big fight in an alley.

F : Hello? Can you speak English?

P : Yes, how may I help you?

F : I'm in Shinchon now. There's a big fight here.

P : OK. Where in Shinchon are you?

F : In an alley away from the main street.

P : Isn't there anyone around who can speak Korean?

F : No, there's nobody around here except me. This area is out-of-the-way so not many people come here.

P : Ok. Can you give me any landmarks?

F : I can see McDonald's on my right and a yellow high-rise building on my left.

P : I think I know where you are. I have a car on the way. Can you wait for us in front of McDonald's?

F : Yes, officer.

P : Please wave your hand when you see a police car.

F : Okay. You need to hurry. A man is lying covered in blood.

P : Okay, we will get there right away. We will also send an ambulance at once.

F : Good.

P : Thank you very much for your report today.

big fight : 큰 싸움 alley : 뒷골목 main street : 대로 around : 주변에 out-of-the-way : 후미진 landmark : 주요지형지물 high-rise building : 고층건물 wave : 손을 흔들다 police car : 경찰차 hurry : 서두르다 cover : 덮다 blood : 피 report : 신고

Case 36

뒷골목에서 큰 싸움이 일어났습니다.

F: 여보세요? 영어 할 줄 아세요?

P: 네, 뭘 도와드릴까요?

F: 저는 지금 신촌에 있는데 큰 싸움이 일어났습니다.

P: 알겠습니다. 신촌 어디에 계신가요?

F: 큰 길에서 들어와서 골목길에 있습니다.

P: 주변에 한국말 하는 사람이 없습니까?

F: 없어요. 여기 저밖에 없습니다. 후미진 곳이라 사람이 잘 안 다닙니다.

P: 알겠습니다. 눈에 띄는 큰 건물이 있나요?

F: 오른쪽으로는 맥도날드 전광판이 보이고 왼쪽으로는 노란색 고층건물이 보입니다.

P: 어디쯤인지 알겠습니다. 곧 가겠습니다. 맥도날드 앞에서 우릴 기다릴 수 있나요?

F: 그러죠.

P: 경찰차를 보면 손을 흔들어주세요.

F: 알겠습니다. 서둘러야 합니다. 한 남자가 피투성이가 되어 쓰러져 있습니다.

P: 알겠습니다. 바로 가겠습니다. 구급차도 바로 보내겠습니다.

F: 좋습니다.

P: 오늘 신고해주셔서 감사합니다.

Key Terms

There is ~ here : ~ 일이 일어나다
There is a fire here.
여기 화재가 일어났습니다.

Where in ~ ? : ~ 어디에서
Where in California do you come from?
캘리포니아 어디에서 왔습니까?

away from : 떨어져서, 벗어나서
I live far away from home.
나는 고향에서 멀리 떨어진 곳에서 산다.

not many people : 소수만이
Not many people come to this place as this is a street overrun with hooligans.
이곳은 깡패들이 우글거리는 곳이어서 사람들이 잘 오지 않습니다.

around here : 이 근처에
Is there a reasonable hotel around here?
이 주변에 적당한 호텔이 있습니까?

give landmarks : 표지가 될 만한 건물을 알려주다
When you give directions, it is a good idea to give some landmarks.
길을 안내할 때는 표지가 될 만한 건물을 알려주는 것이 좋습니다.

on my right/left : 오른쪽/왼쪽으로
He was seated on my right.
그는 제 오른편 좌석에 앉았습니다.

I think I know ~ : ~을 알 것 같다
I think I know how this fight started.
싸움이 어떻게 시작되었는지 알겠습니다.

on the way : 가는(오는) 중인
My car stopped on the way to the gas station.
차가 주유소로 가는 도중에 서버렸습니다.

covered in blood : 피투성이가 되어
He was hit in the head by a bat and his face was covered in blood.
그는 방망이로 머리를 맞아 얼굴이 온통 피투성이가 되었습니다.

right away : 즉시
We will get the paramedics there right away.
즉시 그곳으로 응급구조원들을 출동시키겠습니다.

at once : 즉시
We will send a police officer to you location at once.
계신 곳으로 경관 한 명을 즉시 보내겠습니다.

More Expressions !

I want to report a gang fight.
패싸움을 신고합니다.

A teenager is being beaten by his peers.
한 학생이 친구들에게 구타를 당하고 있습니다.

A group of school boys are extorting money from a girl.
남학생 한 무리가 한 소녀에게서 돈을 갈취하고 있습니다.

Some bullies are bothering some smaller students.
깡패들이 어린 학생들을 괴롭히고 있습니다.

A young man is beating an old man who tried to break up a fight.
한 젊은이가 싸움을 말리는 노인을 구타하고 있습니다.

Passersby are just looking on and didn't try to stop their fight.
지나가던 사람들은 구경만 하고 싸움을 말리지 않습니다.

I don't want to get involved in their fight.
저는 그들의 싸움에 연루되고 싶지 않습니다.

I got between the two and stopped the fight.
제가 두 사람 가운데로 파고들어 싸움을 말렸습니다.

Gangsters are fighting with swords.
깡패들이 칼싸움을 하고 있습니다.

The victim was stabbed in the chest a couple of times.
피해자가 두세 번 칼에 가슴을 찔렸습니다.

He was attacked with a broken bottle and was lying on the floor unconscious.
그는 깨진 병으로 공격을 당한 후 의식을 잃은 채 땅에 쓰러져 있었습니다.

The postmortem revealed that he died of a concussion.
부검에 의하면 그는 뇌진탕으로 죽었습니다.

It was an unforeseen contingency.
그것은 우발적인 사고였습니다.

It was a reckless homicide.
그것은 우발적인 살인이었습니다.

There was no intention to kill him.
그를 죽일 의도는 없었습니다.

I didn't mean any harm. I just did it for a lark.
해를 입힐 의도는 없었습니다. 그냥 장난으로 그랬을 뿐입니다.

Case 37 Teenagers are drinking, smoking, and making noise.

F : Hello? I'd like to report a noise problem. There is far too much noise coming from the upstairs apartment.

P : What is your name and address, please?

F : My name is Robert Spencer. My address is Apgujung Han Yang apartment, building thirty two, room five o five.

P : Okay. Can you tell me what's happening upstairs?

F : Teenagers are having a party. They are drinking, smoking, and making noises.

P : At this late hour? It's almost eleven pm.

F : Yes. I can't sleep because of the loud music and banging sounds from upstairs.

P : Did you ask the building security to stop them from having a party?

F : I did. But that didn't work. So I went upstairs to talk to them but they were too drunk to talk to. I think they are not of legal drinking age.

P : For how long has the party been going on?

F : It's been more than three hours. I think their parents went away.

P : Ok. I'm coming right now. What is your apartment number again?

F : It's five o five.

P : We will get there right away.

F : Thank you, officer.

---

noise : 소음 upstairs apartment : 아파트 윗집 loud music : 시끄러운 음악소리 banging sounds : 쿵쾅거리는 소리 building security : 경비 teenager : 십대 apartment number : 아파트 호수

Case 37 십대들이 술 마시고 담배 피우고 소란을 피웁니다.

F: 여보세요? 소음문제로 신고하려고 합니다. 아파트 윗집에서 소음이 너무 심합니다.

P: 이름과 주소 좀 말씀해주세요.

F: 제 이름은 로버트 스펜서이고 주소는 압구정동 한양아파트 32동 505호입니다.

P: 위층에서 무슨 일이 벌어지고 있나요?

F: 십대들이 파티를 열고 있습니다. 술 마시고 담배 피우고 소란을 피우고 있습니다.

P: 이렇게 늦은 시간까지요? 밤 11시가 다 됐는데요.

F: 네. 시끄러운 음악소리와 쿵쾅거리는 소리 때문에 잠을 잘 수 없습니다.

P: 경비원에게 파티를 중단하게 해달라고 부탁해봤나요?

F: 네, 하지만 멈추지 않아요. 그래서 제가 얘기해보려고 위층으로 갔는데 다들 너무 취해서 말을 할 수가 없었습니다. 술 마실 수 있는 나이가 아닌 것 같아요.

P: 파티가 얼마나 계속되고 있나요?

F: 3시간이 넘었어요. 부모님이 집을 비운 것 같습니다.

P: 알겠습니다, 제가 바로 가겠습니다. 아파트 호수 좀 다시 말해주세요.

F: 505호입니다.

P: 지금 바로 가죠.

F: 감사합니다.

Key Terms

Real Life English for Police!

far too much : 너무 많은
I spent far too much money on my birthday party.
저는 생일파티에 돈을 너무 많이 썼습니다.

coming from ~ : ~에서 비롯되는
The noise coming from the street woke me early in the morning.
거리소음 때문에 아침에 일찍 깼습니다.

have a party : 파티를 열다
They had a party next door. We heard people coming and going all night.
옆집에서 파티를 했습니다. 밤새 사람들이 드나드는 소리가 들렸어요.

at this late hour : 이렇게 늦은 시간에
Why are you hanging about in the street at this late hour?
이 늦은 시간에 왜 길거리에서 배회하나요?

make noise : 소란 피우다
Don't make noise about such a trifle.
그런 사소한 일로 소란 피우지 마세요.

stop from ~ : ~ 하는 것을 중지시키다
The police fired tear gas at the extremist demonstrators to stop them from using violence.
경찰은 최루탄을 쏘아서 과격시위대가 폭력을 행사하는 것을 막았습니다.

It didn't work. 소용없었다
I tried to get him to quit drinking but it didn't work.
그가 술을 끊게 하려고 애썼지만 소용이 없었습니다.

too ~ to ~ : 너무 ~ 해서 ~ 하지 못하다
He is too young to stand as a witness.
그는 증인으로 서기에는 너무 어립니다.

of legal drinking age : 법적으로 음주 가능한 나이
He was the only person in the room of legal drinking age.
그 방에서 음주 가능한 나이인 사람은 그밖에 없었습니다.

go away : 비우다, 떠나가다
My son and his friends messed up the house while I went away for a couple of days.
제가 이삼일 집을 비운 사이에 제 아들과 아들 친구들이 집을 엉망으로 만들어놓았습니다.

I'm coming. 갈게
"Dinner is ready." "I'm coming."
"식사 준비됐어요." "가요."

What is ~ again? : ~을 한 번 더 말해주겠니
What is your name again?
성함이 뭐라고 하셨죠?

More Expressions!

I'd like to report noise pollution.
소음공해를 신고하고자 합니다.

Can you help me with a noise problem? It disturbs me from my work.
소음문제 좀 해결해주세요. 일하는 데 방해가 됩니다.

The excessive noise coming from the upstairs apartment gives me a lot of stress.
위층에서 들려오는 지나친 소음 때문에 많은 스트레스를 받습니다.

We've heard the kids banging around for seven days.
일주일 내내 아이들이 쿵쾅거리는 소리를 듣고 있습니다.

I think there is a big domestic dispute. I heard someone breaking things.
집안싸움이 크게 일어난 것 같아요. 물건 부수는 소리가 들립니다.

Someone is shouting and cussing in front of the building. He sounds drunk.
어떤 사람이 건물 앞에서 고함지르고 욕을 하고 있습니다. 술 취한 것 같습니다.

There is a big fight between neighbors. They are screaming and swearing at each other.
이웃간에 큰 싸움이 일어났습니다. 서로에게 고함을 지르고 욕을 하고 있습니다.

They play the music so loud that it can be heard all the way at my house.
그들이 음악을 너무 크게 틀어서 우리 집까지 들립니다.

They are making a lot of noise, playing loud music, and dancing.
그들은 떠들어대고 시끄러운 음악을 틀고 춤을 추고 있습니다.

Please refrain from playing music loudly in residential neighborhoods.
주택가에서는 음악을 크게 트는 것을 자제해주세요.

Don't turn up the TV at night.
밤에는 TV를 크게 틀지 마세요.

Don't run the washing machine late at night.
밤에는 세탁기를 사용하지 마세요.

You should stop home remodeling work after six pm in an apartment building.
아파트에서는 오후 6시 이후로 집 리모델링 공사를 해서는 안 됩니다.

You are supposed to stop piano playing after nine pm in apartment complexes.
아파트단지에서는 밤 9시 이후로는 피아노를 치지 말아야 합니다.

Don't play ball or make noise in the playground after nine pm.
밤 9시 이후로는 놀이터에서 공놀이를 하거나 시끄럽게 굴지 마세요.

Don't use exercise equipment like bikes or tread mills late at night.
밤 늦게 자전거나 러닝머신 같은 운동기구를 사용하지 마세요.

They cause noise disturbance to the downstairs neighbors.
그 기구들은 아래층에 소음피해를 입힙니다.

Case 38 My bicycle is missing from a subway transfer parking area.

P : Hello, can I help you?

F : Yes, my bicycle is missing from Yangjae subway transfer parking.

P : Can you tell me what happened in detail?

F : I chained my bicycle to the bike rack in the morning to take a subway. I came back to pick it up at ten thirty but it was gone.

P : Was your bike locked? Is the lock still there?

F : Yes, but it's been sawed apart.

P : Are there any other broken locks there?

F : No. But there usually aren't any bicycles here at this late hour.

P : Did you tell the guard about what had happened?

F : There's a night guard here but he can't speak English. Please come and help me out.

P : Okay. I'll get there soon.

F : Thank you. I really want to recover my bike. It was a birthday gift from my girlfriend. She is going to be very upset if she finds out that I lost it.

P : They probably have CCTV there. Please wait for me in front of the bicycle kiosk.

F : Yes, officer. Thank you.

transfer : 환승 parking : 주차장 detail : 세부사항 chain : 체인으로 묶다 bike rack : 자전거 고정대 lock : 잠그다 saw : 톱질하다, 썰다 night guard : 야간경비 recover : 잃어버린 물건을 되찾다 probably : 아마도 bicycle kiosk : 자전거 관리실

Case 38 지하철 환승역 주차장에서 자전거가 없어졌습니다.

P: 여보세요, 뭘 도와드릴까요?

F: 양재역 지하철 환승역 주차장에서 자전거가 없어졌습니다.

P: 좀 상세히 말씀해주십시오.

F: 아침에 지하철을 타기 위해 자전거를 고정대에 체인으로 묶어두었다가 10시 반에 가지러 왔는데 자전거가 없어졌습니다.

P: 자물쇠로 잠갔나요? 자물쇠가 그대로 있습니까?

F: 네, 하지만 누가 자물쇠를 톱으로 잘라 벌려놨습니다.

P: 다른 잘라진 자물쇠들은 없나요?

F: 아뇨. 보통 이렇게 늦은 시간에는 여기 자전거가 없습니다.

P: 경비에게 자전거가 없어졌다고 얘기했습니까?

F: 야간경비가 있는데 영어를 못합니다. 제발 와서 좀 도와주세요.

P: 진정하세요, 곧 가겠습니다.

F: 감사합니다. 자전거를 꼭 찾아야 해요. 여자친구가 준 생일선물인데 잃어버린 걸 알면 화낼 겁니다.

P: 아마 거기 CCTV가 있을 겁니다. 자전거 관리실 앞에서 기다리세요.

F: 알겠습니다. 감사합니다.

Key Terms

be/go missing : 사라지다
You should back up all the important files as a precaution against them going missing.
모든 주요 문서들이 사라지는 것에 대한 예방책으로 그것들을 백업해야 합니다.

in detail : 자세히
Tell me about what happened in detail.
일어난 일을 상세히 말해주세요.

chain to ~ : ~에 쇠사슬로 매다
They chained the violent dog to a post.
그들은 난폭한 개를 사슬로 기둥에 묶었습니다.

pick up : 가지러 가다
You need to pick up your tickets at the ticket window.
매표창구에서 표를 받아야 합니다.

be locked : 잠겨 있다
Outside business hours, they will be locked to discourage theft.
영업시간 외에는 도난방지를 위해 자물쇠가 채워집니다.

Saw ~ apart : ~를 톱으로 잘라 벌리다
Some teens sawed the locks of the parked bicycles apart just for fun.
몇몇 십대들이 재미로 주차된 자전거들의 자물쇠를 톱으로 잘라 벌려놨습니다.

at this late hour : 이 늦은 시각에
I'm sorry to call at this late hour.
이렇게 늦은 시간에 전화 드려 죄송합니다.

help out : 도와주다
I'm ready to help you out.
당신을 도울 만반의 준비가 되어있습니다.

a gift from ~ : ~로 부터의 선물
Actually it was a gift from my wife.
실은 아내가 사 준 선물입니다.

be/get upset : 화내다, 속상해하다
I got upset as things went wrong.
일이 잘못되어 화가 났습니다.

find out : 알아내다
We need to find out who stole his bicycle.
누가 그의 자전거를 훔쳤는지 알아내야 합니다.

wait for ~ : ~를 기다리다
All I can do is to wait for him.
그를 기다리는 수밖에 없다.

More Expressions !

How many days am I allowed to park my bicycle here consecutively?
여기 자전거를 연속 며칠간 주차할 수 있습니까?

How can I register my bike with the city?
자전거를 시에 등록하려면 어떻게 하죠?

Bicycle theft is a serious problem for bicyclers. More than half of them have had a bicycle stolen at least once.
자전거 도난은 자전거이용자들에게 심각한 문제입니다. 자전거이용자 절반 이상이 적어도 한 번은 자전거를 도난당한 적이 있습니다.

Sometimes the bikes are lost or stolen, but usually, they get left in public.
자전거는 종종 분실되거나 도난당하지만 대부분의 경우 공공장소에 방치되어 있습니다.

Seoul is a bike-friendly city. There are beautiful bike-only lanes along the riverside.
서울은 자전거 친화적인 도시입니다. 강변을 따라 아름다운 자전거 전용도로들이 있습니다.

The government renovated car roads to build bike-only lanes.
정부는 자전거 전용도로를 만들기 위해 차로를 개선했습니다.

There are separate bike lanes along the main road.
간선도로를 따라 자전거 전용도로들이 있습니다.

Those who cycle in the road with vehicles are vulnerable to accidents.
자동차도로에서 자전거를 타는 사람은 사고가 나기 쉽습니다.

You'd better buy bicycle insurance. You can buy it at a nearby bank.
자전거 보험을 드는 게 좋습니다. 가까운 은행에서 들 수 있습니다.

Mountain biking is one of the extreme sports.
산악자전거는 극한스포츠 중의 하나입니다.

Many mountain bikers go to the emergency room because of a fall or crash.
많은 산악자전거인들이 낙상이나 충돌사고로 응급실로 실려갑니다.

In order to prevent bicycle accident damage, riders must wear their helmets when riding.
자전거 사고로 인한 손상을 방지하기 위해 자전거를 탈 때는 반드시 헬멧을 써야 합니다.

Why don't you go on a bicycle trip to the countryside like Chuncheon or Nameeseom?
춘천이나 남이섬 같은 근교로 자전거 여행을 해보는 게 어떻습니까?

Many cities host annual bicycle races using their own beautiful courses.
많은 도시들이 그들만의 아름다운 코스에서 연례 자전거 경주를 개최합니다.

Quite a few people devote much of their leisure time to bicycle riding.
꽤 많은 사람들이 여가시간의 많은 부분을 자전거를 타면서 보냅니다.

Because of rising gas prices, more people are now riding bicycles to work.
석유 값이 올라서 더 많은 사람들이 자전거를 타고 출근합니다.

Case 39

I slipped and fell off the trail.

P : Hello, can I help you?

F : Yes, I'm badly hurt and can't walk. I need help.

P : What happened?

F : I was climbing down Bukhansan and I slipped and fell off the trail.

P : Which course are you on?

F : I'm on the Daedongmun course.

P : Can you tell me anything about the exact area where you are?

F : Well, I was on my way down the south side from the top and the accident happened ten minutes after I began to climb down.

P : Okay. Can you see anyone else around you?

F : I can hear some voices, but I can't see anyone.

P : Okay. I'll send a medic team up to get you. Meanwhile, I want you to shout and get someone to come to you.

F : Okay.

P : When someone comes to you, you have them call me back. I'll send you my phone number by text message. What's your name?

F : Robert, Robert Spencer.

P : Ok. Mr. Spencer, you just hold on and we'll get to you soon. I'm on my way.

F : Thank you, sir.

P : I don't want your phone battery to run out, so I'll let you go now, but call if you need to.

F : Sure, thank you.

---

badly : 심하게 hurt : 다치다 slip : 미끄러지다 trail : 산길, 등산 코스 course : 경로
exact are : 정확한 위치 south side : 남측 top : 정상 medic team : 의료팀 shout : 고함지르다
text message : 문자메시지 battery : 건전지, 배터리

Case 39

등산로에서 미끄러져서 추락했습니다.

P: 뭘 도와드릴까요?

F: 심하게 다쳤습니다, 도와주세요.

P: 무슨 일이시죠?

F: 북한산에서 하산하다가 미끄러져서 추락했습니다.

P: 어느 코스에 계십니까?

F: 대동문 코스에 있습니다.

P: 계신 곳의 정확한 위치 좀 말씀해주세요.

F: 정상에서 남측으로 내려오고 있었고 사고는 하산한 지 10분쯤 뒤에 일어났습니다.

P: 주변에 사람이 있습니까?

F: 사람 소리는 들리는데 보이지는 않습니다.

P: 알겠습니다. 의료팀을 보내겠습니다. 그동안 소리쳐서 누군가를 좀 오게 하세요.

F: 알겠습니다.

P: 누가 오면 저에게 전화하게 하세요. 문자메시지로 제 전화번호를 보내드리겠습니다. 이름이 뭐죠?

F: 로버트, 로버트 스펜서입니다.

P: 알겠습니다. 스펜서 씨, 기다리면 곧 저희가 갈 겁니다. 출발합니다.

F: 감사합니다.

P: 스펜서 씨 핸드폰 전원이 꺼지면 안 되니 이만 끊겠습니다. 하지만 필요하시면 전화주세요.

F: 네, 감사합니다.

Key Terms

climb down : 산을 내려오다
You'd better use an alpenstock when you climb down snowy mountains.
눈 덮인 산길을 내려올 때는 등산용 지팡이를 사용하는 것이 좋습니다.

slip and fall off : 미끄러져 추락하다
He slipped and fell off a cliff.
그는 절벽에서 미끄러져 추락했습니다.

anything about ~ : ~에 관한 무엇이나
He doesn't know anything about it.
그는 그것에 대해 아무것도 모릅니다.

where you are : 당신이 있는 곳
How's the weather where you are?
거기 날씨는 어떻습니까?

be on one's way down~ : ~ 로 내려가고 있다
I'm on my way down to Busan.
부산으로 내려가는 중입니다.

from the top : 정상으로부터
The view from the top of the mountain was spectacular.
산 정상에서 보는 풍경은 장관이었습니다.

get someone : 데리러 보내다/가다
He is waiting for you in front of the bakery. Please go get him.
그가 빵집 앞에서 당신을 기다리고 있으니 가서 데리고 오세요.

call back : 다시 전화하다
Please call me back in ten minutes.
10분 후에 다시 전화주세요.

hold on : 기다리다
There are three people ahead of you. Just hold on.
앞에 세 사람이 있으니 기다리세요.

get to ~ : ~에 도착하다
How much longer before we get to the top?
정상까지 얼마나 더 가야 하나요?

run out : 다 쓰다
The copy machine/copier ran out of paper.
복사기 용지가 떨어졌습니다.

I'll let you go now. 이만 끊을게
I have to go now. I have to hang up.

More Expressions!

Is there a ranger station near here?
이 근처에 관리소가 있나요?

Where can I find a park ranger?
산림경비원이 어디 있습니까?

Which course is the easiest/ the shortest one/ the least intensive?
어느 코스가 가장 쉬운/가장 짧은/가장 덜 힘든 코스인가요?

The short course is more difficult because it is very steep and rugged.
짧은 코스는 가파르고 바위가 많아 더 어렵습니다.

The long course will take longer time but the slope is gradual.
긴 코스는 시간은 더 걸리지만 경사가 완만합니다.

The first part is easy to hike but the second part involves some rock-climbing.
전반부는 등반하기 쉽지만 후반부에는 암벽등반이 포함되어 있습니다.

Be careful not to fall into a crevasse.
갈라진 틈으로 떨어지지 않도록 조심하세요.

I wandered from the course on the mountain.
산속에서 길을 잃었습니다.

I'm lost and I haven't been able to find anyone to help me for almost an hour.
길을 잃었는데 거의 한 시간 동안 도와줄 사람을 찾지 못하고 있습니다.

I got my foot stuck between some rocks. It hurts a lot.
바위 사이에 발이 끼었는데 많이 아픕니다.

My friend went hiking and I haven't heard from him for ten hours.
제 친구가 등산을 갔는데 열 시간 동안 소식이 없습니다.

You need to know your whereabouts in case you have a climbing accident.
등반사고가 날 경우를 대비해서 당신의 소재를 잘 파악하고 있어야 합니다.

These shoes won't do for mountaineering. You should buy hiking boots.
이 신발은 등산에 적합하지 않습니다. 등산화를 사셔야 합니다.

There is a great danger of falling around here. / Falling accidents occur frequently here.
이 지역은 추락위험이 높습니다.

This is a falling rock area.
여기는 낙석지역입니다.

The road is blocked due to a rockslide.
낙석으로 도로가 막혔습니다.

Watch out. The heavy rain caused a landslide.
조심하세요. 비가 많이 와서 산사태가 일어났습니다.

Case 40

My house was broken into.

P : Hello, can I help you?

F : Yes, my house was broken into while I was away briefly. I'm so scared.

P : Please calm down and tell me about what happened in detail.

F : Okay. I went grocery shopping and when I got home, the front door was flung open and the room was in a terrible mess.

P : Everything will be fine now. We'll get there right away. What is your address?

F : Nonhyun Villa, house number three o two at Shinsadong. It is located behind Hilltop Hotel.

P : Tell me the exact time you left home and came back.

F : I left home around one pm and came back around two pm.

P : Was there anybody at home during that time?

F : No.

P : What did you have stolen?

F : Everything of value was stolen. Watch, jewelry, camera, et cetera. He went through every drawer of the closet and dresser.

P : Okay. A detective will be there soon. Meanwhile, don't touch anything. Leave everything as it is.

F : Yes, I will. Please come over as soon as possible.

briefly : 잠시 scared : 겁먹은 fling : 내던지다 grocery shopping : 장보기 located : ~에 위치한 exact time : 정확한 시각 value : 가치 jewelry : 보석 et cetera(etc) : 등등 drawer : 서랍 closet : 옷장 dresser : 화장대 detective : 형사 touch : 만지다 leave : 두다

Case 40

집에 도둑이 들었습니다.

P: 여보세요? 뭘 도와드릴까요?

F: 잠시 집을 비운 사이에 도둑이 들었습니다. 너무 무서워요.

P: 진정하시고 일어난 일을 소상히 말씀해주세요.

F: 네. 장을 보고 왔는데 집에 와보니 대문이 활짝 열려있고 방이 난장판이 되어 있습니다.

P: 이제 괜찮습니다. 저희가 곧 가겠습니다. 주소는요?

F: 신사동 논현빌라, 302호입니다. 힐탑호텔 뒤에 있습니다.

P: 집을 나간 시각과 돌아온 정확한 시각을 말해주세요.

F: 오후 1시경에 나가서 장을 본 후 2시쯤 돌아왔습니다.

P: 그 사이 집에 누가 있었나요?

F: 아뇨.

P: 도난 당한 물건은요?

F: 귀중품은 다 도둑맞았어요. 시계, 보석, 카메라 등등. 도둑이 옷장과 화장대 서랍을 모두 뒤졌어요.

P: 알겠습니다. 형사가 곧 갈 겁니다. 그 사이 아무것도 만지지 말고 그대로 두세요.

F: 그럴게요. 가능한 빨리 와주세요.

Key Terms

be broken into : 도둑이 들다
The safe was broken into by a safe cracker.
금고털이범이 금고를 털었습니다.

be away : 부재중이다
I will be away for a week for vacation.
휴가로 일주일간 부재중일 것입니다.

be scared : 겁을 먹다
Don't be scared. Just tell me what really happened.
겁먹지 말고 실제 일어난 일을 말해주세요.

fling a door open : 문을 열어젖히다
He flung open the door and went in.
그는 문을 열어젖히고 안으로 들어갔습니다.

go on a shopping : 쇼핑하다
She went on a shopping spree with the stolen money.
그녀는 훔친 돈으로 흥청망청 쇼핑을 했습니다.

be in a mess : 난장판이 되어 있다
The scene of the accident was in a complete mess.
사고현장은 엉망진창이었습니다.

be located : 위치해 있다
Where is the new office located?
새 사무실 위치가 어디죠?

have ~ stolen : 도둑맞다
I had my watch stolen.
시계를 도둑맞았습니다.

of value : 귀중한, 가치 있는
To pay her debts, she sold everything of value.
빚을 갚기 위해 그녀는 귀중품을 모두 팔았습니다.

go through : 살펴보다, 찾다
I start the day by going through my email.
저는 이메일을 살펴보는 것으로 하루를 시작합니다.

leave as it is : 그대로 놔두다
The police asked me to leave everything as it was.
경찰이 아무것도 만지지 말라고 했습니다.

come over : 집에 들르다
Would you like to come over for dinner tonight?
오늘 저녁 먹으러 오실래요?

More Expressions !

What number should I call to report a burglary?
절도를 신고하려면 몇 번에 해야 하나요?

Can you send someone over to check it out please?
사람을 보내서 확인 좀 해주실 수 있나요?

The burglar got in through the windows.
도둑이 창문으로 들어왔습니다.

The burglar has turned the house inside out.
도둑들이 집을 온통 뒤집어놓았습니다.

The burglar totally cleaned my house out.
도둑들이 집을 완전히 털었습니다.

The burglar took all the cash I had in the house.
도둑이 집에 있는 현금을 몽땅 털어갔습니다.

Here's a list of all the items I can't find.
여기 제가 도난당한 물품 리스트입니다.

This house has been broken into before.
이 집은 이전에도 도둑을 맞은 적이 있습니다.

How can I prevent this from happening again?
어떻게 하면 재발을 막을까요?

With so many people away on vacation, there's been a rash of break-ins at empty houses.
휴가철에 많은 사람들이 집을 비워 빈집털이가 기승을 부렸습니다.

There has been a rash of burglaries in the area over the last month.
지난 한 달간 그 지역에 절도사건이 빈번했습니다.

Mugging is on the increase as the economy is in a downturn.
경기가 침체되면서 노상강도가 증가하고 있습니다.

Her handbag was snatched away from her by a passing motorcyclist.
오토바이 날치기가 그녀 가방을 채갔습니다.

The police took the burglars by surprise.
경찰이 빈집털이범들을 불시 체포했습니다.

They installed CCTVs in their neighborhood.
그들은 집 주변으로 CCTV를 설치했습니다.

He was wrongly accused of theft.
그는 억울하게 도둑으로 몰렸습니다.

He finally cleared himself of the false accusation.
그는 마침내 누명을 벗었습니다.

PART III

Arresting a Person in the Act (of a Crime)
현장에서 용의자/범죄자 체포하기

Case 41 **강도 체포**

I need you to put down your weapon.
무기를 내려놓아라.

Case 42 **기물파손자 체포**

You are damaging property and disrupting business.
당신은 재물을 파손하고 영업을 방해하고 있습니다.

Case 43 **폭력행위자 체포**

You are under arrest for fighting in public.
공공장소에서 싸운 혐의로 체포합니다.

Case 44 **위조지폐사용자 체포**

Are you aware that this is a counterfeit bill?
이게 위조지폐인 것을 알고 있었습니까?

Case 45 **마약밀매자 체포**

We have a warrant to search this residence.
가택 수색영장을 가지고 왔습니다.

Case 41

I need you to put down your weapon.

P : Sir! I need you to put down your weapon and come out of the building with your hands up.

F : No!

P : Sir, the building is surrounded by police officers. You cannot escape. We don't' want anyone hurt. Please put the weapon down and walk out of the building.

F : No!

P : Sir, this is the final warning. There is no way out. If you do not come out, we will enter the building to arrest you.

F : Okay. My weapon is down.

P : Good. Now walk out the front door. Walk very slowly and keep your hands up where we can see them.

F : I'm coming out now.

P : Stop right there. Don't move. I'm going to walk up to you.

[officer cuffs the suspect]

P : Walk this way to the police car. Lower your head. We're going to drive you to the station for questioning.

---

weapon : 무기　surround : 둘러싸다　escape : 도주하다　final : 마지막　warning : 경고
enter : 들어가다　arrest : 체포하다　front door : 앞문　cuff : 수갑을 채우다　suspect : 용의자
(police) station : 경찰서　questioning : 심문

Case 41

무기를 내려놓아라.

P: 무기를 버리고 손을 머리 위로 올린 채 빌딩 밖으로 걸어 나와라.

F: 싫다.

P: 경찰이 빌딩을 포위했다. 빠져나가지 못한다. 누구도 다치는 걸 원하지 않으니 무기를 버리고 빌딩 밖으로 걸어 나와라.

F: 싫다.

P: 이번이 마지막 경고다. 만약 나오지 않으면 우리가 들어가서 당신을 체포할 것이다.

F: 알았다. 무기를 내려놓겠다.

P: 좋다. 이제 정문으로 걸어 나와라. 천천히 걸어나오면서 우리가 볼 수 있게 손을 머리 위로 올려라.

F: 지금 나간다.

P: 거기 멈춰. 움직이지 마. 내가 그쪽으로 가겠다.

[경관이 용의자에게 수갑을 채운다]

P: 이리로 경찰차로 걸어가. 머리 숙여. 심문을 위해 당신을 경찰서로 데려가겠다.

Key Terms

put down : 내려놓다
Put that knife down before you hurt somebody.
누군가를 해치기 전에 그 칼 내려놓아라.

Hands up. 손들어
Hands up or we will shoot you.
손들어, 그렇지 않으면 쏜다.

be surrounded by ~ : ~에 둘러싸이다
The criminal is surrounded by police on all sides.
경찰이 사방에서 범인을 둘러쌌습니다.

This is the final ~ : 마지막 ~ 이다
This is the final boarding call for flight number three two one.
321편에 대한 마지막 탑승안내 말씀 드립니다.

no way out : 탈출구가 없다
You are trapped with no way out.
꼼짝없이 붙잡혔다.

come out of ~ : ~에서 나오다
He came out of prison wearing the same outfit he'd worn in ten years ago.
그는 십 년 전에 입었던 옷을 입고 출소했습니다.

right there : 바로 그곳에
According to the map, the hotel should be right there.
지도에 의하면 호텔이 저기 있어야 하는데요.

walk up to ~ : ~에게 다가가다
She walked up to the police and asked for help.
그녀는 경찰에게 다가가서 도움을 요청했습니다.

cuff somebody : 수갑을 채우다
Cuff him, and take him to the police station.
그에게 수갑을 채워 경찰서로 데려가세요.

this way : 이리로
If you happen to come this way, stop by my office.
만약 이 근처에 오거든 제 사무실에 들르세요.

lower one's head : 머리를 숙이다
Lower your head to get into the car.
차에 타게 머리를 숙이세요.

for questioning : 심문을 위해
The suspect has been detained for questioning.
용의자는 심문을 위해 구금되어 있었습니다.

More Expressions !

We are surrounding your hideout.
당신들 은신처를 포위하고 있다.

Don't move. / Stay where you are.
움직이지 마.

Freeze if you want to stay alive.
살고 싶으면 움직이지 마라.

There is no escape. It's better to give up now before you do something you'll regret.
도망할 길이 없다. 후회할 짓 하기 전에 항복해라.

What do you want? We will meet your demands.
원하는 게 뭔가? 요구를 들어주겠다.

Release the hostages right now.
당장 인질을 내보내라.

If you turn yourself in, we will manage your case as favorably as possible.
자수하면 선처하겠다.

Keep your hands visible at all times.
계속 손이 보이도록 하라.

Walk towards me slowly and don't make any sudden moves.
나를 향해 천천히 걸어오고 갑작스런 동작은 하지 마라.

The kidnappers are holding a hostage. They demanded a ransom for the hostage's release.
납치범들이 인질을 붙잡고 있습니다. 그들은 인질을 풀어주는 조건으로 몸값을 요구했습니다.

They threatened to kill the hostages if their demands were not satisfied.
그들은 요구를 들어주지 않으면 인질을 죽이겠다고 협박합니다.

The hijackers agreed to free ten hostages.
비행기납치범들이 10명의 인질을 풀어주기로 동의했습니다.

After a ten-day siege, they were captured by the police.
10일간의 포위 끝에 그들은 경찰에 잡혔습니다.

A Minimal Miranda Warning 피의자 권리 고지

You have the right to remain silent. Anything you say can and will be used against you in a court of law. You have the right to speak to an attorney, and to have an attorney present during any questioning. If you cannot afford a lawyer, one will be provided for you at government expense.
당신은 묵비권을 행사할 권리가 있습니다. 당신이 말하는 모든 것은 법정에서 불리하게 적용될 수 있습니다. 변호사를 선임할 권리가 있고 만약 변호사를 선임할 만한 경제력이 없다면 국선변호인의 도움을 받을 수 있습니다.

Case 42 You are damaging property and disrupting business.

S : Staff

P : We got a complaint about a man damaging property here.

S : Yes, he's over there arguing with that woman. He is dead drunk.

P : Thank you.

[approaching drunk vandal]

P : Sir, I need to ask you to come with me.

F : What is this? Who are you?

P : We are police officers. You are damaging property and disrupting business. You are under arrest.

F : You can't arrest me.

P : Sir, please keep your voice down. Please follow us quietly. We would rather not handcuff you.

F : I'm not leaving here! You can't take me!

P : Sir, you are leaving us no choice but to physically escort you out of here. Officers, arrest him.

F : No way. Do you have an arrest warrant for me?

P : We don't need one because you have been caught in the act. Hold out your hands.

F : No.

P : If you continue to resist, you will be also fined for obstructing police in carrying out their duties.

Case 42 당신은 재물을 파손하고 영업을 방해하고 있습니다.

P: 여기서 어떤 사람이 재물을 파손하고 있다는 신고를 받았습니다.
S: 네, 저기 여자분과 싸우고 있는 사람입니다. 완전히 취했어요.
P: 감사합니다.

[술 취한 기물파손자에게 다가가서]

P: 저와 같이 가주셔야 하겠습니다.
F: 뭐야? 당신 누구요?
P: 경찰입니다. 당신은 재물을 파손하고 영업을 방해하고 있습니다. 체포하겠습니다.
F: 날 체포할 수 없어요.
P: 목소리를 낮추세요. 조용히 우리를 따라오세요. 수갑을 채우고 싶지는 않습니다.
F: 여기서 안 나갑니다. 날 데려갈 수 없어요.
P: 이봐요, 할 수 없이 강제적으로 데리고 나갈 수밖에 없군요. 경관들, 저 자를 체포하시오.
F: 안 됩니다. 체포영장이 있습니까?
P: 체포영장 필요 없습니다. 현장에서 잡혔으니까요. 손을 내미세요.
F: 싫습니다.
P: 계속 저항하면 공무방해죄로도 벌금을 물게 됩니다.

---

complaint : 항의　dead drunk : 만취한　vandal : 공공기물파손자　damage : 파손하다　property : 재산, 소유물　disrupt : 방해하다, 지장을 주다　business : 영업　handcuff : 수갑을 채우다　physically : 물리적으로　escort : 호송하다　arrest warrant : 체포영장　resist : 저항하다　obstruct : 방해하다　duty : 직무, 임무

Key Terms

get a complaint : 불만사항이 접수되다
We just got a complaint from one of our clients. He is trying to seek litigation.
방금 고객 한 분으로부터 불만사항을 접수하였습니다. 소송을 걸려는 것 같습니다.

damage property : 재물을 파손하다
Be careful not to damage other people's property.
다른 사람의 재산을 침해하지 않도록 조심하세요.

argue with ~ : ~와 언쟁하다, 다투다
I don't want to argue with you about that.
그 문제로 당신과 논쟁하고 싶지 않습니다.

disrupt business : 영업을 방해하다
The protesters took to the streets, which disrupted our business.
시위대가 도로를 점거했는데 그것이 우리 영업을 방해했습니다.

under arrest : 체포되어
He was placed under arrest on suspicion of fraud.
그는 사기혐의로 체포되었습니다.

keep your voice down : 목소리를 낮추다
It's hard to keep your voice down when you feel very upset.
화났을 때는 목소리를 낮추는 게 힘듭니다.

would rather : 차라리 ~ 하겠다
I would rather turn myself in than live like this.
이렇게 사느니 자수하겠습니다.

leave no choice but : 선택의 여지가 없다
I had no choice but to inform the police about my neighbor's crime.
이웃의 범죄를 경찰에 밀고할 수밖에 없었습니다.

have an arrest warrant for ~ : ~에 대한 구속영장을 가지고 있다
Police have an arrest warrant for the man for his alleged involvement in a bribery scandal.
경찰은 뇌물사건에 개입한 혐의로 그에 대한 구속영장을 가지고 있습니다.

be caught in the act : 현장에서 체포되다
He was caught in the act of stealing a car.
그는 차를 훔치다가 현장에서 붙잡혔습니다.

hold out : 내밀다
I held out my hands to help her but she pushed them away.
나는 그녀를 도와주려고 손을 내밀었지만 그녀가 손을 밀어냈습니다.

carry out : 수행하다
They are carrying out a search-and-rescue operation.
그들은 수색구조작업을 벌이고 있습니다.

More Expressions !

That is an act of vandalism.
그것은 공공기물 파손행위입니다.

You are being arrested for committing vandalism.
당신을 공공기물 파손행위로 체포합니다.

You should compensate them for damage you've done.
그들에게 당신이 입힌 손상을 보상해주어야 합니다.

You could be fined for the crime, and on some occasions sent to jail.
당신은 그 범죄행위로 벌금이 부과되고 어떤 경우에는 감옥으로 보내질 수 있습니다.

It's not allowed to drink, sing, and dance in public places.
공공장소에서는 음주가무가 허용되지 않습니다.

You are disturbing the public order.
당신은 공공질서를 어지럽히고 있습니다.

Don't make a scene in public places.
공공장소에서 소란을 피우지 마세요.

You will be charged with causing a public nuisance.
당신은 공공소란죄로 기소될 것입니다.

The maximum penalty for affray is three years' imprisonment.
공공장소에서 소란을 피우면 최고 3년 형을 받습니다.

Your aggressive behavior is disturbing the public peace.
당신의 난폭한 행위가 공안을 해치고 있습니다.

You will be charged with obstruction of justice of a police officer.
경찰관 공무집행방해죄로 고발될 것입니다.

You'd better comply with our request without argument.
우리 요구에 순순히 응하는 게 좋습니다.

You will be fined for resisting arrest.
체포를 거부하면 벌금형을 받게 됩니다.

A police officer was injured in the line of duty yesterday.
어제 한 경찰관이 공무집행 중에 부상을 입었습니다.

He was arrested for beating a police officer.
그는 경관을 구타한 죄로 구속되었습니다.

It's an unlawful arrest. He didn't read me my Mirada rights when he arrested me.
이건 불법체포입니다. 체포 시 제게 피의자권리를 고지하지 않았습니다.

Case 43 You are under arrest for fighting in public.

P : What's going on here? Everyone back up, please! Gentlemen, you are under arrest for public fighting.

F1 : [pointing at foreigner 2] He started it! I was trying to protect myself.

F2 : No, he started it.

F3 : I'm innocent. I just tried to stop the fight.

P : Calm down, everyone. Let's go outside to talk about it.

F1 : Am I in trouble? I acted in self-defense.

F2 : He's lying. It's me who acted in self-defense.

P : All of you will be questioned at the police station. We'll be also talking to witnesses about what happened.

F1 : This is unfair, sir. He picked a fight with me. And that guy booed and jeered at me.

F3 : Hey, don't involve me in your quarrel. I'm on no one's side.

P : Let's see who is to blame at the police station.

public fighting : 공공장소에서의 싸움 protect : 보호하다 innocent : 죄가 없다 act : 행동하다 self-defense : 자기방어 question : 심문하다 witness : 증인 unfair : 부당하다 boo : 우우 (야유 보내는 소리) jeer : 조롱하다 involve : 관련시키다

Case 43

공공장소에서 싸운 혐의로 체포합니다.

P : 무슨 일입니까? 모두 물러서세요. 당신들, 공공장소에서 싸운 혐의로 체포하겠습니다.

F1 : [F2를 가리키며] 저 사람이 시작했어요. 전 방어만 했을 뿐입니다.

F2 : 아뇨, 저 자가 시작했어요.

F3 : 전 죄가 없습니다. 싸움을 말리려고 했을 뿐입니다.

P : 모두 진정하세요. 바깥에 나가서 얘기합시다.

F1 : 처벌을 받나요? 전 정당방위입니다.

F2 : 거짓말입니다. 정당방위를 한 사람은 접니다.

P : 여러분 모두 경찰서에서 조사를 받을 겁니다. 어떻게 된 일인지 증인들과도 이야기를 할 것입니다.

F1 : 불공평합니다. 저자가 저에게 싸움을 걸었습니다. 그리고 저 사람은 제게 야유와 조롱을 보냈어요.

F3 : 이봐요, 날 당신들 싸움에 개입시키지 말아요. 전 누구 편도 아닙니다.

P : 누구 잘못인지는 경찰서에 가서 봅시다.

Key Terms

Back up. 물러서
As the riot police approached, the crowd backed up.
진압경찰이 다가오자 사람들이 물러났습니다.

under arrest : 체포되다
You are under arrest for hooliganism.
당신을 폭력행위로 체포합니다.

start it : 먼저 시작하다
I didn't want to fight with you. But, you started it.
당신과 싸우기 싫었지만 당신이 먼저 시작했습니다.

protect oneself : 자신을 보호하다
There is nothing wrong with protecting oneself.
자신을 보호하는 건 아무 잘못이 없습니다.

Am I in trouble? 처벌 받게 되니
If you do not pick up the pieces, you will be in big trouble.
사태를 수습하지 않으면 크게 혼날 것입니다.

be innocent : 무죄이다
The suspect pleaded innocent.
용의자는 무죄임을 주장했다.

act in self-defense : 정당방위이다
He explained that he had acted in self-defense.
그는 자신의 행위가 정당방위였다고 설명했습니다.

pick a fight : 싸움을 걸다
A gangster picked a fight with me.
깡패가 내게 싸움을 걸어왔습니다.

boo and jeer at : 야유와 조롱을 보내다
The crowd booed and jeered at the referee.
관중들은 심판에게 야유와 조롱을 보냈습니다.

involve ~ in ~ : ~를 ~에 개입시키다
They found he was involved in illegal drugs as well as gambling.
그들은 그가 불법마약과 도박에 개입된 것을 알아냈습니다.

on no one's side : 누구 편도 아닌
"Whose side are you on?' "I'm on no one's side."
"넌 누구 편이니?" "전 아무 편도 아닙니다."

Let's see : 어디 한번 보자
He's drunk now. Let's see what he says after he sobers up.
그는 지금 취했습니다. 술 깨면 뭐라고 할지 한번 봅시다.

More Expressions!

Sir, please back away from the woman. Hey! I said back off!
저 여자에게서 물러나세요. 이봐요, 물러나라고 했잖아요.

Why didn't you break up the fight?
왜 싸움을 말리지 않았습니까?

I didn't want to get involved in the fight.
저는 싸움에 연루되고 싶지 않았습니다.

He tried to provoke me into fighting.
그가 저에게 시비를 걸어왔습니다.

A petty argument grew into a physical fight.
사소한 말다툼이 몸싸움으로 커졌습니다.

He hit me on the head with a bottle.
그가 병으로 제 머리를 내려쳤습니다.

He hit me in the face so hard that a tooth broke.
그가 제 얼굴을 세게 쳐서 이가 하나 부러졌습니다.

I stabbed him in the back by mistake.
제가 실수로 그의 등을 찔렀습니다.

He always picks a fight with someone when drunk.
그는 술만 취하면 아무에게나 시비를 겁니다.

Stop fighting or you will be fined or jailed for fighting in public.
싸움을 멈추세요, 안 그러면 공공장소에서 싸운 죄로 벌금을 물거나 감옥에 가게 됩니다.

Two men were arrested for brawling in the street.
남자 두 명이 길거리에서 싸움을 벌여 체포되었습니다.

There was a group fight between baseball fans.
야구팬들 사이에서 패싸움이 일어났습니다.

By the time the police arrived, onlookers had already gathered around the victim.
경찰이 도착했을 때 구경꾼들이 다친 사람 주위로 모여 있었습니다.

When they heard the sirens, the men fled/ran away.
경찰차 사이렌 소리를 듣자 그 남자들은 잽싸게 도망갔습니다.

The police followed the fleeing attacker and caught him.
경찰이 도망가는 가해자를 쫓아가서 붙잡았습니다.

The outrages committed by drunken mobs are a big social issue these days.
주폭들의 폭행은 최근 큰 사회적인 문제입니다.

People confronted by drunken mobs should call the police rather than try to intervene.
주폭과 대면하면 직접 개입하려 하지 말고 경찰을 불러야 합니다.

Case 44

Are you aware that this is a counterfeit bill?

C : Clerk

C : This way, officer. This is the man who gave us that bill.

P : Sir, are you aware this is a counterfeit bill?

F : No! I had no idea.

P : Can you tell me where you acquired this bill?

F : I'm not sure.

P : Please try your best to recall.

F : I am.

P : Counterfeiting is a very serious offense in Korea. I apologize for any inconvenience, but I must take you to the police station for questioning.

F : I didn't do anything. It's not my fault. How was I supposed to know it was a fake?

P : Technically you have broken the law even if you are not responsible for acquiring the counterfeit bill in the first place.

F : Oh my god, no way!

P : Yes. I'm sorry, but you have no choice but to come with me to the police station.

F : All right, if you say so.

---

bill : 지폐 counterfeit bill : 위조지폐 acquire : 획득하다 recall : 기억해내다 serious offense : 중범죄 apologize : 사과하다 inconvenience : 불편 questioning : 심문 fake : 가짜 technically : 법적으로 choice : 선택

Case 44

이게 위조지폐인 것을 알고 있었습니까?

C: 여깁니다, 경관님. 이 사람이 저에게 이 지폐를 줬습니다.

P: 선생님, 이 지폐가 위조지폐인 걸 아셨나요?

F: 아뇨, 전혀 몰랐습니다.

P: 이 지폐가 어디서 났나요?

F: 모르겠어요.

P: 잘 좀 기억해보세요.

F: 노력하고 있습니다.

P: 위조는 한국에서 중범죄입니다. 불편을 드려 죄송하지만 심문을 위해 경찰서로 가셔야겠습니다.

F: 전 잘못한 게 없습니다. 제 잘못이 아니잖아요. 위조지폐인 줄 어떻게 알겠습니까?

P: 선생님이 맨 처음 위조지폐를 획득한 책임이 없다고 하더라도 법적으로는 위법입니다.

F: 이런, 말도 안 됩니다.

P: 그렇습니다. 죄송하지만 경찰서로 저와 같이 가주셔야 합니다.

F: 알겠어요, 하는 수 없죠.

Key Terms

be aware of ~ : ~을 알다
Here are a few things you need to be aware of.
몇 가지 유의사항을 말씀해드리겠습니다.

have no idea : 모른다
I have no idea why he lied to me.
나는 그가 왜 거짓말을 했는지 모릅니다.

I'm not sure. 확실하지 않다
I'm not sure who gave me this bill.
누가 저에게 이 지폐를 줬는지 확실하지 않습니다.

try one's best : 최선을 다하다
He tried his best but that wasn't good enough.
그는 최선을 다했지만 그것으로는 만족스럽지 않았습니다.

apologize for ~ : ~을 사과하다
I apologize for the mistake on my part.
저의 측 실수에 대해 사과드립니다.

be supposed to ~ : ~ 할 의무가 있다
Everyone is supposed to know the law.
누구라도 그 법을 알아야 합니다.

break the law : 법을 어기다
Just because you are a police man, that doesn't mean you can break the law.
경찰관이라도 법을 어길 수는 없습니다.

No way! 말도 안 된다
"He took me to Lotte World last week." "No way! He hates crowds!"
"지난주에 그가 절 롯데월드에 데려갔어요." "말도 안 돼요. 그는 사람 많은 데는 싫어하잖아요."

be responsible for ~ : ~의 책임이 있다
You should be responsible for your words.
당신 말에 책임을 져야 합니다.

in the first place : 우선, 첫째로
Why was he angry in the first place?
애당초 왜 그가 화가 났습니까?

have no choice but to ~ : 하지 않을 수 없다
We have no choice but to accept his proposal.
그의 제안을 받아들일 수밖에 없습니다.

If you say so. 어쩔 수 없지
Well, if you say so, but if you change your mind, just let me know.
그럼 하는 수 없죠. 하지만 마음이 바뀌면 알려주세요.

More Expressions!

Counterfeit fifty-thousand-won bills are circulating.
5만원 권 위조지폐가 나돌고 있습니다.

A police investigation is underway into the circulation of forged notes.
위조지폐가 돌고 있어 경찰이 수사에 나섰습니다.

Crooks are using the latest laser photocopiers to produce fake banknotes.
사기꾼들이 최신식 레이저복사기를 이용하여 위조지폐를 만들고 있습니다.

It is impossible to tell with the naked eye that the bill is counterfeit.
그 지폐가 위조인지 육안으로는 식별이 불가능합니다.

North Korea annually produces at least three million dollars worth of counterfeit U.S. bills.
북한은 매년 최소한 삼백만 달러의 미국 달러 위조지폐를 만들어내고 있습니다.

Online identity theft is on the rise. You could be a victim.
온라인상의 신원도용이 증가하고 있습니다. 당신도 희생자가 될 수 있습니다.

Copyright infringement occurs when you make an unlawful copy of a copyrighted work.
저작권이 있는 작품을 불법복제하는 것은 저작권침해입니다.

It is commercial piracy to download music unlawfully and then copy it for sale.
음악을 불법적으로 다운로드하고 복사해서 판매하는 것은 상업적 저작권침해입니다.

Commercial piracy is a criminal activity.
상업적 해적행위는 범죄행위입니다.

Good care must be taken not to infringe upon copyright.
저작권을 침해하지 않도록 충분한 주의를 기울여야 합니다.

They should stop piracy of movies and computer software.
영화와 컴퓨터소프트웨어 불법복제를 중단해야 합니다.

They filed a lawsuit against companies who have unlawfully copied their computer programs.
그들은 그들의 컴퓨터프로그램을 무단복제한 회사를 고소했습니다.

The two top scams which reel in victims with ease, are credit card fraud and phishing.
희생자들을 쉽게 낚아채는 최고의 신용사기는 신용카드사기와 피싱입니다.

Many phishing emails have links that look valid but send the user to fraudulent sites.
많은 피싱 이메일은 합법적으로 보이는 링크를 갖추고 있지만 사용자들을 사기성 사이트로 연결시킵니다.

Some phishing e-mails contain software that can harm your computer without your knowledge.
어떤 피싱 이메일에는 자신도 모르게 컴퓨터에 해를 깨치는 소프트웨어가 포함되어 있습니다.

Email or voice phishers aim at getting passcodes, PINs, and personal IDs.
이메일이나 보이스 피싱 사기꾼들은 사용자 암호, 비밀번호 혹은 개인 아이디를 빼내려고 합니다.

Chips and PINs are designed to combat credit card fraud.
카드 칩과 개인식별번호는 신용카드 사기를 막기 위해 고안되었습니다.
*PIN : Personal Identification Number

Case 45

We have a warrant to search this residence.

[knock on door, ring bell]

F : Who is it?

P : This is the police. Please open the door.

F : [opens the door] What's going on?

P : We have a warrant to search this residence.

F : What? I haven't done anything wrong.

P : Please stand right there. Is there anyone else in the house?

F : No, sir. What is this about?

P : We have information that you are in possession of illegal drugs.

F : I don't have any drugs here. This is a mistake.

P : Could I see your identification, please?

F : Here it is.

P : I will need your passport as well.

F : It's in the bedroom.

P : Let's go get it.

F : Here it is.

P : We'll be taking you to the police station for questioning. You are under arrest. Please turn around to be handcuffed.

---

warrant : 영장 search : 수색하다 residence : 거주지 information : 정보 possession : 소유
illegal drug : 불법마약 mistake : 실수 identification : 신분증 passport : 여권
questioning : 심문 handcuff : 수갑채우다

Case 45

가택 수색영장을 가지고 왔습니다.

[문을 두드리고 초인종을 누른다]

F: 누구시죠?

P: 경찰입니다. 문을 여세요.

F: [문을 연다] 무슨 일이시죠?

P: 가택 수색영장을 가지고 왔습니다.

F: 뭐라고요? 전 잘못한 게 없습니다.

P: 거기 그대로 서 계세요. 집 안에 다른 사람이 있습니까?

F: 없습니다. 이게 무슨 일입니까?

P: 당신이 불법마약을 소지하고 있다는 정보를 입수했습니다.

F: 여기 마약 없어요. 뭔가 착오가 있습니다.

P: 신분증 좀 보여주세요.

F: 여기 있습니다.

P: 여권도요.

F: 침실에 있습니다.

P: 가서 가져옵시다.

F: 여기 있습니다.

P: 심문을 위해 경찰서로 데려가겠습니다. 당신을 체포합니다. 수갑을 채우도록 돌아서세요.

Key Terms

Real Life English for Police!

This is the police. 경찰이다
This is the police. We are here to arrest you.
경찰입니다. 당신을 체포하러 왔습니다.

have a warrant : 영장을 가지고 있다
The police had a warrant to arrest him but not to search his property.
경찰은 체포영장은 가지고 있지만 가택수색영장은 없었습니다.

search a residence : 가택을 수색하다
The police are not allowed to search a residence without a warrant.
경찰은 영장 없이는 가택수색을 할 수 없습니다.

What? 뭐라고
Pardon me? What did you say?

do wrong : 나쁜 짓을 하다
The suspect still insists he did nothing wrong.
용의자는 여전히 잘못한 게 없다고 주장합니다.

What is this about? 무슨 일이니
What is this meeting about?
이 회의는 왜 합니까?

have information : 정보를 갖다
I have inside information on this case.
나는 이 사건의 내막을 알고 있습니다.

in possession of ~ : ~을 소유하다
The company is in possession of key technology.
그 회사는 핵심기술을 보유하고 있습니다.

be a mistake : 착오이다
I'm afraid there's been a mistake.
뭔가 착오가 있었던 것 같습니다.

go get it : 가서 가져오다
I'll go get it for you.
제가 가서 가져올게요.

turn around : 돌아서다
Turn around and retrace your steps.
돌아서서 온 길을 다시 가세요.

be handcuffed : 수갑을 차다
The criminal was handcuffed, finger-printed, and photographed.
법인은 수갑이 채워졌고 지문채취를 당했으며 사진을 찍었습니다.

More Expressions !

Thanks to the informer's report, the police were able to catch the drug dealers red-handed.
제보 덕분에 경찰은 마약밀매 현장을 덮칠 수 있었습니다.

We have police dogs that will be searching your house.
집 수색을 위해 경찰견을 데리고 왔습니다.

A K-9 unit helped in the search to find potential evidence.
경찰견이 증거를 더 찾아내도록 수색을 도왔습니다.

They were arrested by the police for habitual use of illegal drugs.
그들은 상습마약복용 혐의로 경찰에 체포되었습니다.

We are arresting you for drug-related offenses.
당신을 마약사범으로 체포합니다.

Dozens of drug dealers were arrested by the police.
수십 명의 마약상들이 경찰에 검거되었습니다.

They went to jail for drug trafficking.
그는 마약밀매로 감옥에 갔습니다.

The average length of prison time for drug offenders has doubled.
마약사범에 대한 평균복역기간이 배로 증가되었습니다.

The police requested a search warrant.
경찰이 수색영장을 신청했습니다.

The office is a front for a narcotics ring.
그 사무실은 마약밀매단의 은신처입니다.

The police combed the office with a search and seizure warrant.
경찰은 압수수색영장을 발부 받아서 사무실을 샅샅이 수색했습니다.

The police rounded up the members of a drug-smuggling ring.
경찰은 마약밀매조직 일당을 검거했습니다.

The government established a drug task force and announced a war on drugs.
정부는 마약전담반을 창설해서 마약과의 전쟁을 선포했습니다.

Terrorists get great profits by producing and trafficking illegal drugs.
테러리스트들은 마약을 생산하고 밀매함으로써 많은 이익을 취합니다.

The war on terrorism and the war on illegal drugs must go on and on.
테러와의 전쟁과 마약과의 전쟁은 끊임없이 계속되어야 합니다.

Areas of drug dealing are hotbeds of addiction, poverty, and murder.
마약밀매 지역은 마약중독과 빈곤, 살인의 온상입니다.

PART Ⅳ

Investigating Criminals/Suspects
범죄자/용의자 수사하기

Case 46 **절도범**

Why did you steal things from the store?

왜 가게에서 물건을 훔쳤습니까?

Case 47 **폭행가해자**

This is your second assault offense.

이번이 두 번째 폭행죄입니다.

Case 48 **마약밀매자**

We've found traces of drugs on your items.

당신 물건에서 마약 흔적이 발견되었습니다.

Case 49 **위조지폐사용자**

We have evidence of your spending forged bills.

당신이 위조지폐를 사용했다는 증거가 있습니다.

Case 50 **강간피의자**

You have been charged with rape.

당신은 강간으로 기소되었습니다.

Case 46

Why did you steal things from the store?

P : Can I have your ARC, please?

F : I don't have it on me.

P : Please tell me your nationality, name, age, and date of birth.

F : I'm McCull. I'm from America. I'm forty two and I was born on the second of April in nineteen seventy-one.

P : How long have you been in Korea?

F : I've been here for five months.

P : What do you do in Korea?

F : I'm working for an English academy.

P : Why did you steal the items from the store?

F : This is a mistake. I was going to buy them and I was looking for the shopkeeper.

P : Mr. McCull, the owner is the one who called us. You walked past the owner and out into the street with the merchandise.

F : I'm sorry. I don't know why I did it. I'll pay for it.

P : Is this your first offense?

F : Yes.

P : We'll decide what to do with you once the owner decides whether or not she is going to press charges.

ARC : 외국인등록증 nationality : 국적 age : 나이 date of birth : 생년월일 item : 물품
shopkeeper : 가게주인 past : 지나서 owner : 주인 merchandise : 매매한 물품, 상점 상품
first offense : 초범 charge : 기소, 고발

Case 46 왜 가게에서 물건을 훔쳤습니까?

P: 외국인 등록증 좀 보여주세요.

F: 지금 안 가지고 있습니다.

P: 국적, 이름, 나이와 생년월일을 말해주세요.

F: 이름은 맥컬이고 미국인입니다. 42살이고, 1971년 4월 2일에 태어났습니다.

P: 한국에는 얼마나 있었습니까?

F: 5개월 정도 있었습니다.

P: 한국에서 뭘 하시죠?

F: 영어학원에서 일하고 있습니다.

P: 왜 가게에서 물건을 훔쳤습니까?

F: 잘못 아셨어요. 물건을 사려고 가게주인을 찾고 있었습니다.

P: 맥컬 씨, 가게 주인이 저희에게 전화를 했어요. 물건을 가지고 주인을 지나쳐서 바깥으로 나갔잖아요.

F: 죄송합니다, 왜 그랬는지 모르겠어요. 물건 값을 내겠습니다.

P: 이번이 처음인가요?

F: 네.

P: 주인이 당신을 고소할지 안 할지 결정한 후에 저희도 어떻게 할지 결정하겠습니다.

Key Terms

have on me : 지니다
This is all the money I have on me.
이것이 제가 가진 돈 전부입니다.

How long have you been ~ : ~한 지 얼마나 됐는지
How long have you been working here?
여기서 일하신 지는 얼마나 됐어요?

I'm from ~ : ~ 출신이다
I'm from Busan. What about you?
저는 부산 출신입니다. 당신은요?

What do you do? 무슨 일을 하니
What is your occupation/profession/job? What do you do for a living?

work for ~ : ~에서 일하다
I work for the Seoul Metropolitan Police Agency.
저는 서울경찰청에서 근무합니다.

look for ~ : ~을 찾다
I was looking for my wallet in my backpack.
저는 가방에서 지갑을 찾고 있었습니다.

walk past : 지나치다
He walked past the clerk towards the door.
그는 점원을 지나 출입문 쪽으로 갔습니다.

out into the street : 거리로
Spotting the open door, the dog ran out into the street.
문이 열린 걸 보고 개가 거리로 뛰어나갔습니다.

I don't know why ~ : 왜 ~했는지 모르겠다
I don't know why I did such a stupid thing.
내가 왜 그렇게 어리석은 짓을 했는지 모르겠습니다.

pay for : 지불하다
How much did you pay for your car?
차 얼마 주고 샀습니까?

press charges : 고소하다
She decided not to press charges.
그녀는 기소하지 않기로 결정했습니다.

whether or not : ~할지
I don't know whether or not that law is still valid.
그 법이 아직도 유효한지 모르겠습니다.

More Expressions !

A woman was accused of stealing money from her friend's wallet.
한 여성이 친구 지갑에서 돈을 훔친 혐의로 기소되었습니다.

She pleaded her innocence.
그녀는 결백을 주장했습니다.

She is now charged with attempted larceny.
그녀는 지금 절도미수로 기소 중입니다.

She was acquitted on a theft charge due to lack of evidence.
그녀는 증거부족으로 절도 혐의로부터 무죄선고를 받았습니다.

A woman lifted a scarf from the department store.
한 여성이 백화점에서 스카프를 슬쩍 훔쳤습니다.

A petty thief just walked off with a twenty thousand won necktie.
한 좀도둑이 방금 2만 원짜리 넥타이를 들고 나갔습니다.

A shoplifter stole a couple of items from my store.
좀도둑이 제 가게에서 옷을 두어 벌 훔쳐갔습니다.

There is a CCTV that captured the image of the shoplifter.
좀도둑을 찍은 CCTV가 있습니다.

The shopkeeper caught the shoplifter red handed.
가게주인은 좀도둑을 현장에서 잡았습니다.

There are sensors on the door to prevent theft.
문에 도난방지용 센서가 부착되어 있습니다.

The clerk has stolen money regularly from the cash register.
가게 점원이 상습적으로 현금등록기에서 돈을 훔쳐왔습니다.

People who have sticky fingers often steal other's properties.
도벽이 있는 사람은 종종 다른 사람을 물건을 훔칩니다.

You were caught in the act of stealing.
당신은 절도현장에서 체포되었습니다.

You will be prosecuted for aggravated larceny.
당신은 가중절도죄로 기소될 것입니다.

You will be arraigned in criminal court for theft.
당신은 절도로 형사재판에 소환되어 심문을 받을 것입니다.

You will be sentenced for theft and be sent to jail.
당신은 절도죄로 형을 선고 받고 수감될 것입니다.

Case 47

This is your second assault offense.

P: Mr. Baker, this is your second assault offense according to our records. Can you tell us what happened this time?

F: I was just enjoying myself with my friends and then the guy started talking garbage. So I stood up and told him to get lost. Then he started touching me and I pushed him away. Then he punched me, so I had to defend myself.

P: The bartender said you got up and walked over to the other man to hit him.

F: No, he started it.

P: We'll be holding you here until we finish our investigation. We have six witnesses to question before we determine what, if any, charges will be brought against you.

F: Am I going to jail?

P: The other guy is badly hurt. Since this is your second offense, if he doesn't settle out of court, you may be sentenced to jail.

F: What if he settles out of court?

P: Even in that case, you will get a fine or be sentenced to community service.

F: It's unfair. I was injured too.

---

assault : 폭행 offense : 위법행위, 범죄 record : 기록 garbage : 쓰레기 punch : 주먹으로 치다 defend : 방어하다 hold : 구류하다 investigation : 수사 jail : 감옥 badly : 심하게 court : 법정 sentence : 형벌 fine : 범칙금 community service : 사회봉사 unfair : 부당한, 불공평한

Case 47

이번이 두 번째 폭행죄입니다.

P: 베이커 씨, 기록에 의하면 두 번째 폭행입니다. 이번에는 무슨 일이시죠?

F: 친구들이랑 놀고 있는데 그 자가 나타나서 시시껄렁한 소리를 하기 시작했어요. 그래서 일어나서 꺼지라고 했더니 그가 제 몸에 손을 댔고 그래서 제가 그를 밀쳤습니다. 그러자 그가 제게 주먹을 날려서 제가 방어를 해야 했습니다.

P: 바텐더 말에 의하면 당신이 일어나서 그 사람 쪽으로 걸어가서 쳤다고 하던데요.

F: 아닙니다, 그 자가 시작했습니다.

P: 조사가 끝날 때까지 여기 계셔야 합니다. 증인 6명을 심문한 후에 잘못이 있다면 어떤 기소를 해야 할지 결정할 것입니다.

F: 저 감옥에 가나요?

P: 상대방이 심하게 다쳤습니다. 게다가 이번이 재범이니 그가 합의를 안 해주면 감옥에 갈 수 있습니다.

F: 합의를 해주면요?

P: 그렇더라도 벌금형을 받거나 사회봉사명령을 받게 됩니다.

F: 부당합니다. 저도 다쳤어요.

Key Terms

according to ~ : ~에 의하면
According to him, you provoked the quarrel.
그의 말에 의하면 당신이 시비를 걸었습니다.

talk garbage : 시시껄렁한 말을 지껄이다
She always talks a load of garbage at social gatherings.
그녀는 친목회에서 항상 시시껄렁한 말들을 늘어놓습니다.

get lost : 꺼져
Stop disturbing me and get lost.
나 그만 방해하고 꺼져.

push away : 밀어젖히다
I tried to help him stand up but he pushed me away.
전 그가 일어서는 걸 도와주려 했는데 그가 저를 밀쳤습니다.

walk over to ~ : ~에게로 걸어가다
A police officer walked over to the suspect.
경찰관이 용의자에게로 걸어갔습니다.

bring charges against ~ : ~를 기소하다
She brought assault charges against him.
그녀는 그를 폭행으로 고소했습니다.

settle out of court : 합의를 보다
They dropped the charge and settled out of court.
그들은 고소를 취하하고 합의를 봤습니다.

be sentenced to jail : 징역형에 처하다
You may be sentenced to jail for up to one year.
최대 1년 징역형에 처해질 수 있습니다.

even in that case : 그런 경우에도
Even in that case, no prison sentence is usually given.
그런 경우에도 징역형은 내려지지 않았습니다.

get a fine : 벌금형을 받다
He got a fine for spousal battery and was given two years' probation.
그는 부인폭행으로 벌금과 집행유예 2년을 받았습니다.

be sentenced to community service : 사회봉사명령을 받다
You are sentenced to one hundred hours of community service.
100시간의 사회봉사명령을 내립니다.

It's unfair. 불공평하다
It's so unfair to blame only me.
저에게만 책임을 지우는 건 너무 불공평합니다.

More Expressions !

You committed assault and battery.
당신은 폭행죄를 범했습니다.

We will book you without detention for assault.
당신을 폭행죄로 불구속 입건합니다.

We will book you for assault with a deadly weapon.
당신을 살상무기를 이용한 폭행죄로 입건합니다.

I am the victim, not the perpetrator.
전 가해자가 아니라 피해자입니다.

I assaulted him as he insulted me and my family.
그가 나와 우리 가족을 모욕해서 폭행했습니다.

I'll countercharge him with slander.
그를 명예훼손으로 맞고소하겠습니다.

You assaulted him with iron bars. It was a life-threatening attack.
당신은 쇠막대기로 그를 폭행했습니다. 그건 생명을 위협하는 폭행이었습니다.

He was hospitalized with serious injuries that will take about six weeks to heal completely.
그는 전치 6주의 부상으로 병원에 입원했습니다.

He suffered severe injuries requiring immediate treatment in an ICU.
그는 중환자실에서 즉각적인 치료가 필요할 정도로 중상을 입었습니다.
*ICU : Intensive Care Unit

He received an eye injury and had teeth broken from your attack.
그는 당신에게 얻어맞아 눈을 다치고 이가 부러졌습니다.

Please try to reach a peaceful settlement.
원만하게 해결하도록 노력하세요.

He deeply regrets what he did.
그는 자신이 한 짓을 깊이 반성하고 있습니다.

He was released after twenty days of confinement.
그는 20일간 구류를 살고 나왔습니다.

He did one year for assaulting his parents.
그는 존속폭행죄로 1년 형을 살았습니다.

He pleaded guilty to charges of spousal abuse and was sentenced to three years' probation.
그는 배우자학대 혐의를 인정하고 3년의 집행유예를 선고 받았습니다.

He pleaded no contest to beating his wife.
아내를 구타한 혐의에 대해 유죄를 인정했습니다.

Case 48

We've found traces of drugs on your items.

P : Mr. Lawrence, where were you last Tuesday?

F : Nowhere, just my house.

P : Do you have any witness to that?

F : I was with my girlfriend all day.

P : We'll need her name and a phone number to contact her. Please write both down here. Also, the times you were with her on Tuesday.

F : Sure, but what's this about? I didn't do anything.

P : How long have you been in Korea?

F : For two months.

P : Have you left Korea since you first arrived?

F : Yes, one time.

P : Where did you go?

F : To Vietnam.

P : What brought you there? And how long were you there?

F : I went there for pleasure and stayed just for the weekend.

P : Did you bring anything back with you?

F : Just a T-shirt and some other souvenirs.

P : We have been to your apartment. We removed several items from your residence. Would you please identify them?

F : These are mine.

P : Where did each of these items come from?

F : These are all from Korea. I got this in Vietnam.

P : We've found traces of drugs on all these items. Can you offer an explanation?

F : …

Case 48

당신 물건에서 마약 흔적이 발견되었습니다.

P: 존 로렌스 씨, 지난 화요일에 어디 있었습니까?

F: 아무 데도 안 가고 집에 있었습니다.

P: 그 사실을 입증해줄 증인이 있나요?

F: 하루 종일 여자친구와 같이 있었습니다.

P: 여자친구 이름과 연락 가능한 전화번호를 말해주세요. 여기 이름과 전화번호를 적고 그녀와 화요일에 함께 있었던 시간도 적으세요.

F: 그러죠, 그런데 왜 이러시죠? 전 아무 일도 저지르지 않았어요.

P: 한국에는 얼마나 있었습니까?

F: 두 달이요.

P: 한국에 처음 도착한 이후로 한국을 떠난 적이 있습니까?

F: 네, 한번 있습니다.

P: 어디 갔습니까?

F: 베트남이요.

P: 왜 갔죠? 그리고 거기 얼마나 있었습니까?

F: 그냥 놀러 갔고 주말 동안 있었습니다.

P: 거기서 가져온 게 있습니까?

F: 그냥 티셔츠와 기념품 조금이요.

P: 당신 아파트로 가서 물건을 몇 개 수거해왔는데 확인해주시겠습니까?

F: 제 것입니다.

P: 이 물건들은 어디서 났습니까?

F: 이것들은 전부 한국 제품들이고 이건 베트남 겁니다.

P: 이 물건들 전부에서 마약 흔적을 발견했습니다. 설명 좀 해주시죠.

F: …

nowhere : 아무 데도 아닌 witness : 증인 contact : 연락하다 souvenir : 기념품 remove : 치우다, 가져오다 identify : 확인하다 trace : 흔적 offer : 제공하다 explanation : 설명

Key Terms

Real Life English for Police!

have witness : 증인이 있다
We have a witness who would swear to it in a court of law.
재판소에서 그것에 대해 확언해 줄 증인이 있습니다.

all day (long) : 하루 종일
The prisoner was in the common area all day long.
죄수는 하루 종일 공용구역에 있었습니다.

What brings you ~? : ~ 에는 무슨 일로 왔니
What brought you to Korea in the first place?
애초에 한국에는 무슨 일로 오셨습니까?

for pleasure : 놀러
Are you going to go to Hong Kong on business or for pleasure?
홍콩에 일로 가는 겁니까 놀러 가는 겁니까?

for the weekend : 주말 동안
I love to go away for the weekend.
저는 주말여행을 즐겨 떠납니다.

bring back : 가지고 돌아오다
Whenever I go abroad, I bring back souvenirs.
외국에 갈 때마다 기념품을 사옵니다.

have been to ~ : ~에 다녀오다
I've been to Busan two times this year but I haven't been to Jeju ever.
올해 부산은 두 번 다녀왔는데 제주도는 가본 적이 없습니다.

remove from ~ : ~에서 수거하다
The police removed all the bullet casings from the crime scene and sent them to a laboratory to be identified.
경찰은 범죄현장에서 모든 탄피를 수거해서 식별을 위해 실험실로 보냈습니다.

come from ~ : 어디 산이다
Where does this wine come from?
이 와인은 어디 산입니까?

Would you please ~ : ~ 좀 해줄 수 있니
Would you please tell me your name and address?
성함과 주소를 말씀해주시겠습니까?

find traces of ~ : ~의 흔적을 발견하다
Police found traces of marijuana at the bar.
경찰은 술집에서 마리화나 흔적을 발견했습니다.

offer an explanation : 설명을 해주다
Police asked the suspect to offer an explanation.
경찰은 용의자에게 설명을 요구했습니다.

More Expressions!

A student that had been studying abroad was arrested for smuggling marijuana and other hallucinogens into the country.
외국에서 공부하던 유학생이 마리화나와 다른 환각제들을 국내로 밀반입하여 체포되었습니다.

It is illegal to smoke marijuana in Korea.
한국에서 마리화나를 피우는 것은 불법입니다.

Thanks to the informer's information, police arrested them in the act of smoking marijuana.
제보 덕분에 경찰은 그들을 마리화나를 피우는 현장에서 체포했습니다.

They were already intoxicated.
그들은 벌써 마리화나에 취해 있었습니다.

Marijuana is believed to be a stress reliever among drug users.
마약 복용자들 사이에서 마리화나는 스트레스 완화제로 여겨집니다.

Cocaine affects users mentally by causing depression once the drug has worn off.
코카인은 약효가 떨어지면 우울증을 유발하면서 복용자들에게 정신적으로 영향을 미칩니다.

They managed to stop using drugs for a week or so, but then relapsed.
그들은 일주일 정도는 마약을 끊었지만 곧 예전으로 되돌아갔습니다.

Intravenous drug users have a higher risk for AIDS.
정맥에 마약을 주사하는 마약상습자들은 에이즈에 걸릴 위험이 더 큽니다.

You are arrested for cocaine use.
당신을 코카인 복용혐의로 체포합니다.

You are under arrest for your habitual use of illegal drugs.
당신을 상습마약복용혐의로 체포합니다.

You should go to a drug rehabilitation center to get off drugs.
마약을 끊기 위해서는 마약중독치료센터로 가야 합니다.

We need to get your fingerprints. Please hold out your right hand
지문을 찍어야 합니다. 오른손을 내미세요.

Put your hand like this. Now give me your left hand.
손을 이렇게 놓으세요. 이제 왼손을 내미세요.

Wipe your hands with this.
이걸로 손을 닦으세요.

We're taking you to a cell. / We will put you in jail.
유치장으로 데려가겠습니다.

We can notify your embassy about your arrest.
당신 나라 대사관에 당신의 체포사실을 통고할 수 있습니다.

Case 49 We have evidence of your spending forged bills.

P : What's your name?

F : Pete Mose.

P : We have evidence of your passing fake notes at several businesses. Did you go to Lotte Department store at Myeong-dong last Monday?

F : Yes, I did.

P : What did you buy there?

F : A pair of shoes and a couple of shirts.

P : How did you pay for them?

F : U.S dollars.

P : The receipt says you paid with a one hundred dollar bill.

F : Maybe, I don't remember.

P : We'll need you to tell us where you got that note. Also we have several more questions regarding recent purchases you've made in the past several months.

F : I collected cash from a bank. I have nothing to do with the fake notes.

P : From what bank did you withdraw money?

F : From BOA in the States. I've never withdrawn money here in Korea.

P : Well then, you need to submit your BOA bank statement.

F : I closed that account before I came to Korea.

P : If you don't cooperate with us on the investigation, we will notify your embassy about this.

F : I need to talk to a lawyer.

Case 49 당신이 위조지폐를 사용했다는 증거가 있습니다.

P: 이름은?

F: 피터 모스입니다.

P: 당신이 여러 영업장에서 위조지폐를 사용했다는 증거가 있습니다. 지난 월요일 명동에 있는 롯데백화점에 갔었죠?

F: 네, 갔습니다.

P: 거기서 뭘 샀나요?

F: 신발 한 켤레와 셔츠 두어 벌 샀습니다.

P: 무엇으로 지불하셨죠?

F: 미국달러로요.

P: 영수증에 의하면 백 불짜리를 내셨더군요.

F: 아마도요, 기억이 나지 않습니다.

P: 어디서 이 지폐를 받았는지 말씀해주셔야 합니다. 그리고 지난 몇 달 간의 구매 건에 대해서도 몇 가지 물어볼 게 있습니다.

F: 은행에서 그 지폐들을 인출했습니다. 위조지폐와 아무 상관없어요.

P: 어느 은행에서 돈을 인출했습니까?

F: 미국에 있는 아메리카뱅크에서요, 한국에서는 돈을 인출해본 적이 없습니다.

P: 그렇다면 아메리카뱅크 은행거래내역을 제출하셔야 합니다.

F: 한국에 오기 전에 그 계좌를 해지했습니다.

P: 수사에 협조하지 않으면 미대사관에 통보하겠습니다.

F: 변호사를 부르겠습니다.

---

evidence : 증거　fake note : 위조지폐　business : 영업장　a pair of shoes : 구두 한 켤레
receipt : 영수증　bill : 지폐　regarding : ~에 관해　recent : 최근　purchase : 구매　past : 지난
several : 몇의　withdraw : 빼내다　BOA(Bank of America) : 아메리카은행　submit : 제출하다
bank statement : 은행 거래내역　close : 취소하다　account : 은행계좌　cooperate : 협조하다
investigation : 수사　notify : 공식적으로 알리다　embassy : 대사관

Key Terms

have evidence : 증거가 있다
We have absolute evidence of his guilt.
그가 유죄임을 증명할 확실한 증거가 있습니다.

pass fake notes : 위조지폐를 사용하다
Police alleged he had passed three fake notes to businesses.
경찰은 그가 세 군데서 위조지폐를 사용했다고 주장합니다.

make a purchase : 물건을 사다
Please make a ticket purchase in advance.
티켓을 미리 구입하세요.

How did you pay ~ : 무엇으로 지불했니
How do you want to pay? Cash or credit card?
무엇으로 지불하겠습니까? 현금입니까 카드입니까?

The receipt says : 영수증에 의하면
The receipt says all sales are final.
영수증을 보면 환불불가라고 되어있습니다.

collect cash : 현금을 모으다, 인출하다
I usually collect cash from an ATM.
전 항상 현금인출기에서 현금을 인출합니다.
* ATM : Automated Teller Machine

have nothing to do with ~ : ~와 관련이 없다
I have nothing to do with this accident.
저는 이 사건과 아무런 관련이 없습니다.

withdraw money : 돈을 인출하다
Cash machines permit you to withdraw money at any time.
현금인출기는 돈을 어느 때나 인출할 수 있게 해줍니다.

Well then : 그러면, 자아
You won't tell the truth? Well then, you will be in big trouble.
진실을 말하지 않겠다고요? 그러면 큰 곤란에 처하게 될걸요.

close a (bank) account : 계좌를 해지하다
I'm here to close my bank account.
계좌를 해지하러 왔습니다.

cooperate with : 협조하다
If a suspect agrees to cooperate with an investigation, prosecutors can offer him a lighter sentence.
용의자가 수사 협조에 동의하면 검사는 피의자에게 더 낮은 형벌을 줄 수 있습니다.

notify about ~ : ~에 관해 신고하다, 알리다
You must notify them in writing about the new policy.
새로운 정책에 관해 그들에게 서면으로 알려야 합니다.

More Expressions !

Where did you get counterfeit dollar bills?
위조달러지폐를 어디서 구했습니까?

Who do you bank with?
거래 은행이 어디입니까?

We will request assistance in our criminal investigation from your bank.
당신이 거래하는 은행에 수사협조를 요청할 것입니다.

We will request your bank statement from your bank.
당신 거래은행에 은행계좌 거래내역을 요청할 것입니다.

We need a letter of attorney to check his bankbook.
그의 통장을 확인하려면 위임장이 필요합니다.

If you circulate foreign forged notes in Korea, you will be sentenced to more than one year in prison.
국내에서 외국위조지폐를 유통시키면 1년 이상의 징역에 처해집니다.

Counterfeit notes are circulating in Seoul.
서울에 위조지폐가 유통되고 있습니다.

The first counterfeit fifty-thousand-won bills were discovered in Busan.
5만원권 위조지폐가 부산에서 처음 발견되었습니다.

Police urge shopkeepers and cashiers to look out for fake notes.
경찰은 상점 주인들과 출납직원들에게 위조지폐를 조심하라고 경고합니다.

Detectives are tracing the origin of counterfeit money.
수사관들은 위조지폐의 출처를 찾고 있습니다.

Forging fake notes and money laundering are high crimes.
위조지폐 제조와 돈세탁은 중범죄입니다.

Forgery is the crime of forging money, documents, or paintings.
위조죄는 돈, 서류, 또는 그림을 위조하는 범죄입니다.

Recently, several celebrities confessed their diplomas were fabricated.
최근에 몇몇 유명인사들이 그들의 학력위조를 고백했습니다.

They fabricated their academic backgrounds and padded their resumes.
그들은 학력을 조작하고 이력을 부풀렸습니다.

Those who copy others' work directly can be accused of plagiarism.
다른 사람의 작품을 그대로 베끼는 사람은 표절로 기소될 수 있습니다.

He was arrested for forging an official document.
그는 공문서 위조로 체포되었습니다.

A famous painting that was suspected of being a forgery was declared authentic.
위조로 의심되던 한 유명 작품이 진품으로 밝혀졌습니다.

Case 50 You have been charged with rape.

P : Tell me your name, occupation, and nationality please.

F : I'm Mike Stevens. I'm an English teacher at Sejong Academy, and I'm from Britain.

P : You have been charged with rape by a student.

F : What?! I don't know what you are talking about!

P : Can you tell me everything that happened from yesterday until now?

F : After work … Met my friend Jieun for dinner … [long story]

P : You raped Lee Jieun last night, didn't you?

F : This is crazy! I didn't lay a hand on her. What evidence do you have?

P : We have several witnesses to place you at the crime scene. We have the testimony of Ms. Lee. And we found your wallet at the crime scene.

F : I'm innocent. I want to talk to a lawyer.

P : Yes, that's a good idea. However until you see your lawyer, you'll be detained here.

F : Before I see my lawyer, can I talk to Jieun first?

P : I'm afraid you can't. She does not want to communicate with you. I heard she is in the hospital to be examined.

F : Oh my! I can't remember anything about last night. I was plastered.

occupation : 직업 rape : 강간 crazy : 말도 안 되는 crime scene : 범죄현장 testimony : 증언
Ms. : 기혼, 미혼 상관없이 여성의 성 앞에 붙임 wallet : 지갑 lawyer : 변호사 detain : 구금하다
communicate : 의사소통을 하다 examined : 검사를 받다 plastered : 술이 취한

Case 50

당신은 강간으로 기소되었습니다.

P: 이름, 직업, 그리고 국적을 말해주세요.

F: 이름은 마이크 스티븐스. 세종학원 영어강사이고 영국에서 왔습니다.

P: 당신 학생이 당신을 강간으로 고소했습니다.

F: 뭐라고요? 무슨 말을 하는지 모르겠습니다.

P: 어젯밤부터 지금까지 있었던 일을 모두 말해주세요.

F: 수업이 끝난 후 … 지은을 만나서 저녁을 먹고 … [이야기를 계속한다]

P: 어젯밤 이지은 씨를 강간했죠?

F: 말도 안 됩니다. 손 하나 대지 않았습니다. 증거가 있습니까?

P: 당신이 현장에 있었다는 것을 입증해줄 증인이 몇 분 있습니다. 지은 씨 증언도 있고요. 그리고 현장에서 당신 지갑을 발견했습니다.

F: 전 죄가 없어요. 변호사를 불러주세요.

P: 그래야겠죠. 하지만 그 전까지 당신을 여기 구류하겠습니다.

F: 변호사를 만나기 전에 지은 씨와 얘기 좀 할 수 있을까요?

P: 안 됩니다. 이지은 씨가 당신과 얘기하고 싶지 않아 합니다. 병원에서 검사받고 있다고 들었습니다.

F: 이런. 지난 밤 일을 하나도 기억하지 못하겠습니다. 완전히 취해있었어요.

Key Terms

be charged with : 기소되다
He was charged with violating the employee's privacy.
그는 피고용인 사생활침해로 기소되었습니다.

after work : 일이 끝난 후에, 퇴근 후에
After work, I often go drinking with my coworkers.
일이 끝나면 종종 동료들과 술 마시러 갑니다.

This is crazy. 말도 안 된다, 미친 짓이다
This is ridiculous. This is nonsense.

do not lay a hand on : 손끝 하나 대지 않다
I swear I didn't lay a hand on this woman.
맹세코 이 여성에게 손끝 하나 댄 적 없습니다.

place somebody at the crime scene : 범죄현장에 있다
There was convincing evidence to place you at the crime scene.
당신이 범죄현장에 있었다는 명백한 증거가 있습니다.

be innocent : 죄가 없다
He is thought to be innocent.
그는 무죄로 추정됩니다.

talk to a lawyer : 변호사와 상의하다
You have the right to talk to a lawyer anytime during questioning.
당신은 심문 중 언제라도 변호사와 상의할 권리가 있습니다.

be detained : 구금되다
The suspects in such cases should be detained for interrogation.
그런 사건의 용의자들은 심문을 위해 구금되어야 합니다.

communicate with : 대화를 나누다
He is not allowed to communicate with anyone.
그는 누구와도 의사소통을 할 수 없습니다.

be examined : 진찰을 받다
If these symptoms continue, you need to be examined by a doctor.
이런 증상이 계속되면 의사의 진찰을 받아봐야 합니다.

Oh my! 이런!
Oh my God! Oh my goodness! My word!

be plastered : 잔뜩 취하다
I was plastered after a few drinks.
술 몇 잔에 잔뜩 취했습니다.

More Expressions !

We have evidence to support this allegation.
이 혐의를 뒷받침할 만한 증거가 있습니다.

The room bore evidence of a struggle.
방에 저항의 흔적이 있었습니다.

It was clearly a rape, nothing else.
그것은 명백한 강간이었습니다.

It was consensual sex and no law was broken.
합의에 의한 성관계여서 법을 위반한 게 아닙니다.

The victim submitted a medical certificate to police.
피해자는 경찰에 진단서를 제출했습니다.

It is illegal to have a sex with a minor.
미성년자와의 성관계는 불법입니다.

He was found guilty of raping minors.
그는 미성년자를 강간한 혐의로 유죄평결을 받았습니다.

He is currently being accused of ten counts of child molestation.
그는 현재 아동 성추행 10건으로 기소된 상태입니다.

He has pleaded not guilty to child molestation charges.
그는 아동성추행혐의에 대해 무죄를 주장해왔습니다.

He was convicted of attempted rape.
그는 강간미수죄로 기소되었습니다.

A man was arrested for committing homicide rape last night.
어제 한 남자가 살인강간죄로 체포되었습니다.

A woman was savagely beaten, raped, and left for dead.
한 여성이 심하게 맞고 강간을 당한 뒤 죽게 방치되었습니다.

The victim's identity is still unknown.
피해자의 신원은 아직 밝혀지지 않고 있습니다.

He confessed to the rape but denied murder.
그는 강간은 인정했지만 살인은 부인했습니다.

His friend was charged with complicity.
그의 친구는 공모혐의를 받았습니다.

Excessive carnal desires lead men to rape.
남자들의 과도한 성적 욕망이 강간을 하게 합니다.

The maximum sentence available in cases of sexual molestation is ten years.
성추행의 경우 최고형량은 10년입니다.

Business English for Senior Officers

상급경찰관을 위한 비즈니스영어

Part I
Greeting Police Officers Visiting Korea
한국을 방문하는 경찰관들 영접하기

Part II
At the Conference
회의장에서

Part III
Outside the Conference
회의장 밖에서

Part IV
Farewell
작별

PART I

Greeting Police Officers Visiting Korea
한국을 방문하는 경찰관들 영접하기

Case 51 공항에서 영접하기

How was your flight?

비행은 어떠셨습니까?

Case 52 환전 정보

Did you exchange money?

환전하셨나요?

Case 53 호텔 체크인

Inspector Park will help you to check in.

박 경위가 투숙수속을 도와드릴 겁니다.

Case 54 아침식사

Let's go to the restaurant.

식당으로 가시죠.

Case 55 스케줄 설명

What is our schedule like today?

오늘 스케줄이 어떻게 되죠?

Case 51

How was your flight?

K : Senior Inspector Kim, S : Commander Spencer B : Superintendent Bradley

K : Hello, I'm Senior Inspector Kim. It's a pleasure to meet you.

S : Hi, I'm Commander Spencer.

B : Hi, I'm Superintendent Bradley. Glad to meet you. Are you with the Seoul Police?

K : Yes. I'll be taking you to your hotel. Have you found your luggage?

S : Yes, we have all our bags on these two luggage carriers.

K : OK, great. We have a van waiting for us, so let's be on our way.

S : Sure.

K : How was the flight?

S : It was a long flight. But between the movies, the meals, and sleeping, it didn't seem too bad.

B : It was a much better trip than I anticipated. And the service was great.

K : I'm glad you made it OK. Is this your first trip to Korea?

S : Yes, it's my first trip to Asia, actually.

K : I hope you will have a good time in Korea.

S : My first impression of Korea is very good. I was impressed with the airport. It was very easy to get around compared to, say, LAX.

K : I'm glad to hear that. Actually, Incheon Airport has won the Airport Service Quality award for eight years in a row.

S : That's great! It's no wonder.

Senior Inspector : 경감 Commander : 총경 Superintendent : 경정 pleasure : 기쁨 luggage : 짐 luggage carrier : 짐수레 van : 승합차 flight : 비행 meal : 식사 anticipate : 기대하다 trip : 여행 first impression : 첫인상 LAX : Los Angeles 국제공항의 코드명 Airport Service Quality (ASQ) : 공항서비스평가 award : 상 wonder : 경이, 불가사의

Case 51

비행은 어떠셨습니까?

K: 안녕하세요, 저는 김 경감입니다. 만나서 반갑습니다.

S: 안녕하세요, 스펜서 총경입니다.

B: 안녕하세요, 브래드리 경정입니다. 만나서 반갑습니다. 서울 경찰청에서 오셨나요?

K: 네, 제가 두 분을 호텔로 모실 겁니다. 짐은 찾으셨나요?

S: 네, 여기 카트 두 대에 모두 실었습니다.

K: 좋습니다. 승합차가 기다리고 있으니 거기로 가시죠.

S: 그러죠.

K: 비행은 어땠나요?

S: 장거리 비행이었지만 영화도 보고 밥도 먹고 잠도 자고 하면서 그렇게 나쁘지는 않았어요.

B: 기대보단 좋았어요. 그리고 서비스가 아주 좋았습니다.

K: 좋으셨다니 다행이네요. 한국에는 처음 오셨습니까?

S: 네, 실은 아시아에 처음입니다.

K: 한국에서 좋은 시간 보내시길 바랍니다.

S: 한국의 첫인상이 아주 좋습니다. 공항에 감명 받았어요. LA공항과 비교해보면 훨씬 돌아다니기가 좋습니다.

K: 그런 말을 들으니 기쁘군요. 사실 인천공항은 8년 연속 공항서비스 평가에서 1위를 차지하고 있습니다.

S: 대단하네요. 그럴 만합니다.

Key Terms

It's a pleasure to meet you. / Glad to meet you. 만나서 반갑다
(It's) Nice to meet you. Pleased to meet you.

be with ~ : ~에서 일하다
I'm with the LAPD (Los Angeles Police Department).
저는 LA 경찰청에서 근무합니다.

be on one's way : 떠나다
It's time for us to be on our way.
이제 그만 일어서야 할 시간입니다.

How was the flight? 비행기 여행은 어땠니
Thank you for choosing Korean Air Line. How was your flight with us?
대한항공을 이용해주셔서 감사합니다. 저희와 함께 한 비행이 어떠셨나요?

better than anticipated : 예상보다 더 좋은
It was far better than I had anticipated.
그것은 예상보다 훨씬 좋았습니다.

make it OK : 잘해내다
They made it OK despite twists and turns.
우여곡절이 있었지만 잘해냈습니다.

be impressed with : 감명받다
I'm impressed with the simplification of the passport control procedures.
출입국 수속의 간소화에 감명받았습니다.

I'm glad to hear that. 그 말을 들으니 기쁘다
I'm pleased to hear that. I'm so/very glad to hear that.

get around : 찾아다니다, 돌아다니다
Thanks to clever design and clear signage, getting around the newly remodeled airport is super easy.
더 현명해진 디자인과 알기 쉬운 표지판들로 새로 리모델링한 공항에서 돌아다니기가 매우 편리해졌습니다.

compared to ~ : ~와 비교하여
This building is spacious and spotless compared to other ones.
이 건물은 다른 빌딩들과 비교하면 넓고 아주 깨끗합니다.

in a row : 연이어
This is his third win in a row.
이번이 그의 3연승입니다.

No wonder : 당연하다
No wonder this airport is popular with the passengers from all over the world.
이 공항이 전 세계 승객들에게 인기 있는 게 당연합니다.

More Expressions !

How do you do? (very formal) How are you? (formal) Hi! (informal)
처음 뵙겠습니다.

Are you Commander Spencer from LAPD?
LA경찰청에서 오신 스펜서 총경이신가요?

It's a pleasure to have you with us.
모시게 되어 기쁩니다.

The flight was delayed for thirty minutes due to bad weather.
악천후로 비행기가 30분 연착했습니다.

The flight landed a bit behind scheduled/on time.
비행기가 예정보다 조금 늦게/정시에 착륙했습니다.

I was almost late. You arrived twenty minutes ahead of time.
제가 자칫 늦을 뻔 했습니다. 비행기가 20분 일찍 도착했네요.

Several flights came in at the same time so it took some time to claim my luggage.
비행기 여러 편이 한꺼번에 도착해서 짐 찾는 데 시간이 꽤 걸렸습니다.

How long was the flight?
비행시간이 얼마나 되었습니까?

What is the time difference between LA and Seoul?
LA와 서울간 시차는 얼만가요?

It's four pm in LA now so LA is sixteen hours behind Seoul.
지금 LA는 오후 4시이니 서울보다 16시간 늦습니다.

You must be tired from the long flight.
오랜 비행으로 피곤하시겠습니다.

The airport is very crowded because it's a vacation season.
휴가철이어서 공항이 매우 복잡합니다.

It didn't take long to go through immigration.
입국심사대를 지나는데 시간이 오래 걸리지 않았습니다.

There were way too many people around the baggage claim.
수하물 찾는 곳에 사람이 너무 많았습니다.

One of my two bags was missing so I filed a claim form.
가방 두 개 중에 한 개가 분실되어 배상청구서를 제출했습니다.

We will take immediate action to recover your missing luggage.
잃어버린 짐을 되찾을 수 있도록 즉각적인 조치를 취하겠습니다.

Case 52

Did you exchange money?

K : Did you exchange some dollars into won?

S : No, I didn't. Who can we trust to exchange our money?

K : There's a currency exchange right here, if you want to exchange some cash right now.

S : Is it difficult to exchange money outside of the airport?

K : No, not at all. You can go to any bank and exchange it at a fair rate. And there are also private currency exchange offices downtown.

S : Wow, that's good to know. Is the exchange rate almost the same in those offices?

K : I think it varies but there's no great difference.

S : OK. I think I'll wait.

K : Let's find my car then. This way.

S : OK.

[at the parking lot]

K : Let's put your suitcase in the trunk.

S : Have many people flown in this week?

K : I'm not sure. I've picked up ten from the airport myself.

S : How far is the hotel from here?

K : With this traffic, it might take us an hour. But your hotel is very close to our conference center.

---

exchange : 환전하다 trust : 신뢰하다 currency exchange (office) : 환전소 private : 개인의 downtown : 시내 fair : 공정한 rate : 비율 vary : 다르다 difference : 차이 suitcase : 여행가방 conference center : 회의장

Case 52 환전하셨나요?

K: 달러를 한화로 환전하셨습니까?

S: 아직 안 했습니다. 어디서 안전하게 환전할 수 있죠?

K: 당장 환전을 원하신다면 여기 공항에 환전소가 있습니다.

S: 공항 밖에서는 환전이 어려운가요?

K: 전혀요. 아무 은행이나 가도 공정한 환율로 바꿀 수 있습니다. 그리고 시내에 사설환전소들이 있어요.

S: 와, 좋은 정보네요. 환전소들 환율은 거의 똑같은가요?

K: 조금씩 다르지만 큰 차이는 없습니다.

S: 알겠습니다. 그럼 나중에 바꾸죠.

K: 그럼 차로 가시죠. 이쪽으로요.

S: 네.

[주차장에서]

K: 여행가방은 트렁크에 넣겠습니다.

S: 이번 주에 몇 분이나 오셨나요?

K: 글쎄요. 저는 공항에서 열 분을 픽업했습니다.

S: 호텔이 공항에서 얼마나 멉니까?

K: 지금 교통으로 봐서는 한 시간 정도 걸릴 겁니다. 하지만 호텔과 회의장은 아주 가깝습니다.

Key Terms

exchange money : 환전하다
I need to exchange Canadian dollars to won.
캐나다 달러를 한국 돈으로 환전해야 합니다.

Who can we trust ~ : 어디가 믿을 만한 곳인지
Who can we trust to sell us good quality antiques?
좋은 품질의 골동품을 파는 곳이 어디죠?

not at all : 전혀 ~하지 않은
"Are you scared of the dark?" "Not at all."
"어둠을 무서워하나요?" "전혀요."

at a ~rate : ~한 비율로
His credit score isn't good so he got a loan at a high rate of interest.
그는 신용평점이 안 좋아서 고금리로 융자를 받았습니다.

That's good to know. 알게 되어 좋다
"There is free Wi-Fi in every hotel room." "That's good to know."
"모든 호텔방에 무료무선인터넷이 됩니다." "알게 되어 좋군요."

almost the same : 거의 똑같다
The taxi fares are almost the same across the country.
택시요금은 전국적으로 거의 같습니다.

It varies : 다르다
Prices vary according to the type of room you require.
요구하는 방의 종류에 따라 요금이 다릅니다.

no great difference : 큰 차이가 없다
It makes no great difference either way.
어느 쪽이든 상관없습니다.

fly in : 비행 편으로 오다
I flew in here a week ago.
저는 일주일 전에 비행 편으로 여기 왔습니다.

pick up : 모시러 오다/가다
I'll pick you up to the airport tomorrow morning.
내일 아침 공항에 모셔다 드리겠습니다.

How far : 거리가 얼마나 되는지
How far is Busan from here?
여기서 부산까지 얼마나 멉니까?

with this traffic : 지금 교통상황으로는
With this traffic, there will be some delays.
지금 교통상황으로는 조금 지체될 것 같습니다.

More Expressions !

How would you like your bills?
어떻게 환전해드릴까요?

How much money would you like to change?
얼마를 환전하시겠습니까?

Could you tell me where the nearest currency exchange office is?
가장 가까운 환전소가 어디 있나요?

Do all the banks do euros?
모든 은행에서 유로화 환전이 되나요?

Do they handle foreign exchange there?
저기서 외화환전을 할 수 있습니까?

I'd like to change U.S. dollars into Korean won.
달러를 한화로 바꾸고 싶습니다.

Give me twenty fifty thousands, and twenty ten thousands.
5만원권 20장과 만원권 20장 주세요.

How much do you charge for the exchange? / What's the fee for exchange?
환전 수수료는 얼마인가요?

The exchange rate differs from place to place.
환전율은 환전소에 따라 다릅니다.

They charge a lot for currency exchange. / Their commission is very high.
그곳은 환전수수료가 비쌉니다.

Is this a legal money exchange place? They charged me a ten percent commission.
정식환전소 맞나요? 수수료를 10%나 부과했습니다.

You can use foreign currencies at most major department stores.
대부분의 대형백화점에서 외화를 사용할 수 있습니다.

At this late hour the traffic usually moves well with all lanes open.
이렇게 늦은 시간에는 교통흐름이 원활하고 모든 차선이 뚫려 있습니다.

We can't avoid the traffic at this hour. You might as well get some sleep.
이 시간에는 교통체증을 피할 수 없습니다. 좀 주무시는 게 좋겠습니다.

Seoul has a nice night view along the Han River.
서울은 한강을 따라 야경이 좋습니다.

There are dozens of bridges along the Han River and each bridge has a different lighting style and color.
한강을 따라 수십 개의 다리가 있는데 각각의 다리가 다른 조명 스타일과 색을 가지고 있습니다.

Case 53

Inspector Park will help you to check in.

K : Here we are. From now on, Inspector Park will help you. She is in charge of guest accommodations during the conference.

S : Do all the participants stay here?

K : Some stay here and some stay at another hotel one block away. How do you like this hotel?

S : It looks good. I love the relaxed ambience.

K : I'm glad you like it. Let's go to the lobby. Inspector Park is waiting for us there. She will help you to check in.

S : Oh, thanks a lot.

K : And if you find there is anything you need help with, don't hesitate to contact her.

S : We will.

K : Here she is. Inspector Park, this is Commander Spencer and this is Superintendent Bradley.

P : Hi, I'm Inspector Park. Glad to meet you, sirs.

S, B : It's a pleasure to meet you.

P : I'm happy to be able to help you.

S : It's very kind of you to say so.

K : Now that you've all met one another, I've got to be on my way. I'll be back here by eight tomorrow morning.

S, B : Thanks a lot.

K : My pleasure. Good night, gentlemen.

S, B : Good night.

---

guest : 손님 Inspector : 경위 accommodation : 숙박 conference : 회의 participant : 참가자 stay : 머물다 relaxed : 느긋한, 여유 있는 ambience : 분위기 hesitate : 망설이다 contact : 연락하다 pleasure : 즐거움, 기쁨

Case 53

박 경위가 투숙수속을 도와드릴 겁니다.

K: 자, 다 왔습니다. 지금부터는 박 경위가 두 분을 도와드릴 겁니다. 박 경위는 회의 기간 동안 참석자들 숙박을 담당하고 있습니다.

S: 모든 참석자들이 이 호텔에 묵나요?

K: 일부는 여기 묵고 일부는 한 블록 떨어진 다른 호텔에 묵습니다. 호텔이 마음에 드시나요?

S: 네, 호텔의 편안한 분위기가 좋습니다.

K: 마음에 드신다니 다행입니다. 로비로 가시죠, 박 경위가 거기서 저희를 기다리고 있습니다. 체크인을 도와드릴 겁니다.

S, B: 감사합니다.

K: 그리고 도움이 필요하시면 주저 말고 박 경위에게 연락을 하십시오.

S: 그러죠.

K: 박 경위가 왔네요. 박 경위, 이분은 스펜서 총경이시고 이 분은 브래드리 경정이세요.

P: 안녕하세요, 저는 박 경위입니다. 만나서 반갑습니다.

S, B: 만나서 반갑습니다.

P: 두 분을 돕게 되어 기쁩니다.

S: 그렇게 말씀해주시니 고맙습니다.

K: 이제 서로 인사를 나눴으니 저는 가보겠습니다. 내일 아침에 여기로 오겠습니다.

S, B: 감사합니다.

K: 천만에요. 편히 쉬세요.

S, B: 안녕히 가세요.

Key Terms

Here we are. 자, 도착했다
Here we are at the hotel.
호텔에 다 왔습니다.

from now on : 지금부터는, 이 시간 이후로
From now on you are forbidden from leaving the country.
이 시간 이후로 출국금지입니다.

in charge of ~ : ~을 담당하는
She is in charge of interpretation.
그녀는 통역을 담당하고 있습니다.

How do you like ~? : ~가 마음에 드니
How do you like the weather here?
여기 날씨가 괜찮으세요?

I'm glad you like it. 마음에 든다니 다행이다
I'm very pleased you like it. I'm glad to hear that you like it.

check in : 투숙수속을 밟다
We've checked in at the hotel.
우리는 호텔에 체크인을 했습니다.

If there is anything ~ : ~한 게 있으면
Please remind us if there is anything amiss on our part.
저희 측에서 미흡한 점이 있으면 말씀해주세요.

It's very kind of you to : ~ 해주니 고맙다
It's very kind of you to come all this distance.
먼 길 와 주셔서 감사합니다.

now that ~ : ~이므로
Now that everything is settled, you are free to go.
이제 모든 일이 해결되었으니 당신은 가도 좋습니다.

meet one another : 서로 인사를 나누다, 만나다
Now that you all have met one another, let's get down to business.
이제 모두 인사들 나눴으니 본론으로 들어가죠.

I've got to ~ : ~ 해야 한다
I think I've got to report it to the police.
경찰에 신고해야 할 것 같습니다.

Good night. 안녕히 가세요, 안녕히 계세요, 안녕히 주무세요
It's time to say goodnight to you guys.
여러분께 작별을 고할 시간입니다.

More Expressions !

Let me introduce you to Inspector Park. / I'd like you to meet Inspector Park.
박 경위를 소개해드리겠습니다.

We have a reservation for a twin room.
2인용 침실을 예약했습니다.

All business travelers have access to the hotel's advanced telecommunications facilities.
업무차 여행하는 사람들은 누구나 그 호텔 내 첨단 통신시설을 사용할 수 있습니다.

You can check in at/from two pm so let's go to the lounge for a drink.
2시부터 체크인이니 라운지에 가서 뭘 좀 마시죠.

When you check in, you are supposed to give your credit card.
체크인을 할 때 신용카드를 주게 되어 있습니다.

They just get a card approval and do not actually charge you.
카드 승인만 받을 뿐 실제 청구를 하지는 않습니다.

Your room is ready now. A bellhop will take your luggage up while you check in.
객실이 준비되어 있습니다. 체크인 하는 동안 사환이 짐을 객실로 옮겨드릴 겁니다.

This hotel has all the modern amenities.
이 호텔은 모든 현대적인 편의시설을 갖추고 있습니다.

The health club in this hotel is excellent. You can use it for free from six am to ten pm.
호텔 헬스클럽이 매우 좋습니다. 오전 6시부터 밤 10시까지 무료로 이용할 수 있습니다.

There's free Wi-Fi in the hotel building.
호텔 내에서 와이파이를 무료로 사용할 수 있습니다.

All the rooms have access to the internet.
모든 객실에서 인터넷 접속이 가능합니다.

This is our hotel's Wi-Fi address and password. Enter this into your smart phone.
이것이 호텔 와이파이 주소와 비밀번호입니다. 스마트폰에 이 비밀번호를 입력하세요.

The breakfast is complimentary. Just write down your name and room number on the bill.
아침식사는 무료입니다. 청구서에 이름과 방 번호만 쓰면 됩니다.

These are free coupons for the sauna and discount coupons for meals and beverages.
사우나 무료쿠폰과 식음료 할인쿠폰입니다.

They provide a turndown service if you like/want.
원하시면 취침 전 서비스를 제공합니다.

Maids will clean the room, make the beds, and leave/serve some cookies or fruits.
직원들이 방을 청소하고 이부자리를 정리하고 약간의 쿠키나 과일을 두고 갑니다.

You can have some drinks and snacks from two pm to five pm in the club lounge on the fifteenth floor.
15층에 있는 클럽라운지에서 오후 2시부터 5시 사이에 간단한 다과를 즐길 수 있습니다.

Case 54

Let's go to the restaurant.

K: Good morning, sirs.

S, B: Good morning, Senior Inspector Kim!

K: Did you have a good night's sleep?

S: Yes, I did. I feel refreshed after a sound sleep.

B: Not me. I couldn't sleep well due to jet-lag.

K: That's a shame.

B: Plus, our room faces the street and there's lots of traffic noise.

K: Is that so? Then, I'll ask the front desk if it's possible to switch rooms.

B: Would you? I'd appreciate that.

K: Are there any other problems I can help you with?

S: Actually, I'm hungry. Ha ha ha.

K: Okay. Let's go to the restaurant. It's on the second floor. They serve a buffet breakfast so you can eat your fill, ha ha ha.

S: Great. When does the hotel serve breakfast?

K: (It's served) between six thirty and ten am.

S: Is the food the same every day?

K: This restaurant is known for its extensive menu so you can enjoy different meals every morning.

S: Great! By the way, are there some vegetarian dishes? Superintendent Bradley is a vegetarian.

K: Sure. There serve a variety of western and Korean vegetarian dishes.

B: That's good.

refreshed : 상쾌한 sound sleep : 숙면 jet-lag : 시차 shame : 애석한 일 plus : 게다가 face : 향하다 traffic noise : 교통소음 front desk : 프론트 switch : 바꾸다 appreciate : 고마워하다 floor : 층 buffet breakfast : 뷔페식 아침 fill : 양껏 serve : 제공하다 extensive : 광범위한 메뉴 meal : 식사 vegetarian dish : 채식주의자 요리 vegetarian : 채식주의자 western : 서양의

Case 54

식당으로 가시죠.

K: 안녕하세요.

S, B: 안녕하세요.

K: 어젯밤 잘 주무셨습니까?

S: 네, 잘 잤어요. 푹 자고 났더니 개운합니다.

B: 전 시차 때문에 잘 못 잤습니다.

K: 유감이군요.

B: 게다가 방이 도로변을 향해 있어서 교통소음이 심합니다.

K: 그래요? 그렇다면 프론트에 방을 바꿀 수 있나 물어보겠습니다.

B: 그래 주시겠어요? 그러면 고맙겠습니다.

K: 다른 도와드릴 일들이 있나요?

S: 실은 배가 고픕니다. 하하하

K: 알겠습니다, 식당으로 가시죠. 2층에 있는데 뷔페식이어서 마음껏 드실 수 있습니다. 하하하.

S: 좋습니다. 아침 식사 시간이 언제죠?

K: 오전 6시 반부터 10시까지 입니다.

S: 음식이 매일 똑같나요?

K: 이 식당은 메뉴가 다양하기로 유명해서 매일 다른 음식을 즐길 수 있을 겁니다.

S: 좋아요. 그런데 채식메뉴들이 있나요? 브래드리 경정이 채식주의자여서요.

K: 그럼요. 다양한 서양식과 한국식 채식요리들이 있습니다.

B: 그거 잘됐네요.

Key Terms

have a good night's sleep : 충분히 숙면을 취하다
You'll feel better after you've had a good night's sleep.
하룻밤 푹 자고 나면 기분이 좋아질 것입니다.

feel refreshed : 기분이 상쾌하다
I feel refreshed after jogging around the park.
공원 주위로 조깅을 하고 나니 기분이 좋습니다.

due to ~ : ~ 때문에
This accident is wholly due to your negligence.
이 사고는 순전히 당신의 태만 때문입니다.

That's a shame : 안됐다, 유감이다
That's a shame about your daughter.
따님에게 그런 일이 일어나 안됐습니다.

Is that so? : 그러니
I heard you are a vegan. Is that so?
당신이 엄격한 채식주의자라고 들었는데 그렇습니까?
* vegan : 고기는 물론 우유, 달걀 등 유제품도 먹지 않는 채식주의자

I'd appreciate that : 그래 주면 고맙겠다
If you could do that, I'd appreciate it.
그래 주시면 감사하겠습니다.

eat one's fill : 잔뜩 먹다
He had his fill at lunch as he had skipped breakfast.
그는 아침을 걸러서 점심을 잔뜩 먹었습니다.

be known for ~ : ~ 으로 알려져 있다
Seoul is known for its hustle and bustle of daily life.
서울은 일상생활이 분주하기로 유명하다.

by the way : 그런데
By the way, can you speak other (foreign) languages?
그런데 다른 외국어도 구사할 수 있습니까?

serve dishes : 음식을 제공하다
They serve authentic Korean dishes.
그곳에 가면 정통 한국음식을 맛볼 수 있습니다.

a variety of : 여러 가지의
They prepared a variety of Korean traditional dishes for foreign tourists.
그들은 외국인 관광객들을 위해 다양한 전통한국음식들을 준비했습니다.

More Expressions !

Can you put me in a different room?
방을 바꿔줄 수 있나요?

I want to change rooms. I can't sleep because of the noise next door.
방 좀 바꿔주세요. 옆방에서 나는 소음 때문에 잠을 잘 수가 없습니다.

I want a quiet room. Is it possible to switch to a room at the back of the hotel?
조용한 방을 원합니다. 호텔 뒤쪽에 있는 방으로 바꿔주실 수 있나요?

I'd like a twin room with an ocean view.
바다 전망 트윈룸을 부탁합니다.

All the private and public space is nonsmoking.
모든 개인, 공공장소가 금연입니다.

Do they have laundry service in this hotel?
이 호텔에 세탁서비스가 있습니까?

What is offered to guests at no charge? / What are the perks?
객실손님에게는 어떤 것이 무료로 제공되나요? / 객실손님 특혜가 뭐죠?

Two bottles of mineral water are complimentary.
생수 2병은 무료입니다.

You must pay for the things in the mini bar.
미니바에 있는 품목들은 유료입니다.

The restaurant is on the first floor. It's open from six thirty am to ten pm.
식당은 1층에 있습니다. 오전 6시 반부터 밤 10시까지 합니다.

Its restaurant is run by a top chef.
호텔 식당은 최고 수준의 주방장이 운영하고 있습니다.

You don't have to tip the waiter or waitress in the hotel. It's included in the total amount.
호텔에서는 식당종업원에게 팁을 줄 필요가 없습니다. 총액에 이미 포함되어 있습니다.

They usually serve cold or hot water in the restaurant and it's safe to drink.
식당에서는 보통 찬 물이나 더운 물을 제공하는데 마셔도 되는 물입니다.

Do you have any food preference?
특별히 즐기는 음식이 있습니까?

How did you find the food in this restaurant? / How did you like the food here?
여기 음식이 어땠습니까?

Was there sufficient food for vegetarians?
채식주의자를 위한 음식이 충분했나요?

I usually have a light breakfast but I really stuffed myself this morning.
보통 아침은 가볍게 먹는데 오늘 아침은 정말 배부르게 먹었어요.

Case 55

What is our schedule like today?

S : So what's our schedule like today?

K : You need to fill out the registration form by eleven o'clock and then meet other participants.

S : Sounds good. Where is the conference?

K : It's at the Koreana Hotel near the Seoul Metropolitan Police building.

S : How long will it take us to get there from the hotel?

K : It'll take us about ten minutes.

S : Oh, it's close by. How large is the attendance of this conference?

K : About one hundred people will attend the conference.

S : Wow, it's a large scale one.

K : Yes, it is. And there will be many interesting lectures, presentation, and workshops.

S : I'm looking forward to it. From which countries are they from?

K : The US, the UK, Canada, China, Japan, Singapore, and others.

S : Are all of its programs in English?

K : Yes, they are. Well, you have some time to spare but it's better to start early.

S, B : Okay, let's hit the road.

---

registration form : 등록신청서　participants : 참가자들　metropolitan : 대도시/수도의　close by : 가까운　attendance : 출석자　attend : 참석하다　large scale : 대규모의　lecture : 강연　presentation : 발표　workshop : 연수회　spare : 할애하다, 여분의

Case 55

오늘 스케줄이 어떻게 되죠?

S: 그럼 오늘 스케줄이 어떻게 되죠?

K: 11시까지 등록을 하시고 다른 참석자들과 인사를 나누게 됩니다.

S: 좋습니다. 회의장은 어디죠?

K: 서울 경찰청 근처에 있는 코리아나 호텔입니다.

S: 호텔에서 회의장까지는 얼마나 걸리나요?

K: 10분 정도 걸립니다.

S: 오, 가깝군요. 이번 회의 참석자 규모는 어느 정도 되나요?

K: 약 100명 정도 참석할 겁니다.

S: 와, 대규모 회의네요.

K: 그렇습니다. 그리고 많은 흥미로운 강연들과 발표, 워크샵들이 있을 겁니다.

S: 기대되는군요. 어느 나라에서들 오시죠?

K: 미국, 영국, 캐나다, 중국, 일본, 싱가폴 등등입니다.

S: 모든 프로그램은 영어로 진행되나요?

K: 그렇습니다. 아직 시간 여유가 있지만 조금 일찍 출발하시는 게 좋을 것 같습니다.

S, B: 그래요, 출발합시다.

Key Terms

What's ~ like? : ~이 어떠니
What is the weather like today?
오늘 날씨가 어떻습니까?

fill out : 기입하다
You need to fill out the application first.
지원서를 먼저 작성해주세요.

Sounds good : 좋다
Sounds great/ wonderful/ awesome/ superb.

It will take us about ~ : 약 ~ 정도 걸린다
According to the traffic report, it will take us one hour to get to the airport.
교통방송안내에 의하면 공항까지 1시간 정도 걸립니다.

It's close by : 가깝다
If it's close by, I'll just ask for directions.
가까우면 물어서 찾아가겠습니다.

How large is ~? : ~의 규모가 어떻게 되니
How large is the local police agency?
지방경찰청은 규모가 어떻게 됩니까?

attend the conference : 회의에 참석하다
I attended the conference in my superior's place.
상사를 대신해서 회의에 참석했습니다.

There will be ~ : ~ 이 있을 것이다
There will be some reward if the job is well done.
일을 잘하면 포상이 있을 것입니다.

look forward to + 동사진행형 : 기대하다
I'm looking forward to seeing you again.
다시 만날 것을 고대하고 있습니다.

have some time to spare : 아직 시간의 여유가 있다
It's no problem. We have some time to spare.
문제없어요. 아직 시간 여유가 좀 있어요.

start early : 일찍 출발하다
It would be good to start early.
일찍 출발하는 것이 좋습니다.

hit the road : 출발하다, 길 떠나다
Before we hit the road, check if you have everything you need.
출발하기 전에 필요한 걸 다 챙겼는지 확인하세요.

More Expressions !

You have an eleven o'clock conference to get to.
11시 회의에 가야 합니다.

It's within walking distance.
걸을 수 있는 거리입니다.

It's within a ten minute drive.
10분 정도 차를 타고 가야 합니다.

We have seventy people enrolled to date.
현재까지 70명이 등록했습니다.

We expect between ninety and one hundred people to turn up.
약 90에서 100명 정도 참석할 것으로 예상합니다.

The number of people who attended exceeded our expectations.
참석인원이 기대를 넘어섰습니다.

The number of people who attended fell short of expectations.
참석인원이 기대에 못 미쳤습니다.

Please wear your name tag to identify yourself.
본인 소개를 위해 이름표를 달아주십시오.

After Professor Bernard speaks, you are all invited to join us for lunch.
버나드 교수의 강연 후에 오찬이 있으니 모두 참석해주세요.

The keynote address will be delivered at the luncheon by Professor Harris.
오찬에서 해리스 교수의 기조연설이 있을 겁니다.

What happens after lunch?
점심 이후에는 뭐가 있습니까?

You have a couple of private meetings with some of the other speakers.
다른 연설자들과 개별모임이 두어 건 있습니다.

You have a heavy schedule for the next few days.
다음 며칠 동안은 일정이 아주 빡빡합니다.

There is no other scheduled meeting in the afternoon.
오후에는 예정된 회의가 없습니다.

The meeting has been rescheduled for tomorrow.
회의 일정이 내일로 변경되었습니다.

The schedule needs to be rearranged.
일정이 조정되어야 합니다.

Programs are running thirty minutes behind schedule.
프로그램이 예정보다 30분 늦게 진행되겠습니다.

PART II

At the Conference
회의장에서

Case 56 **참석자들 인사나누기**

I'd like you to meet our commanding officer.

총책임자를 소개합니다.

Case 57 **일정표 확인하기**

Is the itinerary quite all right with you?

일정표에 문제점은 없습니까?

Case 58 **초청연사 소개**

I'd like you to meet our guest speaker.

초청연사를 소개합니다.

Case 59 **회의 평가**

The conference was a great success.

회의가 성공적이었습니다.

Case 60 **감사패 수여**

The Commissioner-General will award you with an appreciation plaque.

경찰청장님께서 감사패를 수여하실 겁니다.

Case 56 I'd like you to meet our commanding officer.

L : Superintendent General Lee　　H : Superintendent Hong

K : Commander Spencer, this is our commanding officer, Superintendent General Lee.

S : Very nice to meet you, sir.

L : It's a pleasure to meet you. Where are you from?

S : I'm originally from San Diego, but I work in LA now.

L : I see. Did you have a pleasant flight?

S : Yes, thank you. Your staff has been incredibly helpful since my arrival as well.

L : Well, I'm glad to hear that. Is everything all right at the hotel?

S : Yes, everything is great.

L : That's good. By the way, have you met Superintendent Hong?

S : No, I don't believe so.

L : Mr. Hong is in charge of running the programs. He's right over there, please follow me.

S : Okay.

L : Mr. Hong, this is Commander Spencer from the LA Police.

H : Commander Spencer, so nice to meet you. Welcome to Korea!

S : Thank you, I'm very glad I could make it here.

commanding officer : 지휘관　Superintendent General : 경무관　originally : 원래, 본래　pleasant : 유쾌한　staff : 직원　incredibly : 믿을 수 없을 정도로　arrival : 도착　run : 진행하다　follow : 따라가다

Case 56

총책임자를 소개합니다.

K: 스펜서 총경님, 이분이 저희 총책임자이신 이 경무관님이십니다.

S: 만나서 반갑습니다.

L: 반갑습니다. 어디서 오셨죠?

S: 전 샌디에고 출신인데 지금은 LA경찰청에서 일하고 있습니다.

L: 그렇군요. 비행은 즐거웠습니까?

S: 네, 감사합니다. 도착한 후로 직원분들이 대단히 도움을 많이 주고 있습니다.

L: 그런 말을 들으니 기쁘군요. 호텔에서는 불편한 게 없으신지요?

S: 네, 다 좋습니다.

L: 다행입니다. 그런데 홍 경정을 만나보셨나요?

S: 아뇨.

L: 홍 경정은 프로그램 진행을 담당하고 있습니다. 바로 저기 있군요, 저를 따라 오세요.

L: 홍 경정, 이 분은 LA경찰청에서 오신 스펜서 총경입니다.

H: 스펜서 총경님, 만나서 반갑습니다. 한국에 오신 걸 환영합니다.

S: 감사합니다. 이번 회의에 참석할 수 있어서 매우 기쁩니다.

Key Terms

I'm originally from ~: 본래 ~ 출신이다
I'm originally from Busan but I live in Seoul.
저는 부산 태생이지만 서울에서 삽니다.

have a pleasant flight: 즐거운 비행을 하다
I had a pleasant flight as I was upgraded to business class for free.
비즈니스석으로 무료 업그레이드 되어 아주 즐거운 비행을 했습니다.

be helpful: 도움이 되다
He was trying to be helpful but he rather overdid it.
그는 도와주려고 했지만 좀 지나쳤습니다.

since one's arrival: 도착한 후로
The weather has become colder since my arrival.
제가 도착한 후로 날씨가 추워지고 있습니다.

everything is all right. 모든 게 좋다
Is everything all right with your room?
객실은 불편한 게 없나요?

That's good. 잘됐다, 다행이다
Oh, that's good. It's closer to my house.
오, 잘됐네요. 그게 우리 집에서 더 가까워요.

by the way: 그런데
By the way, are you free this afternoon?
그런데 오늘 오후에 시간 좀 있습니까?

Have you met ~: ~를 만나봤니
Have you met him yet?
그를 만나보셨어요?

I don't believe so. 그렇게 생각하지 않는다
He took a bribe? I don't believe so.
그가 뇌물을 받았다고요? 그럴 리 없어요.

run the program: 프로그램을 진행하다
The program is running as scheduled.
프로그램이 계획대로 진행되고 있습니다.

right over there: 바로 저쪽에
The registration desk is right over there.
등록창구는 바로 저쪽에 있습니다.

make it: 참석하다
I'd like to go but I don't think I can make it as I'm doing something else at that time.
가고는 싶지만 그 시간에 다른 일이 있어서 못 가겠습니다.

More Expressions !

I'm really honored to meet you.
만나서 영광입니다.

"It's really nice to meet you at last." "Same here."
"드디어 만나게 되어 기쁩니다." "저도요."

Where are you from? Which part?
어디서 오셨나요? 어느 지역에서요?

Where in the States are you from?
미국 어느 지역에서 오셨나요?

Do I know you? Have we met somewhere before?
저를 아시나요? 전에 어딘가에서 만난 적이 있나요?

You might not remember me but we met briefly at the conference in two thousand eleven.
절 기억 못하시겠지만 2011년 회의에서 잠깐 만난 적이 있습니다.

I didn't expect to meet you here. / What a surprise to see you here.
여기서 당신을 만날 줄 몰랐어요.

I've heard a lot of good things about you from many participants.
여러 참석자들로부터 당신에 관한 좋은 얘기 많이 들었습니다.

There will be an informal reception in the main conference hall at four pm.
오후 4시에 본회의장에서 비공식 환영파티가 있습니다.

Everyone is invited and refreshments will be served.
전원 참석해주시기 바랍니다. 다과가 마련될 예정입니다.

This is the biggest Interpol conference that we've hosted.
이 회의는 저희가 유치한 가장 대규모의 국제경찰회의입니다.

We've thoroughly prepared our conference in hopes it will be successful.
성공적인 회의를 기대하면서 철저히 준비했습니다.

We got everything prepared in order to welcome you.
여러분을 맞이할 만반의 준비를 끝냈습니다.

This will be the last Interpol conference this year.
이 회의가 올해 마지막 국제경찰회의가 될 것입니다.

The Commissioner-General expresses serious interest in this conference.
경찰청장님께서 이 회의에 지대한 관심을 가지고 계십니다.

When and where is next year's conference going to be held?
내년 회의는 언제, 어디에서 열리나요?

Case 57

Is the itinerary quite all right with you?

H : Did you have a chance to look over the conference itinerary?

S : Yes, this morning I read it.

H : Did it seem OK to you?

S : Yes, it seems well planned. I did notice my lecture on the third day overlaps the luncheon though.

H : Yes, we noticed that earlier. Don't worry. A new schedule for that day will be passed out this afternoon.

S : Ah, good.

H : Did you find any other problems with the itinerary?

S : No, just that one. So the morning session begins at ten thirty, right?

H : Yes.

S : I need to get to room three. Professor Bernard Crick from George Washington University will deliver the key note speech. I don't want to miss it.

H : I've heard about him. He specializes in international criminal law, right?

S : Yes, he does. I'm looking forward to hearing his speech.

H : Then, you'd better hurry to get a good seat. ha ha ha.

---

itinerary : 일정표　overlap : 겹치다　luncheon : 오찬　session : 시간, 기간　deliver : 전하다　keynote speech : 기조연설　miss : 놓치다　specialize : 전공으로 하다　international criminal law : 국제형사법　hurry : 서두르다

Case 57

일정표에 문제점은 없습니까?

H : 회의 일정표 살펴보셨나요?

S : 네, 아침에 읽어봤습니다.

H : 일정이 괜찮으신가요?

S : 네, 잘 짜여진 것 같습니다. 그런데 세 번째 날에 제 강연이 오찬과 겹치더군요.

H : 네, 저희도 알고 있습니다. 걱정 마세요, 새 스케줄이 오늘 오후에 배부될 것입니다.

S : 아, 잘됐네요.

H : 다른 문제점은 없습니까?

S : 그것 외에는 없습니다. 아침 세션이 열 시 반에 시작되죠?

H : 네.

S : 저는 조지 워싱턴 대학의 버나드 크릭 교수 기조연설을 들으러 3번 방에 가야 합니다. 놓칠 수 없는 연설이죠.

H : 그 분에 대해 들어본 적이 있습니다. 국제형사법을 전공하시는 분이시죠?

S : 맞습니다. 그 분의 연설이 기대가 됩니다.

H : 그럼 좋은 자리를 잡도록 서둘러야겠습니다, 하하하.

Key Terms

Real Life English for Police!

have a chance to ~: ~ 할 기회가 있다
Did you have a chance to watch that movie?
혹시 그 영화 보셨나요?

look over: 살펴보다
I'll look over your resume and call you in a couple of days.
이력서를 살펴보고 2, 3일 후에 전화 드리겠습니다.

seems ok: 좋은 것 같다
He seems ok but he has emotional problems.
그는 괜찮아 보이지만 정서가 불안합니다.

well planned: 잘 계획된
His project was well planned and prepared.
그의 프로젝트는 잘 계획되고 준비되었습니다.

pass out: 나눠주다
I'll pass out copies to everybody.
모든 분께 복사물을 나눠 드릴 겁니다.

find problem with: 문제점을 발견하다
Please let me know if you find any problem with attendant circumstances.
부대상황에 문제점이 있으면 저에게 알려주세요.

deliver/ make a speech: 연설을 하다
He will deliver a speech at the opening ceremony.
그는 개회식에서 연설을 할 것입니다.

miss it: 놓치다
If you miss it, you'll regret it.
놓치면 진짜 후회하십니다.

I've heard about ~: ~에 관해 들어본 적 있다
I've heard a lot of good things about you from the headquarters.
본부로부터 당신에 관한 좋은 얘기 많이 들었습니다.

specialize in ~: ~을 전문으로 하다
Which field do you specialize in?
전문 분야가 뭐죠?

You'd better ~: ~ 하는 게 좋다
You'd better not walk around that dangerous slum at night.
밤에는 빈민가를 돌아다니지 않는 게 좋습니다.

get a good seat: 좋은 자리를 잡다
Go early in order to get a good seat.
좋은 자리 잡으려면 빨리 가세요.

More Expressions !

Have the new schedules come out yet?
새 일정표 나왔어요?

Have the scheduling difficulties been worked out?
일정관리상의 어려움들이 해결되었습니까?

I see a timing problem with this itinerary.
일정표에서 시간상의 문제를 발견했습니다.

Can I have a copy of the schedule for today's meeting?
오늘 회의 일정표 하나 주시겠어요?

The conference will go ahead as planned.
회의는 계획대로 진행될 것입니다.

The conference seems well organized.
회의 구성이 잘된 것 같습니다.

There are five sessions a day : three lectures and two workshops.
하루에 다섯 개 세션, 즉 세 개의 강의와 두 개의 토론회가 있습니다.

There are three morning sessions and two afternoon sessions.
오전에 세 개, 오후에 두 개의 세션이 있습니다.

The lecture will be followed by a question-and-answer session.
강연 후에 질의응답시간이 있습니다.

Will you be at the opening ceremony this morning?
오늘 아침 개회식에 참석하실 겁니까?

How many lectures will you attend today?
오늘 몇 강의나 들으실 겁니까?

Will you participate in the workshop conducted by Commander Spencer?
스펜서 총경이 주재하는 워크샵에 참석하실 건가요?

What is the subject of the workshop?
그 워크샵의 주제가 뭐죠?

Our keynote speaker this morning is a renowned forensic doctor.
오늘 오전 기조연설자는 저명한 법의학자입니다.

He will deliver a keynote speech in the first session of the conference.
그는 회의 첫 시간에 기조연설을 할 것입니다.

Several dignitaries will attend the opening ceremony.
몇몇 고위인사가 개회식에 참석할 것입니다.

Case 58

I'd like you to meet our guest speaker.

R : Professor Roh

H : Commander Spencer, I'd like you to meet our guest speaker Professor Roh. He is currently a professor of criminology at Korean National Police University.

S : It's a pleasure to meet you.

R : The pleasure is mine.

H : Superintendent Spencer is a well-known criminal profiler. He wrote a book about serial killers.

R : I think there will be many things to talk about with you.

S : Same here.

H : These days lots of people are fascinated by crime and criminal psychology.

S : That's why films and TV dramas about criminal psychology are very popular.

R : You're right. However, I'm worried they might encourage copycat crimes.

S : Yeah, that's a problem.

R : By the way, what is your presentation topic?

S : I'll be presenting four main approaches to offender profiling : the geographical approach, investigative psychology, the typological approach, and the clinical approach to offender profiling.

R : That sounds interesting. I'll listen attentively to your presentation.

S : I hope I won't disappoint you.

Case 58

초청연사를 소개합니다.

H: 스펜서 총경님, 저희 초청연사이신 노 교수님을 소개합니다. 노 교수님은 현재 경찰대학 범죄학 교수로 재직 중입니다.

S: 만나서 반갑습니다.

R: 제가 오히려 반갑습니다.

H: 스펜서 총경님은 유명한 범죄심리 분석관이십니다. 연쇄살인범에 관한 책도 쓰셨고요.

R: 총경님과 나눌 얘기가 많을 것 같군요.

S: 저도 그렇습니다.

H: 요즘 많은 사람들이 범죄와 범죄심리학에 흥미를 가지고 있습니다.

S: 그래서 범죄심리에 관한 영화와 드라마들이 인기죠.

R: 맞습니다. 그런데 그런 것들이 모방범죄를 부추길까 걱정입니다.

S: 네, 그게 문제죠.

R: 그런데 오늘 발표 주제가 무엇입니까?

S: 범인 프로파일링에 대한 네 가지 접근법인 지리학적 접근, 수사 심리학적 접근, 유형학적 접근, 그리고 임상 접근법을 소개할 것입니다.

R: 흥미롭군요. 총경님 발표를 경청하겠습니다.

S: 실망시켜드리지 않기를 바랍니다.

---

guest speaker : 초청연사 currently : 현재 professor : 교수 well-known : 유명한 criminology : 범죄학 Korean National Police University : 국립경찰대학 criminal profiler : 범죄심리분석관 serial killer : 연쇄살인범 absolutely : 물론이죠 fascinate : 사로잡다 criminal psychology : 범죄심리학 film : 영화 popular : 인기 있는 encourage : 격려하다 copycat crime : 모방범죄 offender profiling : 범죄자 프로파일링 geographical : 지리학적인 approach : 접근법 investigative : 수사 typological : 유형학적 clinical : 임상학적 attentively : 주의 깊게 disappoint : 실망시키다

*offender profiling : 여러 가지 데이트를 수집, 분석하여 범죄자의 성격, 유형 등에 대해 추론하는 것

Key Terms

The pleasure is mine. 나도 반갑다
The pleasure/honor is all mine.

Same here. 나도 그렇다
"I'm really looking forward to this weekend." "Same here."
"이번 주말이 정말 기대됩니다." "저도요."

be fascinated by : 매료되다
The world was fascinated by Yuna Kim's performance.
온 세계가 김연아의 공연에 매료되었습니다.

That's why ~ : 그래서 ~ 하다
That's why I wanted to meet you.
그래서 당신을 만나고 싶었습니다.

be popular : 인기가 있다
His book proved to be popular as soon as it was published.
그의 책은 출판되자마자 인기를 끌었습니다.

be worried : 걱정이다
I'm worried if it exercises a bad influence on teens.
그게 십대들에게 악영향을 미칠까 걱정입니다.

encourage crime : 범죄를 부추기다
Try to avoid exposure to any environment that encourages crime.
범죄를 부추기는 환경에 노출되지 않도록 하세요.

That's a problem. 그것이 문제다
That's a real problem. You should report it to your superior officer.
그거 정말 문제네요. 상관에게 보고해야 합니다.

take advantage of ~ : ~을 이용하다
You can take advantage of psychoanalysis in revealing criminal behavior.
범죄행위를 밝히는 데 정신분석학을 활용할 수 있습니다.

Sounds interesting! 흥미로울 것 같다
It sounds interesting, fun, and informative.
흥미롭고 재미있고 유익할 것 같습니다.

listen attentively to ~ : ~을 경청하다
He was so drowsy that he didn't listen attentively to the lecture.
그는 너무 졸려 강연을 귀 기울여 듣지 못했습니다.

More Expressions !

What field do you specialize in?
전문분야가 무엇입니까?

I am head of a sex crime squad.
저는 성범죄 전담반 책임자입니다.

I belong to a drug task force.
저는 마약전담반에 있습니다.

I specialized in forensic medicine.
저는 법의학을 전문으로 합니다.

Forensic pathologists are responsible to establish the cause of death.
법의학자들은 사망원인을 밝히는 책임을 지고 있습니다.

Forensic psychology is the application of psychological knowledge to the criminal justice system.
법 심리학은 심리학적 지식을 형사사법제도에 적용시키는 것입니다.

A psychopath and a sociopath are both people who have serious mental problems.
사이코패스와 소시오패스는 둘 다 심각한 정신적인 문제점을 가지고 있는 사람입니다.

They can commit a heinous crime without feeling sorry for what they have done.
그들은 난폭한 행동을 저지르고도 그것에 대해 죄책감을 느끼지 않습니다.

A sociopath knows that killing is wrong but just doesn't care.
소시오패스는 살인이 잘못임을 알지만 개의치 않습니다.

A psychopath doesn't know that murdering innocent people is wrong.
사이코패스는 자신이 무고한 사람을 죽이는 것이 잘못임을 깨닫지 못합니다.

Media and online websites are a hotbed of imitative crimes.
미디어와 온라인 웹사이트는 모방범죄의 온상입니다.

Many copycat crimes were inspired by graphic depictions of criminal activity in the media.
많은 모방범죄들이 미디어의 생생한 범죄행위 묘사에 의해 고취되었습니다.

There are a large number of online websites which encourage crimes.
인터넷에 범죄를 부추기는 수많은 온라인 웹사이트들이 있습니다.

They met each other online on a website and plotted to commit a robbery.
그들은 한 인터넷 웹사이트에서 만나 강도질을 계획했습니다.

The incident set off a series of copycat crimes.
그 사건을 시초로 일련의 모방범죄가 일어났습니다.

A positive portrayal of school violence will influence kids to commit copycat offenses.
학교폭력의 긍정적인 묘사는 어린이들에게 모방범죄를 저지르게 할 수 있습니다.

Case 59 The conference was a great success.

S : Superintendent Hong, I'm listed as one of the closing ceremony speakers this afternoon.

H : That's right.

S : How long will I be expected to talk?

H : Well, each speaker may take up to three or four minutes.

S : Okay, that will be fine. All those present say that the conference was a great success.

H : That's good to hear. We owe it to all the speakers and attendees.

S : We thank you for your hard work and dedication to make it go well.

H : It was our duty as the host.

S : Next year the LA Police will host the conference. I think this conference will provide a bench mark for us.

H : Thank you. It's nice of you to say so.

S : Will you participate in the next year's conference?

H : I want to if circumstances allow. I worked at the Korean Consulate office in LA from two thousand ten to eleven.

S : Is that so?

H : Yes. I'd like to visit that beautiful city one more time.

S : I hope you can make it.

---

closing ceremony : 폐회식　all those present : 참석한 사람 모두　great success : 대성공
attendee : 참석인　hard work : 노고　dedication : 헌신　duty : 의무　host : 주최자, 주최하다
provide : 제공하다　bench mark : 기준, 수준점　participate : 참석하다　circumstance : 상황, 환경
consulate office : 영사관

Case 59

회의가 성공적이었습니다.

S : 홍 경정님, 제가 오늘 오후 폐회식 연설자 명단에 올라 있죠.

H : 네, 그렇습니다.

S : 연설 시간을 얼마로 해야 하나요?

H : 한 분당 3, 4분 정도 하시면 됩니다.

S : 알겠습니다. 참석자 모두들 회의가 매우 성공적이었다고 말합니다.

H : 그런 말을 들으니 기쁘군요. 모두 연설자들과 참석자들 덕분입니다.

S : 열심히, 헌신적으로 회의를 잘 이끌어주셔서 감사드립니다.

H : 주최 측으로서 해야 할 의무였습니다.

S : 내년에는 LA경찰청이 회의를 주최하는데 이번 회의를 벤치마킹 하도록 하겠습니다.

H : 그렇게 말씀해주셔서 감사합니다.

S : 내년 회의에 참석하실 건가요?

H : 사정이 허락하면 참석하고 싶습니다. 저는 LA에서 2010부터 11년까지 한국영사관에서 근무했었습니다.

S : 그래요?

H : 네, 그 아름다운 도시를 다시 한번 방문하고 싶습니다.

S : 그럴 수 있기를 바랍니다.

Key Terms

be expected to ~ : ~ 할 예정이다
How many people are expected to attend the meeting?
회의에 몇 사람이나 참석할 예정입니까?

take up to ~ : ~ 동안 소요되다
Resolution of this case may take up to several years.
이 사건을 해결하는 데 수년이 걸릴 수도 있습니다.

That/It will be fine : 좋다, 괜찮다
If you overrun your allotted time, it'll be fine.
할당된 시간을 초과해도 괜찮습니다.

be a great success : 대성공이다
The project was judged to be a great success.
그 일은 아주 성공적인 것으로 평가됩니다.

That's good to hear. 다행이다, 반가운 소식이다
I'm glad to hear that. That's nice to hear.

owe ~ to ~ : ~는 ~ 덕분이다
I owe my success to your support and cooperation.
여러분이 지지해주고 협조해 준 덕분에 성공했습니다.

go well : 잘되어가다
The investigation is going well.
수사는 잘 진행되고 있습니다.

host the conference : 회의를 주최하다
For the first time an African country will hold the conference.
처음으로 아프리카 국가에서 회의가 개최될 것입니다.

provide a benchmark : 기준점이 되다
Some of them are excellent, and provide a benchmark for others.
그들 중 일부는 뛰어나서 다른 사람들에게 비교평가대상이 됩니다.

It's nice of you to ~ : ~해서 고맙다
It's nice of you to come all the way to the airport to see me off.
이렇게 배웅하러 공항까지 나와주셔서 감사합니다.

participate in ~ : ~에 참석하다
A couple of computer experts will participate in the meeting.
두세 명의 컴퓨터전문가들이 회의에 참석할 것입니다.

if circumstances allow : 사정이 허락하면
I will go if circumstances allow/permit.
사정이 허락하면 가겠습니다.

More Expressions !

So far, so good.
지금까지는 순조로웠습니다.

I'd like to ask all of you to work hard so that the event will go smoothly.
원활한 행사 진행을 위해 모두 열심히 일해주시기 바랍니다.

The event didn't go as well as planned.
행사가 계획한 대로 잘 진행되지 않았습니다.

The last hour will be devoted to questions from the floor.
마지막 시간은 참가자들에게 질문을 받는 데 할애될 것입니다.

The conference hall was crowded with members and newspaper reporters.
회의장은 회원들과 신문기자들로 북적거렸습니다.

We arranged some extra personnel for the closing ceremony.
폐회식을 위해 진행요원을 추가로 배치했습니다.

We strongly hope that this conference can be brought to a successful conclusion.
유종의 미를 거둘 수 있기를 바랍니다.

The conference brought about a desirable outcome.
회의가 성공적이었습니다.

We appreciate your care and hospitality throughout the conference.
회의 기간 내내 보살핌과 호의에 감사드립니다.

We only did what we were supposed to do.
당연히 할 일을 했을 뿐입니다.

We are hosting two more international conferences within the year.
우리는 연내에 국제회의를 두 차례 더 개최할 것입니다.

Police leaders from Asian countries will meet at an international conference in Seoul next month.
다음 달 서울에서 열리는 국제회의에서 아시아국가 경찰 수뇌들이 만날 것입니다.

A two-day international convention will be held to discuss ways to tackle organized crime in July.
7월에 조직범죄에 맞서는 방안을 논의하기 위해 이틀간의 국제회의가 열릴 것입니다.

This room is large enough to hold approximately five hundred people.
이 회의장은 약 500명 정도를 수용할 수 있습니다.

This room is equipped with the newest public address system and digital projector.
이 방은 최신 마이크방송설비와 디지털영사기가 설치되어 있습니다.

A video conference is available in this room.
이 방에서는 화상회의가 가능합니다.

This hall has state-of-the art equipment.
이 홀은 최첨단장비를 갖추고 있습니다.

Case 60 The Commissioner-General will award you with an appreciation plaque.

H : Good day, Commander Spencer.

S : Good day to you. How can I help you?

H : At the closing ceremony this afternoon, the Commissioner-General will ask you to come up on stage to accept an appreciation plaque.

S : Oh, OK. How will that work?

H : He'll call your name and wait for you to come up on stage. You need to stand across from him. He'll read the plaque to you in English.

S : Okay.

H : When he holds the plaque out to you, you need to hold it and pause for a moment for the photographers to take some pictures. Then you can walk back down to your seat.

S : All right, I understand.

H : After the ceremony, all the participants will attend the dinner at the invitation of the Commissioner-General.

S : Sounds great. When will this be?

H : It's at six so you have some time to relax at your hotel.

S : OK. Should I dress in uniform?

H : No, you don't have to. Wear whatever is comfortable.

S : All right.

---

closing ceremony : 폐회식 Commissioner-General : 경찰청장 accept : 받아들이다
appreciation plaque : 감사패 work : 진행되다 pause : 멈추다 photographer : 사진사
participants : 참석자 invitation : 초대 relax : 휴식을 취하다 uniform : 제복
comfortable : 편안한

Case 60

경찰청장님께서 감사패를 수여하실 겁니다.

H : 안녕하세요, 스펜서 총경님.

S : 안녕하세요. 무슨 일이죠?

H : 오늘 폐회식에서 경찰청장님께서 스펜서 총경님께 감사패를 받으러 단상으로 올라오시라고 할 것입니다.

S : 오, 알겠습니다. 어떻게 진행이 되나요?

H : 총경님 이름을 부른 후 단상으로 올라오기를 기다리실 겁니다. 청장님 맞은편에 서시면 영어로 감사패를 읽으실 겁니다.

S : 알겠습니다.

H : 감사패를 내밀면 사진사가 사진을 찍을 수 있도록 감사패를 들고 잠시 멈춰주시기 바랍니다. 그런 다음 자리로 돌아가시면 됩니다.

S : 네, 알겠습니다.

H : 식이 끝나면 경찰청장님 초대로 모든 참석자들이 만찬에 참석하실 겁니다.

S : 좋습니다. 언제죠?

H : 여섯 시이니 호텔로 돌아가셔서 좀 쉴 수 있습니다.

S : 알겠습니다. 정복을 입어야 하나요?

H : 아닙니다. 편한 옷으로 입고 오세요.

S : 알겠습니다.

Key Terms

Good day. 안녕하세요 (낮에 하는 인사)
Good day to you.

at the closing ceremony : 폐회식에
All the top brass was at the closing ceremony.
고급 간부들이 모두 폐회식에 참석했습니다.

How will ~ work? : ~는 어떻게 진행되니
Could you explain how the investigation will work?
수사가 어떻게 진행될지 설명해주시겠습니까?

come up on stage : 무대로 올라가다
When you hear your name, come up on stage.
호명되면 무대로 올라오세요.

hold out : 내밀다
I held out my hand to help her get up.
저는 그녀가 일어서는 것을 도우려고 손을 내밀었습니다.

take pictures : 사진을 찍다
You can't take pictures in this area.
이 지역에서는 사진을 찍을 수 없습니다.

back down to one's seat : 자리로 돌아가다
Don't stay on stage. Go back down to your seat.
무대에 남아있지 말고 제자리로 돌아가세요.

attend the dinner : 만찬에 참석하다
Almost all the participants attended the dinner.
거의 모든 참석자들이 만찬에 참석했습니다.

at the invitation of ~ : ~의 초대로
I went to the reception party at the invitation of the host.
저는 주최 측의 초대로 환영파티에 갔습니다.

have some time to ~ : ~ 할 시간이 있다
Do you have some time to discuss the latest suicide cases?
최근의 자살사건들에 관해 논의할 시간이 있습니까?

in uniform : 제복을 입은
When not in uniform, you don't look like a policeman.
제복을 입지 않으면 경찰관으로 보이지 않습니다.

whatever is ~ : ~ 한 것은 무엇이든
I'll make it at whatever time is good for you.
그쪽 편한 시간에 맞추겠습니다.

More Expressions !

The closing ceremony will begin at four in the afternoon.
폐회식은 오후 4시에 시작합니다.

We request the pleasure of your company.
꼭 참석해주시기 바랍니다.

We'd appreciate it if you all could attend.
모두 참석해주시면 감사하겠습니다.

All the speakers will be presented with memorial tablets.
모든 연설자들은 기념패를 받을 것입니다.

The Commissioner of Seoul Metropolitan Police will be here to say thank you to everybody.
서울경찰청장님께서 여러분께 감사인사를 드리러 참석하실 겁니다.

There will be a dinner party for all the participants and staff tonight.
오늘 저녁에 모든 참석자들과 스텝들을 위한 만찬파티가 있습니다.

The leading members of the Seoul Metropolitan Police will attend the dinner.
서울경찰청 수뇌부들이 만찬에 참석할 것입니다.

The Commissioner General looks forward to having dinner with you this evening.
경찰청장님께서 여러분과의 저녁식사를 기대하고 있습니다.

He sent me to take you to the restaurant.
청장님께서 여러분을 식당으로 모시라고 저를 보냈습니다.

Come down to the main entrance of the hotel by five thirty. There will be a bus waiting for you.
호텔정문으로 5시 반까지 내려오세요. 버스가 기다리고 있을 겁니다.

It's just ten minutes drive from hotel to restaurant.
호텔에서 식당까지 차로 10분 거리입니다.

The restaurant serves a full course Korean meal. I hope you will enjoy it.
한정식집입니다. 음식이 입에 맞으면 좋겠습니다.

Is there a dress code for dinner?
만찬에 복장규정이 있습니까?

Do I have to dress up or is casual wear all right?
정장을 입어야 하나요, 아니면 평상복을 입고 가도 됩니까?

It's not a black-tie dinner. You don't need to dress formally.
공식만찬이 아니니 정장을 입을 필요가 없습니다.

Business casual will be okay.
세미 정장이면 됩니다.

PART III

Outside the Conference
회의장 밖에서

Case 61 **만찬회장에서**

I'd like to propose a toast.

건배를 제의합니다.

Case 62 **한국음식 이야기**

Is the food okay with you?

음식이 입에 맞나요?

Case 63 **3박 4일 여행**

We will be taking you on a three-day tour of Gyeongju.

경주로 3박 4일 여행을 모시고 갑니다.

Case 64 **쇼핑 정보**

If you want to go shopping, we can help you.

쇼핑을 원하시면 도와드리겠습니다.

Case 65 서울 밤 문화 소개

What is the nightlife like in Seoul?

서울의 밤 문화는 어떤가요?

Case 66 서울 관광지 추천

Can you recommend popular areas in Seoul?

서울에서 인기 있는 곳 좀 추천해주세요.

Case 67 한국경찰에 관한 이야기

What do Koreans think about the police?

한국인들은 경찰에 대해 어떻게 생각하나요?

Case 61

I'd like to propose a toast.

H : Hong CG : Commissioner General E : Everyone S : Spencer

H : I'd like, once again, to welcome all of you to Seoul. The Commissioner General will propose a toast before we start our meal. Please raise your glasses.

CG : It is our great honor to have you all here for this conference. This conference's success is due to you, so I'd like to toast to new friends, new ideas, and new solutions. Cheers!

E : Cheers!

S : Superintendent Hong, are you fond of drinking?

H : Kind of, but I can't drink much. What about you?

S : I was a binge drinker once but now I try to go easy on the alcohol these days.

H : Good for you. By the way, have you tried makgeolli?

S : No, I haven't. What kind of alcohol is it? Is it strong?

H : It's Korean traditional rice wine and not that strong. It tastes good but some says it gives bad hangovers.

S : I'll try it. [after having a drink] Wow, it tastes good. Would you care for one?

H : Sure. [after drinking] I'm already beginning to feel lightheaded.

S : Really? You get drunk way too easily.

H : Yeah. Besides, a little drink makes me flushed.

S : Your face did turn red.

---

welcome : 환영한다 once again : 한번 더 propose : 제안하다 toast : 건배 raise : 들어올리다 honor : 명예 solution : 해결책 cheers : 건배 binge drinker : 폭음하는 사람 strong : 독한 traditional : 전통적인 try : 시도하다 rice wine : 막걸리, 청주 등 쌀로 만든 술 hangover : 숙취 lightheaded : 약간 어지러운 drunk : 술이 취한 flushed : 빨간, 상기된

Case 61 건배를 제의합니다.

H: 다시 한번 여러분들이 서울에 오신 것을 환영합니다. 식사를 시작하기 전에 청장님께서 건배를 하실 겁니다. 잔을 들어주십시오.

CG: 여러분을 이번 회의에 모시게 되어 영광입니다. 여러분 덕분에 이번 회의를 성공적으로 마쳤습니다. 새로운 벗, 새로운 생각들, 그리고 새로운 해결책을 위하여 건배를 하고 싶습니다. 건배!

E: 건배!

S: 홍 경정님, 술 좋아하세요?

H: 좋아하는 편이지만 잘 마시지는 못합니다. 총경님은요?

S: 전 폭음을 했었는데 요즘은 좀 덜 마시려고 노력하고 있습니다.

H: 잘하셨어요. 그런데 막걸리 마셔 보셨나요?

S: 아뇨. 무슨 술인가요? 독주인가요?

H: 쌀로 빚은 한국 전통술인데 그렇게 독하지는 않습니다. 맛은 좋지만 숙취가 심하다는 사람도 있어요.

S: 한번 마셔보죠. [마신 후] 와, 맛있습니다. 한잔 하시겠어요?

H: 네. [마신 후] 전 벌써 취하는 것 같습니다.

S: 정말이요? 너무 쉽게 취하시는군요.

H: 네, 게다가 조금만 마셔도 얼굴이 빨개집니다.

S: 정말 얼굴이 빨개졌어요.

Key Terms

propose a toast : 건배를 제의하다
I'd like to prose a toast to all the police officers.
모든 경찰관들을 위해 건배합니다.

It's a great honor to ~ : ~ 해서 큰 영광이다
It's a great honor for me to receive this award.
제가 이 상을 받게 되어 큰 영광입니다.

have ~ here/with us : ~와 함께하다
We're happy to have you here with us on this special occasion.
여러분들을 이 특별한 자리에 모시게 되어 기쁘게 생각합니다.

due to : ~ 덕택으로
Our success is entirely due to your support.
우리의 성공은 전적으로 여러분의 성원 덕분입니다.

be fond of ~ : ~을 좋아하다
I'm fond of travelling.
저는 여행을 좋아합니다.

go easy on ~ : 줄이다, 적게 쓰다
My doctor said I had to go easy on sugar and salt.
의사가 설탕과 소금섭취를 줄이라고 말했습니다.

Good for you! 잘했다, 축하한다
"I quit drinking." "Good for you."
"저 술 끊었어요." "잘했어."

give/relieve hangover : 숙취를 일으키다/해소하다
If you mix your drinks, it will give you a bad hangover.
술을 섞어 마시면 숙취가 심합니다.

Would you care for ~ : ~ 하겠니
Would you care for another drink?
한 잔 더 하시겠어요?

feel lightheaded : 술 취하다
A glass of beer makes me feel lightheaded.
맥주 한 잔만 마셔도 취합니다.

way too easily : 너무 쉽게
You passed up your chance way too easily and way too fast.
당신은 기회를 너무 쉽게, 너무 빨리 포기했습니다.

turn red : 빨개지다
His face turned red in embarrassment.
그는 당황하여 얼굴이 빨개졌습니다.

More Expressions !

I appreciate your taking the time to attend the conference.
이렇게 시간을 내어 회의에 참석해주셔서 감사 드립니다.

May we all learn and grow as we spend this time together.
함께 시간을 보내면서 더 많이 배우고 성장하기를 바랍니다.

To all the officers who have lost their lives in order to make our life better.
우리의 삶을 더 낫게 만들기 위해 희생하신 경관들을 위해서!

Cheers! / Bottom up! / Drink up!
건배!

I am a social drinker. / I like to go out with my co-workers for drinks.
전 사교적 음주가입니다. / 저는 동료들과의 술자리를 즐깁니다.

I like to drink hard liquor.
저는 독주를 즐겨 마십니다.

I'd like it straight/neat. / I'd like it on the rock.
스트레이트로 주세요. / 얼음물에 타서 주세요.

Red wines match well with meat dishes while white wines match with fish dishes.
레드와인은 육류요리와 잘 어울리고 화이트와인은 생선요리와 잘 어울립니다.

Don't raise your glass when someone is going to pour wine into it.
누가 와인을 따라 줄 때 잔을 들어 올리지 마세요.

How does beer sound? / I like draft beer more than bottled beer.
맥주 어때요? / 저는 병맥주보다 생맥주를 좋아합니다.

I will buy you a drink. / All right, the first round is on me.
제가 한잔 사겠습니다. / 자, 일차는 제가 사겠습니다.

Would you care for a refill? / This is on the house.
한잔 더 하실래요? / 이건 무료입니다.

Our department is having a get-together this evening.
오늘 저녁 부서 회식이 있습니다.

I drink in moderation and not so quickly. / I go easy on the alcohol.
저는 술을 절제하면서 천천히 마십니다. / 술을 적게 마시려고 합니다.

I can't hold alcohol. / I don't touch alcohol.
전 술이 약합니다. / 전 술을 입에 대지 않습니다.

I was on the wagon but I'm off it now.
전에는 술을 마셨지만 이제는 끊었습니다.

I'm on medication now so I can't drink.
지금 약을 먹고 있어서 술을 못 마십니다.

I'm already pretty buzzed. / I am loaded.
벌써 많이 취했습니다.

I threw it all up and blacked out last night.
지난 밤 술 먹고 다 토한 후에 기절했습니다.

Do you have a drinking habit?
주사가 있습니까?

Case 62

Is the food okay with you?

H : How's your dinner going? Finding enough to eat?

S : Yes, most dishes are very delicious.

H : Have you been trying Korean restaurants this week?

S : Yes, I've tried four or five.

H : How do you like Korean food?

S : I don't like to eat really spicy food, so I've avoided anything that looks too hot. But the barbecue meals I had were excellent.

H : Yeah, most people like barbecue meals like bulgogi or broiled rib.

S : I've also had some great soups like samgyetang and some good rice dishes.

H : I heard samgeytang is very popular among foreign tourists. Do you like noodles?

S : Yes, I do.

H : You may want to try naeng-myun. It's a noodle dish served cold. It is not spicy, although many people add mustard to it for flavor.

S : That sounds interesting. I'll try to look for it tomorrow.

H : You also should try soft tofu stew, bibimbob or beef rib soup. They aren't spicy and very nutritious.

S : OK. Could you write them down for me, please?

H : Sure. I'll write down those dishes and restaurants popular for each dish. [pause] Here you are.

S : Thanks a lot.

H : Not at all.

---

dish : 요리 delicious : 맛있는 spicy, hot : 매운 barbecue meal : 구이 요리 excellent : 매우 훌륭한 broiled rib : 갈비구이 soup : 찌개, 국 rice dishes : 백반음식 noodle : 국수 mustard : 겨자 flavor : 풍미 soft tofu stew : 순두부찌개 beef rip soup : 갈비탕 nutritious : 영양가 있는

Case 62

음식이 입에 맞나요?

H: 저녁식사 어떠세요? 드실 만한 음식이 충분한가요?

S : 네, 대부분의 요리들이 맛있습니다.

H: 이번 주에 한국식당에 가보신 적 있나요?

S : 네, 네댓 번 갔습니다.

H: 한국 음식 어떠세요?

S : 매운 음식을 안 좋아해서 매워 보이는 건 피했어요. 하지만 한국 구이요리는 정말 맛있었습니다.

H: 그래요, 대부분의 사람들이 불고기나 갈비구이 같은 구이음식을 좋아합니다.

S : 그리고 삼계탕이나 다른 백반도 먹어봤습니다.

H: 삼계탕이 외국인들 사이에서 인기라고 들었습니다. 국수는 좋아하시나요?

S : 네, 좋아합니다.

H: 그러면 냉면 한번 드셔보세요. 차게 해서 나오는 국수요리입니다. 풍미를 위해 겨자를 넣기도 하지만 맵지 않아요.

S : 맛있을 것 같네요. 내일 한번 먹어보겠습니다.

H: 순두부찌개나 비빔밥, 갈비탕 같은 것도 드셔보세요. 맵지 않고 아주 영양가가 있습니다.

S : 알겠습니다. 그 음식들 좀 적어주시겠어요?

H: 네, 음식들이랑 그 음식으로 유명한 음식점도 같이 적어드리겠습니다. 여기 있습니다.

S : 감사합니다.

H: 천만에요.

Key Terms

How is ~ going? : ~는 어때

How's your day going?

요즘 어떻게 지내세요?

find enough to eat : 먹을 만한 음식들이 충분히 있는

Is it your first time eating Korean food? Are you finding enough to eat?

한국 음식 처음 드세요? 드실 만한 음식이 충분히 있나요?

Have you tried ~? : ~ 먹어 봤니

Have you ever tried a live octopus?

산낙지 먹어본 적 있습니까?

How do you like ~? : ~는 마음에 드니

How do you like your new car?

새 차 어때요?

I've avoided ~ : ~을 피해오다

I've avoided eating meat since seeing a documentary on factory farming.

공장식 축산창고에 관한 다큐멘터리를 본 후로는 고기를 먹지 않습니다.

looks ~ : ~처럼 보이다

He looks shocked seeing people eat dog meat.

그는 사람들이 개고기를 먹는 것을 보고 충격을 받은 것 같습니다.

served cold : 차게 해서 나오는

On hot days you'd better get food that is served cold.

더운 날에는 찬 음식을 먹는 게 좋습니다.

add ~ to ~ : ~에 ~를 더하다

You'd better add some vegetables to that meat dish.

고기요리에는 야채를 곁들이는 게 좋습니다.

for flavor : 향을 내다, 맛을 더하다

A beef soup base can be used for added flavor.

맛을 더하기 위해 소고기 스프 베이스를 사용할 수 있습니다.

be popular among : ~ 사이에서 인기가 있는

Soju is popular among every generation in Korea.

소주는 한국에서 전 세대에 걸쳐 인기입니다.

popular for ~ : ~으로 유명한

Let me tell you about a few places popular for their fabulous dining and shopping.

근사한 식당과 쇼핑으로 인기 있는 몇몇 장소를 소개하겠습니다.

Not at all. 천만에

Don't mention it. You're welcome.

More Expressions!

Is there a Korean restaurant around?
근처에 한국음식점이 있습니까?

This restaurant serves Korean table d'hôte.
이 식당은 한정식집입니다.

All the dishes are laid out on the table.
모든 음식들이 상에 차려져 있습니다.

There are dozens of side dishes on the table.
상에 반찬이 수십 가지입니다.

You can also choose one from the à la carte menu.
일품요리 중에서도 선택할 수 있습니다.

I hope you will enjoy your meal.
맛있게 드시기를 바랍니다.

What is the most typical Korean meal?
대표적인 한국음식은 무엇입니까?

Kimchi is a typical spicy side dish in Korea.
김치는 대표적인 매운 음식입니다.

Korea's representative meat dishes are bulgogi and samgyupsal.
한국의 대표적인 고기요리는 불고기와 삼겹살입니다.

Bulgogi and bibimbop are very popular among foreigners.
불고기와 비빔밥은 외국인들에게 인기가 많습니다.

Most Korean dishes are healthy food.
대부분의 한국음식들은 건강식입니다.

This is the first time I've eaten Korean cuisine.
한국음식을 처음 먹어봅니다.

The kimchi was so spicy that I later had heartburn.
김치가 너무 매워 나중에 속이 쓰렸어요.

I'd like to try popular street foods like ddeokbokgi or soondae.
저는 떡볶이나 순대 같은 인기 있는 길거리 음식을 먹어보고 싶습니다.

People eat invigorating food like samgyetang to boost their energy during the summer.
사람들은 여름에 기운을 돋우기 위해 삼계탕 같은 보양식을 먹습니다.

The Korean royal cuisine looks too good to even touch.
한국 궁중음식은 너무 근사해 보여 손대기가 아까울 정도입니다.

Case 63 We will be taking you on a three-day tour of Gyeongju.

H : We will be taking you on a three-day tour of Gyeongju.

S : I heard about that. When are we going to leave?

H : We'll leave at nine am tomorrow morning so you need to come down to the lobby by eight fifty.

S : Okay. By the way, what kind of a city is Gyeongju?

H : It was the capital of the old Shilla dynasty so it has many historic sites.

S : Great. I love to visit old cities.

H : I'm sure you will love the city. Yangdong village in Gyeongju is listed as a World Heritage site by the UNESCO.

S : Wow, I'm so excited.

H : You can read about the city and all the cultural attractions in the booklet I left with you at your hotel.

S : Okay. I'll take a look at them tonight.

H : The trip is well planned. You'll have a guided tour each day as a group and also have free time to look around on your own.

S : Sounds great!

H : We think you'll all have a great time.

S : How long does it take from here to Gyeongju?

H : It'll take about four hours. You'll travel in a luxury bus which is very comfortable.

S : A four hour bus ride is not a long trip for Americans, ha ha ha.

---

three-day tour : 3박 4일 여행 leave : 출발하다 capital : 수도 dynasty : 왕조 historic site : 유적지 old city : 고도 world heritage site : 세계문화유산 cultural attractions : 문화 관광지 booklet : 책자 guided tour : 가이드가 안내하는 여행 luxury bus : 우등버스 bus ride : 버스탑승 long trip : 장거리 여행

Case 63

경주로 3박 4일 여행을 모시고 갑니다.

H : 여러분을 경주로 3박 4일간 모시고 갑니다.

S : 네, 들었습니다. 언제 떠나죠?

H : 내일 아침 9시에 떠나니 로비로 8시 50분까지 내려오십시오.

S : 알겠습니다. 그런데 경주는 어떤 도시인가요?

H : 경주는 옛 신라왕조의 수도였는데 많은 유적지가 있습니다.

S : 좋아요. 전 옛 도시를 좋아합니다.

H : 분명 경주를 좋아하실 겁니다. 경주에 있는 양동마을은 유네스코가 세계문화유산으로 지정하였습니다.

S : 와, 기대되는데요.

H : 호텔방에 남겨둔 책자에서 경주와 관광명소들에 대해 읽어보실 수 있습니다.

S : 알겠습니다. 오늘 밤에 읽어보죠.

H : 여행 일정은 잘 짜여졌어요. 매일 그룹으로 가이드관광을 하시고 또 개별적으로 둘러볼 수 있는 자유시간을 가질 것입니다.

S : 좋아요.

H : 모두들 즐거운 시간 보내실 겁니다.

S : 여기서 경주까지는 얼마나 걸리나요?

H : 네 시간 정도 걸립니다. 우등버스로 가셔서 편안하실 겁니다.

S : 미국인들에게 4시간 버스여행은 장거리여행이 아닙니다. 하하하.

Key Terms

take on a tour : 구경시켜주다, 관광을 데리고 가다
I appreciate your taking me on a tour of downtown.
시내 구경을 시켜주셔서 감사합니다.

hear about ~ : ~에 대해 들어보다
I've heard so much about you.
말씀 많이 들었습니다.

leave at ~ : ~에 떠나다
It starts at six so you'd have to leave at about five thirty.
6시에 시작하니 5시 반쯤에는 나가야 합니다.

I'm sure ~ : 분명히 ~하다
I'm sure I met you once.
분명 당신을 만난 적이 있습니다.

be listed : 명부에 오르다
Many cultural and natural assets of Korea are listed as World Heritage by UNESCO.
한국의 많은 문화유산과 자연유산이 유네스코에 의해 세계유산으로 지정되었습니다.

be excited : 들뜨다
I'm excited in the anticipation of the trip.
여행에 대한 기대감으로 들떠 있습니다.

leave ~ with ~ : ~를 ~에게 ~맡겨 두다
She is not here at the moment so leave it with me.
그녀가 부재중이니 제게 맡겨 두세요.

take a look at ~ : ~을 보다
Let me take a close look at it first before I sign it.
서명하기 전에 면밀히 한번 살펴보겠습니다.

have free time : 자유시간을 갖다
Do you have free time this coming Saturday?
이번 토요일에 시간 좀 있나요?

look around : 둘러보다
Where do you want to look around today?
오늘은 어디를 둘러보고 싶으세요?

on your own : 혼자, 직접
After that, you'll be free to explore the area on your own.
그 시간 이후로는 자유롭게 근처를 둘러보세요.

have a great/good time : 좋은 시간을 보내다
I want you to have a great time.
즐거운 시간이 되길 바랍니다.

More Expressions !

We arranged the schedule for the trip.
여행일정을 짰습니다.

It will be a good chance for you to learn Korean culture and history.
한국의 문화와 역사에 대해 배울 수 있는 좋은 기회입니다.

You can enjoy the beautiful land of Korea.
한국의 아름다운 자연을 즐길 수 있습니다.

You can choose between two options : Jeju Island or Gyeongju.
제주나 경주 중에서 선택하세요.

Jeju Island is famous for its beautiful beaches and fresh seafood.
제주도는 아름다운 해변과 신선한 해산물로 유명합니다.

There are wonderful hiking trails called Olle Roads along the coast of Jeju.
제주 해변을 따라 올레라고 하는 멋진 하이킹 코스들이 있습니다.

Olle Roads on Jeju benchmarked Camino de Santiago.
제주도 올레길은 산티아고 순례길을 벤치마킹했습니다.

Busan, which is the second largest metropolis after Seoul, is one of the most popular tourist attractions.
서울에 이어 두 번째로 큰 대도시인 부산은 가장 인기 있는 관광지 중의 하나입니다.

Busan is known for its awesome beaches and water sports, sea food markets, and the Busan International Film Festival is held annually there.
부산은 멋진 해변과 해양스포츠, 해산물시장으로 유명하고 부산국제영화제가 매년 열립니다.

Gwangwondo is an awesome place. You can enjoy both beautiful beaches and mountains.
강원도는 정말 멋진 곳입니다. 아름다운 바다와 산을 함께 즐길 수 있습니다.

You can stay in Seoul and go sightseeing throughout Seoul.
서울에 남아서 서울 곳곳을 관광할 수도 있습니다.

The Seoul City Tour Bus takes you past all the hotspots for tourists.
서울시내관광버스를 타면 관광명소들을 모두 지나게 됩니다.

Take a double-deck tour bus and visit the traditional markets.
이층투어버스를 타고 전통시장들을 방문해보세요.

You can hop on and hop off as often as you want.
원하시는 만큼 타고 내리고 할 수 있습니다.

I'd like to recommend a Temple Stay. It will be a relaxing and totally new experience.
템플스테이를 추천합니다. 편안하고 매우 색다른 경험이 될 것입니다.

You can take a tour of the DMZ, the spot of division.
분단의 현장인 비무장지대를 관광할 수 있습니다. * DMZ : Demilitarized Zone

Case 64 If you want to go shopping, we can help you.

H : What will you do this weekend?

S : I promised my family gifts so I thought I'd look for some on Saturday afternoon.

H : There are many big shopping areas in Seoul. If you plan on shopping, we can arrange for someone to go along with you as your guide.

S : Wow! That would be more than helpful. I'd greatly appreciate it.

H : Take a look at the brochures I left with you. Think about which market you might want to see.

S : Where would you recommend?

H : The three main choices would be Namdaemun, Dongdaemun and Itaewon.

S : What are those markets known for?

H : You can find a lot of cheap but high-quality goods. Plus you can enjoy haggling over the price.

S : OK, I'll try to decide tonight.

H : Great. Well, give me a call by ten o'clock Saturday morning and I'll set everything up for you.

S : Sounds perfect. I'll call you then.

---

weekend : 주말 promise : 약속하다 shopping area : 쇼핑장소 arrange : 주선하다
brochure : 책자 recommend : 추천하다 main choice : 주요선택 high-quality : 좋은 품질의
goods : 상품 haggle : 흥정하다 decide : 결정하다 perfect : 완벽한

Case 64

쇼핑을 원하시면 도와드리겠습니다.

H: 주말에는 뭘 하실 겁니까?

S : 가족들에게 선물을 약속해서 토요일 오후에 선물 좀 사러 가야겠어요.

H: 서울에는 큰 쇼핑구역들이 많습니다. 쇼핑 가신다면 가이드로 동행할 사람을 주선해드리겠습니다.

S : 와, 정말 도움이 될 것 같아요. 감사합니다.

H: 총경님께 드린 안내책자를 보시고 어느 시장을 가실지 생각해보세요.

S : 어디를 추천하시겠어요?

H: 주로 선택하는 세 곳이 남대문시장, 동대문시장, 이태원입니다.

S : 그 시장들은 무엇으로 유명합니까?

H: 싸고 좋은 물건들이 많습니다. 그리고 흥정하는 재미도 있습니다.

S : 알겠습니다, 오늘 밤에 결정하도록 하죠.

H: 좋습니다. 그럼 토요일 오전 10시까지 전화를 주시면 모든 준비를 해놓겠습니다.

S : 좋습니다. 그때 전화드리죠.

Key Terms

plan on ~ : ~ 할 예정이다
If you plan on taking a tour of Namdaemun, go there early in the morning.
남대문을 갈 예정이면 새벽에 가세요.

arrange for someone : 사람을 주선해주다
I will arrange for someone to take you around.
모시고 다닐 사람을 주선해드리겠습니다.

go along with : 함께 가다
You want to go along with us for the ride?
함께 타고 갈래요?

That would be (more than) helpful. 정말 도움이 되겠다
If you give us a ride, that would be very helpful.
차를 태워주신다면 정말 도움이 될 것입니다.

I'd appreciate it. 감사하다
I'd appreciate it if you accompany me to the market.
시장에 동행해주시면 감사하겠습니다.

take a look at ~ : ~을 보다
Leave it on the table and I'll take a look at it first thing in the morning.
책상에 두고 가시면 아침에 맨 먼저 살펴보겠습니다.

Where would you recommend : 어디가 좋을까
Where would you recommend I go for shopping?
쇼핑을 가려면 어디가 좋을까요?

be known for ~ : ~으로 알려져 있다
Cheongdamdong is known for its eye-catching architecture.
청담동은 눈길을 끄는 건축물들로 유명합니다.

high quality : 고품질의
How can I buy high quality goods at low prices?
어떻게 하면 고품질의 상품들을 싼 가격으로 살 수 있을까요?

haggle over the price : 값을 흥정하다
I'm not good at haggling over the price.
저는 물건 값을 잘 깎지 못합니다.

give me a call : 전화해줘
Give me a call when you are ready.
준비되시면 전화주세요.

set up : 준비하다
You need to set everything up for the event.
그 행사를 위해 만반의 준비를 해야 합니다.

More Expressions!

I know a great place you'll like.
당신이 좋아할 만한 곳을 알고 있습니다.

You can buy things duty-free at major department stores.
주요백화점에서 면세로 물건을 살 수 있습니다.

All the department stores are having a sale this week.
모든 백화점이 이번 주에 세일을 합니다.

All goods have been marked down by more than thirty percent.
모든 상품이 30% 이상 할인되었습니다.

All sales are final. No refunds, no exchanges.
최종세일입니다. 환불도 교환도 안 됩니다.

Dongdaemun Market is an awesome place for shopping.
동대문시장은 쇼핑하기에 매우 좋은 곳입니다.

Namdaemun Market is Korea's most popular place to shop.
남대문시장은 한국에서 가장 유명한 쇼핑장소입니다.

Itaewon Market is a very interesting shopping area.
이태원시장은 매우 재미있는 쇼핑지역입니다.

Myongdong is a popular shopping district especially for Chinese and Japanese.
명동은 특히 중국인과 일본인들에게 인기 있는 쇼핑지역입니다.

Conventional markets are always bustling with life.
재래시장들은 항상 활기차게 북적거립니다.

It is customary to haggle over the price in old, traditional markets.
오래된 재래시장에서 값을 깎는 것은 관례적입니다.

There are several large-scale duty-free shops in Seoul.
서울에는 여러 대규모 면세점들이 있습니다.

You have the whole afternoon to do some duty-free shopping.
오후 내내 면세점에서 쇼핑을 할 수 있습니다.

Shilla and Lotte duty-free shops are major ones in Seoul.
서울에서는 신라와 롯데 면세점이 제일 규모가 큽니다.

They are located in Incheon Airport as well as downtown.
그 면세점들은 시내에도 있고 인천공항에도 있습니다.

Cosmetics are the cheapest in Korean duty-free shops.
화장품은 한국면세점이 가장 쌉니다.

Case 65

What is the nightlife like in Seoul?

S : What is the nightlife like in Seoul?

H : There isn't much you can't do at night. This city has fun twenty-four seven.

S : Isn't it dangerous to hang out outside until late at night?

H : No, not at all. Seoul is a very safe city to live in.

S : Really?

H : Sure. Many feel comfortable walking about any part of the city at any time of day or night.

S : Great. Well then, where are good spots for nightlife?

H : Gangnam, Itaewon, Shinchon, and Hongdae are known for their exciting night life with restaurants, bars, and clubs. You can even shop, eat, or see a movie in Dongdaemun till five am.

S : Wow, that's amazing! Where would you recommend?

H : All those places are popular among foreign tourists.

S : What about Gangnam? I'd like to check out Gangnam style in person. Ha ha ha. Can you take me there tonight?

H : Sure. Well then, let's go to Apgujungdong tonight. The street there is always bustling at night.

S : Okay.

nightlife : 밤 문화 dangerous : 위험한 outside : 밖에서 comfortable : 편안한 spot : 장소 exciting : 신나는 amazing : 놀라운 recommend : 추천하다 popular : 인기 있는 foreign tourist : 외국인 관광객 bustle : 북적거리다

Case 65

서울의 밤 문화는 어떤가요?

S : 서울은 밤 문화가 어떤가요?

H : 밤에도 거의 모든 걸 다 할 수 있어요. 서울은 항상 재미있는 도시입니다.

S : 밤늦게 바깥에서 지내는 게 위험하지 않나요?

H : 전혀 위험하지 않아요. 서울은 살기에 매우 안전한 도시입니다.

S : 그래요?

H : 네. 많은 사람들이 밤낮 어느 때든 도심 어느 곳이든 마음 편히 돌아다닙니다.

S : 좋군요. 그렇다면 밤 문화를 즐기기에 좋은 지역이 어디입니까?

H : 강남, 이태원, 신촌, 또는 홍대 부근이 레스토랑과 술집, 클럽과 함께 신나는 밤 문화로 유명합니다. 심지어 동대문에서는 새벽 다섯 시까지 쇼핑하고 먹거나 영화를 볼 수 있습니다.

S : 와, 놀랍군요. 어디가 좋을까요?

H : 말씀 드린 모든 곳이 외국인 관광객들에게 잘 알려져 있습니다.

S : 강남은 어때요? 강남스타일을 직접 확인해보고 싶습니다, 하하하. 오늘 밤에 데려가 줄 수 있나요?

H : 그럼요, 그럼 오늘 밤 압구정동으로 갑시다. 압구정 거리는 밤에 항상 북적댑니다.

S : 좋아요.

Key Terms

have fun : 재미있다
We always joke around and have fun at recess.
우리는 휴식시간에 항상 농담을 나누고 즐거운 시간을 보냅니다.

twenty-four seven : 항상
He thinks about work twenty-four seven.
그는 자나 깨나 일 생각만 합니다.

hang out : 함께 어울리다, 많은 시간을 보내다
Many juvenile delinquents hang out in internet rooms.
많은 비행청소년들이 인터넷방에서 함께 어울립니다.

late at night : 밤 늦게
The police lay in wait for the criminal from sunup to late at night.
경찰이 범인을 잡기 위해 새벽부터 한밤중까지 잠복해 있었습니다.

Not at all. 천만에
"Do you think he will come on time?" "Not at all."
"그가 제 시간에 올까요?" "천만에요."

walk about : 돌아다니다, 산책하다
I recommend you to walk about Namsan trail near the hotel in the morning.
아침에 호텔 근처에 있는 남산길을 산책해 보세요.

at any time : 언제든
You can order room service at any time of day.
하루 중 언제든 방으로 식사를 시킬 수 있습니다.

any part of ~ : 어디든
There isn't any part of place that police can't reach.
경찰이 미치지 못하는 곳은 없습니다.

good spots for ~ : ~ 하기에 좋은 장소
A good spot for jogging is the walking trail along the Han River.
조깅을 즐기기에는 한강 산책로가 좋습니다.

That's amazing : 놀랍다
"He won the first prize." "That's amazing."
"그가 일등을 했어요." "정말 놀랍군요."

check out : 확인해보다
Let's check out the new restaurant across the street.
길 건너 새로 생긴 식당이 어떤가 가봅시다.

in person : 직접, 몸소
He gave a demonstration in person for his inferiors.
그는 부하들에게 친히 시범을 보였습니다.

More Expressions !

Seoul is very safe. Police do their best to keep peace day and night.
서울은 매우 안전합니다. 경찰이 밤낮없이 치안 유지에 최선을 다합니다.

Many restaurants and bars in big cities are open very late at night.
한국의 대도시에서는 많은 음식점과 식당들이 밤늦게까지 영업을 합니다.

Some businesses are open twenty-four hours a day.
24시간 영업하는 곳도 있습니다.

Although our city is safer than most, we do recommend women never walk or take taxis alone at night.
우리 도시가 대부분의 다른 도시들보다는 안전하지만 여성이 밤에 혼자 걷거나 택시를 타지 않도록 권고합니다.

If you like singing you can find singing rooms open all over the city especially late at night.
노래 부르는 걸 좋아하시면 도시 전체에 특히 늦은 밤까지 노래방들이 영업을 합니다.

You should definitely try a public bath house while you're here.
여기 있는 동안 대중목욕탕을 꼭 이용해보시기 바랍니다.

Saunas are open all night, too. It will be a totally new experience to go there at night.
사우나도 밤새 영업합니다. 밤에 사우나를 가보면 아주 색다른 경험이 될 겁니다.

The bus and subway service stops around midnight. Taxis are available twenty-four hours.
버스와 지하철은 자정 정도까지 운행하고 택시는 24시간 운행합니다.

Hongdae is a hot spot to enjoy cultural events, shopping, and an exciting night life.
홍대 부근은 문화행사와 쇼핑, 그리고 신나는 밤 문화를 즐기기에 매우 인기 있는 곳입니다.

There are many restaurants, theaters, clubs, and bars around Gangnam Station.
강남역 주변에는 많은 레스토랑과 극장, 클럽 그리고 술집들이 있습니다.

There are high-class restaurants and bars in Cheongdamdong and Apgujungdong.
청담동과 압구정동에는 고급 식당과 술집들이 많습니다.

You will have a lot of fun if you go to a night market like Dongdaemun or Namdaemun Market.
동대문이나 남대문시장 같은 야시장에 가면 즐길 것이 많습니다.

The shops there are open all night and the streets are full of people.
상점들을 밤새 열고 거리는 사람들로 붐빕니다.

There are all kinds of street vendors and some of them tout loudly on the street.
온갖 종류의 거리 상인들이 있고 그 중 행인을 상대로 큰 소리로 호객행위를 하는 상인도 있습니다.

You can get everything you want there.
원하는 건 다 살 수 있습니다.

The street is lined with a variety of food stalls and cart bars or pojangmacha in Korean.
거리는 다양한 음식가판대와 포장마차로 줄지어 있습니다.

You'll love the ambience of a pojangmacha. It's very friendly and kind of cheap.
포장마차 분위기를 좋아할 것입니다. 매우 정겹고 가격도 싼 편입니다.

Case 66 Can you recommend popular areas in Seoul?

H : Is there any place you'd like to go this weekend?

S : Can you recommend popular areas in Seoul?

H : If you'd like to see Korean culture, I would recommend Insadong and Samcheongdong together.

S : What are they known for?

H : Insadong is well known for its traditional street to both locals and foreigners.

S : Sounds like fun.

H : Samcheongdong is known for Gyeongbok Palace, numerous small art galleries, shops, and restaurants. You can also see restored hanok, Korean traditional-styled houses.

S : That sounds good, too.

H : If you are interested in music and arts, the Hongdae area is a good place to visit. The area provides street art festivals and performances, as well as music concerts by independent artists and main stream entertainers.

S : Good! I should try to go there.

H : Itaewon is also one of the most popular areas in Seoul for expats. There are a variety of restaurants serving international dishes.

S : I've heard about that place.

H : You can also find high quality leather products there at reasonable prices as well as various types of traditional Korean souvenirs.

S : Oh, my! It's so hard to choose where to go. I wish I had more time to enjoy Seoul.

H : Yeah, Seoul is an attractive city with lots of things to see and do.

Case 66

서울에서 인기 있는 곳 좀 추천해주세요.

H: 이번 주말에 가고 싶은 곳 있으세요?

S: 서울에서 인기 있는 곳 좀 추천해주세요.

H: 한국문화를 보고 싶으시면 인사동과 삼청동을 추천합니다.

S: 그곳들은 무엇으로 유명하죠?

H: 인사동은 한국인과 외국인 모두에게 전통거리로 잘 알려져 있습니다.

S: 재미있을 것 같군요.

H: 삼청동은 경복궁과 수많은 작은 갤러리들, 가게들, 그리고 식당으로 유명합니다. 그리고 한국전통가옥인 복원된 한옥도 볼 수 있습니다.

S: 거기도 좋은데요.

H: 음악과 미술에 관심이 있으시면 홍대가 좋습니다. 그 지역에서는 거리 예술축제와 공연들이 많이 열리고 많은 독립예술가들과 주류 연예인들이 그 곳에서 음악공연을 합니다.

S: 좋은데요. 가보고 싶어요.

H: 이태원은 관광객들에게 서울에서 가장 인기 있는 곳의 하나입니다. 세계 각국의 음식을 제공하는 다양한 레스토랑들이 있습니다.

S: 들어본 적 있습니다.

H: 그리고 다양한 한국 전통기념품은 물론 합리적인 가격에 좋은 품질의 가죽제품을 살 수 있습니다.

S: 아이쿠, 어디를 가야 할지 결정하기가 어렵네요. 서울을 즐길 수 있는 시간이 좀 더 있으면 좋겠습니다.

H: 네, 서울은 볼 것도 많고 할 것도 많은 매우 매력적인 도시입니다.

---

weekend : 주말 recommend : 추천하다 popular area : 인기지역 traditional street : 전통적 거리 local : 지역민 restored : 복구된 street art festival : 거리예술축제 performance : 공연 independent artist : 독립예술가 mainstream : 주류 entertainer : 연예인 expat(expatriate) : 외국인 international : 국제적인 dish : 음식 high quality : 고질의 leather product : 가죽 제품 reasonable : 합리적인 souvenir : 기념품 attractive : 매력적인

Key Terms

Can you recommend ~ : ~을 추천해줘
Can you recommend any good Italian restaurants near here?
이 근처에 좋은 이탈리아식당을 추천해주시겠어요?

Sounds like fun. 재미있을 것 같다
Okay, that sounds like fun. What time is the party?
좋아요, 재미있을 것 같아요. 파티가 몇 시죠?

be interested in ~ : ~에 관심이 있다
I'm interested in Hanok Village.
저는 한옥마을에 관심이 있습니다.

as well as : 게다가
The place is full of activities to enjoy, as well as lots of things to buy.
그곳은 즐길 거리도 가득하고 게다가 살 것도 많습니다.

I should like to ~ : ~ 하고 싶다
I should like to stay here for a couple of days.
여기 이삼일 정도 머물고 싶습니다.

a variety of : 다양한
A variety of concerts will be held during the weekend.
주말에는 다양한 공연이 열립니다.

serve dishes : 요리를 내다
They serve authentic Korean dishes.
그곳에 가면 정통 한국음식을 맛볼 수 있습니다.

I've heard about ~ : ~에 관해 들어본 적이 있다
I've never heard about that before.
금시초문입니다.

at reasonable prices : 합리적인 가격으로
You can buy quality food at reasonable prices there.
그곳에서는 양질의 식품을 합리적인 가격에 사실 수 있습니다.

I wish I had ~ : ~ 하면 좋겠다
I wish I had a chance to visit Europe.
유럽에 갈 기회가 있으면 좋겠어요.

lots of things to ~ : ~ 할 것이 많은
There were lots of things to see and so many delicious foods.
볼 것도 많았고 맛있는 음식도 정말 많았습니다.

More Expressions !

Where are the must-see tourist attractions in Seoul?
서울에서 꼭 가봐야 할 곳은 어디입니까?

Bukchon and Namsangol Hanok Village are worth visiting because you can see some traditional architecture and design.
북촌과 남산골 한옥마을은 전통 건축물과 디자인을 볼 수 있어서 가볼 만합니다.

The Changdeok Palace is renowned for its exquisite gardens and courtyards.
창덕궁은 아름다운 정원과 안뜰로 유명합니다.

They provide guided tours in English, Japanese, and Chinese at Changdeok Palace.
창덕궁에서는 영어, 일어, 중국어 가이드투어를 제공합니다.

Insadong contains antique shops, art galleries, and traditional stationery shops.
인사동에는 골동품상정, 갤러리, 그리고 전통문방구점들이 있습니다.

Insadong is a mixture of a historical and modern atmosphere.
인사동은 역사적인 분위기와 현대적 분위기가 어우러져 있습니다.

Merchants tend to speak better English in the Itaewon area than merchants in other areas of the city.
이태원 상인들은 다른 지역 상인들보다 영어를 더 잘합니다.

Leeum Gallery located in Itaewon displays antiques as well as modern art pieces.
이태원에 있는 리움갤러리에서는 현대미술품뿐만 아니라 고미술품도 전시합니다.

Garosugil is a hotspot among young people. It's a trendy place to hang out.
가로수길은 젊은 사람들에게 인기 있는 곳입니다. 시간을 보내기에 멋진 곳입니다.

Gwanghwamun Square is a new hotspot to foreign tourists. You can see a view of a beautiful palace and mountains from the square.
광화문광장은 관광객들에게 새롭게 인기를 끄는 장소입니다. 광장에서 아주 멋진 궁과 산 경치를 볼 수 있습니다.

You can take a photo wearing a traditional court dress in Gwangwhamun Square.
광화문광장에서는 전통 궁중복장을 하고 사진을 찍을 수 있습니다.

You can enjoy a variety of street foods as well as shopping at Namdaemum Market.
남대문시장을 가면 쇼핑은 물론 다양한 길거리 음식들을 즐길 수 있습니다.

Cheongdamdong and Apgujeong Rodeo Street are seen as fashionable and trendsetting.
청담동과 압구정 로데오거리는 부유층이 애용하고 유행을 주도하는 곳들입니다.

Dongdaemun Market is seen as trendsetting on its own.
동대문시장 역시 독자적인 유행을 주도합니다.

Seoul N Tower is a good place to get a view of Seoul.
서울 N타워는 서울 경치구경을 하기에 좋은 곳입니다.

From the top of Namsan, you can get the night view of Seoul.
남산 꼭대기에서는 서울의 야경을 볼 수 있습니다.

Case 67

What do Koreans think about the police?

H : Did you enjoy your week here in Korea?

S : Yes, I had a great time and the conference was well done.

H : Did you have any problems with the Korean police officers?

S : No, not at all. I found them all quite helpful even if they didn't speak my language.

H : I'm glad to hear that.

S : Do people think the police are friendly in Korea?

H : We have improved significantly in recent years. However, the idea of the police being unfriendly and corrupt is still out there.

S : From my experience, I'm sure you will be able to overcome such negative images soon.

H : I hope so. We are educating and training all the officers across the country. Actually, it is paying off gradually.

S : That's good to hear.

H : It is certainly true that we've been doing our best to maintain public order.

S : It sure is! The public peace and safety of Korea are very impressive.

friendly : 친근한 improve : 향상되다 significantly : 상당히 recent years : 최근 corrupt : 부패한 overcome : 극복하다 negative : 부정적인 gradually : 점차 confident : 확신이 있는 maintain : 유지하다 public order : 치안 safety : 안전, 보안 impressive : 감명 깊은

Case 67 한국인들은 경찰에 대해 어떻게 생각하나요?

H : 한국에서 보낸 한 주가 즐거우셨습니까?

S : 네, 좋은 시간 보냈고 회의도 성공적이었습니다.

H : 한국경찰관들과 무슨 불편한 점이라도 있었습니까?

S : 전혀 없었습니다. 영어를 못해도 정말 잘 도와주셨습니다.

H : 그런 말을 들으니 기쁘네요.

S : 한국 사람들은 경찰을 친근하게 생각합니까?

H : 최근에 상당히 많이 향상되었습니다. 하지만 경찰이 불친절하고 부패했다는 생각은 여전히 남아 있습니다.

S : 제 경험에 의하면 그런 나쁜 이미지들을 곧 극복할 것 같습니다.

H : 그래야지요. 전국의 경찰들을 교육시키고 훈련시키고 있는데 그 효과가 점차 나타나고 있습니다.

S : 반가운 얘깁니다.

H : 저희가 치안을 유지하기 위해 최선을 다해왔다는 사실은 분명합니다.

S : 정말 그래요. 한국의 치안과 안전은 매우 인상적입니다.

Key Terms

well done : 잘했다
"Sir, I finished all the reports. Here they are." "Well done."
"모든 보고서들을 완성했습니다. 여기 있습니다." "잘했어요."

have problem with ~ : ~에 문제가 있다
I have a problem with my schedule.
제 스케줄에 문제가 있어요.

out there : 밖에는
It's a jungle out there. You've got to be strong to succeed.
바깥세상은 험합니다. 성공하려면 강인해야 합니다.

in recent years : 최근에
The Chinese tourists have been increasing rapidly in recent years.
최근에 중국인관광객들이 급증하고 있습니다.

from my experience : 내 경험으로는
Judging from my experience, it would be better to do so.
제 경험상으로는 그렇게 하는 것이 낫습니다.

across the country : 전국의
We drove across the country on vacation.
우리는 휴가 때 자동차로 국토를 횡단했습니다.

pay off : 성과를 올리다
Years of hard work finally paid off.
드디어 여러 해 동안 노력한 결실을 얻는군요.

That's good to hear. 그거 다행이다, 반가운 소식이다
"I'm much better now." "That's good to hear."
"이제 많이 좋아졌어요." "그거 다행이군요."

do one's best : 최선을 다하다
Sometimes doing one's best is not good enough.
때로는 최선을 다하는 것은 충분하지 않습니다.

It is certainly true that ~ : ~은 확실한 사실이다
It is certainly true that police have done a good job in reforming themselves.
경찰이 혁신을 잘 해왔다는 사실은 확실합니다.

maintain public order : 치안을 유지하다
The core function of the police is to maintain public order and to protect the basic rights of citizens.
경찰의 핵심기능은 치안을 유지하고 시민의 기본권리를 보호하는 것입니다.

It sure is. 정말 그래
"It's difficult to satisfy everyone." "It sure is."
"모두를 만족시키는 것은 힘듭니다." "정말 그래요."

More Expressions !

Korean Police are fighting against "four social evils" these days.
한국경찰은 최근에 4대 사회악 근절을 위해 싸우고 있습니다.

Police deliver social services as well as root out social evils.
경찰은 사회악을 뿌리 뽑을 뿐만 아니라 사회봉사도 하고 있습니다.

Police pay particular attention to school violence.
경찰은 학교폭력에 특별한 관심을 기울입니다.

Police should not abuse governmental power.
경찰은 공권력을 남용하지 말아야 합니다.

The invasion of governmental power is a cause for concern.
공권력 침해는 우려할 만한 문제입니다.

Using excessive force to break up demonstrations has tarnished the image of the police. However, the illegal and violent demonstrators are to blame as well.
시위의 과잉진압으로 경찰의 이미지가 많이 퇴색되었습니다. 그러나 불법적이고 난폭한 시위자들도 비난을 받아야 합니다.

Many police officers may get hurt or die while on duty.
많은 경관들이 임무를 수행하다 다치거나 죽기도 합니다.

Arming the police can cause firearms incidents.
경찰의 총기소지는 총기사건을 초래할 수 있습니다.

Arming the police is essentially a matter of self-defense.
경찰의 총기소지는 본질적으로 자기방어의 문제입니다.

Korea Police have been becoming less corrupt with each passing year.
한국경찰의 부패가 매년 줄어들고 있습니다.

Korean police are sparing no effort to clean up their image. As a result, they have overcome a lot of bad stereotypes.
한국경찰은 이미지 쇄신에 온 힘을 쏟고 있습니다. 그 결과 나쁜 이미지를 많이 극복하고 있습니다.

There still are some policemen who are involved in corruption or in crimes.
여전히 비리나 범죄에 연관된 경찰이 있습니다.

Police and the prosecution are fighting over the right of independent investigation.
경찰과 검찰이 수사독립권을 두고 싸우고 있습니다.

Police have tried to keep political neutrality and independence.
경찰은 정치적 중립과 독립을 유지하려고 애쓰고 있습니다.

PART Ⅳ

Farewell
작별

Case 68. **호텔에서 픽업**

Senior Inspector Kim will be here at twelve pm to pick you up

김 경감이 12시까지 모시러 올 겁니다.

Case 69 **체크아웃**

Let's head off to the airport.

공항으로 출발하시죠.

Case 70 **공항에서 작별**

Let's keep in touch.

계속 연락합시다.

Case 68 Senior Inspector Kim will be here at twelve pm to pick you up.

H : You are leaving tomorrow. Have you started packing?

S : I should have bought another suitcase. I bought so many things that I can't get everything into mine. Seoul is a shopper's paradise.

H : I'm glad you enjoyed shopping.

S : I also enjoyed Korean food. Maybe I'll have to find a Korean restaurant when I get back home.

H : I'm glad to hear that.

S : I like everything about this trip. The conference, food, shopping, nightlife, and especially the people. I'm so glad to have had this chance to get to know you.

H : Same here.

S : You're incredibly friendly and helpful. Here's a little something to express my gratitude.

H : Oh, you shouldn't have. I did nothing more than what any host ought to.

S : It's just a little thing. Please take it.

H : Okay, thank you very much for your gift. Can I open it when I get back home?

S : Sure.

H : Well, it's time to say good-bye. Get a good night's sleep. You have a long flight tomorrow.

S : Right.

H : Senior Inspector Kim will be here at twelve pm to pick you up.

S : Sounds good. Thank you again for everything. Let's keep in touch.

H : Sure. Let's keep in touch.

Case 68

김 경감이 12시까지 모시러 올 겁니다.

H: 내일 떠나시네요. 짐은 다 싸셨습니까?

S: 여행용 가방을 하나 샀어야 했어요. 물건을 너무 많이 사서 가방 속에 다 집어넣느라 애썼습니다. 서울은 쇼핑객의 천국입니다.

H: 쇼핑을 즐기셨다니 기쁩니다.

S: 한국음식도 좋았어요. 돌아가면 한국음식점을 찾을 것 같습니다.

H: 그거 반가운 얘기네요.

S: 이번 여행은 모든 게 좋았습니다. 회의, 음식, 쇼핑, 밤 문화, 특히 사람들이요. 홍 경정님을 알게 되어서 기쁩니다.

H: 저도 그렇습니다.

S: 정말 친절하시고 잘 도와주셨어요. 여기 감사의 마음으로 작은 선물입니다.

H: 오, 이러지 않으셔도 되는데요. 당연히 해야 할 일을 했을 뿐입니다.

S: 작은 선물이니 부디 받아주세요.

H: 그럴게요, 선물 감사합니다. 집에 가서 열어봐도 되죠?

S: 그러시죠.

H: 자, 이제 헤어져야 할 시간입니다. 푹 주무세요. 내일 장거리 비행을 하셔야 하니까요.

S: 맞습니다.

H: 김 경감이 내일 12시까지 모시러 올 겁니다.

S: 좋습니다. 다시 한번 모든 것에 감사드립니다. 계속 연락합시다.

H: 네, 그래요.

---

pack : 짐을 싸다　suitcase : 여행가방　struggle : 고투하다　shopper's paradise : 쇼핑객들의 천국　incredibly : 믿을 수 없을 정도로　gratitude : 감사　long flight : 장거리비행

Key Terms

I should have + 동사 과거완료형 : ~ 했어야 하는데
I should have started packing earlier. I haven't finished (it) yet.
좀 더 일찍 짐을 쌌어야 했어요. 아직도 다 못 쌌어요.

enjoy shopping : 쇼핑을 즐기다
Many Chinese and Japanese visit Korea to enjoy shopping.
많은 중국인들과 일본인들이 쇼핑을 즐기기 위해 한국을 방문합니다.

get back home : 집으로 돌아가다
I can't wait to get back home.
빨리 집에 가고 싶어요.

get to know : 알게 되다
I'd like to get to know you better.
당신을 더 잘 알고 싶습니다.

have a chance to ~ : ~할 기회를 갖다
Tonight we have a chance to thank some of those wonderful people.
오늘밤 저희는 저 훌륭한 분들에게 감사를 표하고자 합니다.

Here is a little something. 작은 선물이다
Here's a little gift of thanks for you.
작은 감사의 선물입니다.

express gratitude : 감사를 표하다
I have no words to express my gratitude to you.
감사해 마지않습니다.

You shouldn't have. 안 그래도 되는데
A necktie! You shouldn't have.
넥타이네요. 안 그러셔도 되는데요.

what someone ought to (do) : 당연히 해야 할
We all ought to do what we ought to do.
우리 모두 해야 할 일은 마땅해 해야 합니다.

take it : 가져가다, 받아들이다
You can take it or leave it. It's up to you.
가져가든 말든 마음대로 하세요.

have a long flight : 장거리 비행을 하다
He had a long flight coming from Brazil.
그는 브라질에서부터 장거리 비행을 하였습니다.

keep in touch : 연락하다
I hope that we can keep in touch until the next year's conference.
내년 회의 때까지 계속 연락하길 바랍니다.

More Expressions!

I emptied my wallet buying presents for my family and friends.
식구들과 친구들 선물 사느라 지갑을 다 털었습니다.

I bought a traditional hanbok for my daughter. It's gorgeous and colorful.
제 딸애를 위해 한복을 샀습니다. 매우 화려하고 색채가 풍부합니다.

I spent a lot of money on my wife's present.
아내 선물 사는 데 돈을 많이 썼습니다.

I had a real struggle to get everything into my suitcase.
물건들을 모두 가방에 집어넣느라 힘들었습니다.

Would you recommend your family and friends to visit Korea?
친지들에게 한국방문을 권유하실 건가요?

I hope you got a good impression of Korea.
한국에 대해 좋은 인상을 받았으면 합니다.

It was indeed an honor to have you with us.
모시게 되어 정말 영광이었습니다.

I hope you enjoyed your stay with us very much.
저희와 함께 지내는 동안 좋은 시간 보내셨기를 바랍니다.

I enjoyed your company very much.
함께 지낸 시간이 매우 즐거웠습니다.

I'm sorry that this is the last night in Seoul.
지금이 서울에서의 마지막 밤이어서 아쉽습니다.

A week has passed in an instant.
일주일이 순식간에 지나갔습니다.

The time and experience I had in Korea have been wonderful.
한국에서 보낸 시간과 경험들은 정말 좋았습니다.

I think Koreans are warm-hearted and generous.
한국 사람들은 정이 많고 인심이 좋습니다.

Seoul is a very dynamic and interesting city thought it's an expensive place to live.
서울은 물가가 비싸기는 하지만 매우 역동적이고 흥미로운 도시입니다.

I'd like to visit Seoul again when I get a chance.
기회가 되면 서울을 다시 방문하고 싶습니다.

I will introduce Korea and Korean Police to my coworkers when I get back home.
고국으로 돌아가면 동료들에게 한국과 한국경찰을 알리겠습니다.

Case 69

Let's head off to the airport.

[on the phone]

K : Good morning, Commander Spencer?
S : Yes, Good morning. I'll be right down.
K : OK. I'll be in the lobby waiting for you.
S : OK. See you there. Bye.

[in the lobby]

S : Good morning! Good to see you again.
K : Same here. Did you get some breakfast?
S : Yes, I came down a couple hours ago and got some food.
K : Great. Did you check out?
S : Yes, we did.
K : Was there any problem with the checkout?
S : No problem except that the stuff in the mini bar was very expensive.
K : Right. It usually is. Did you make sure nothing was left behind?
S : Yep. We even double checked.
K : Did you check the safe as well?
S : Yep.
K : Well, okay. Let's head off to the airport then. Can I grab a bag for you?
S : Well, if you don't mind, could you take this one?
K : Sure. Let's go.

grab : 잡다, 쥐다　mind : 언짢아하다　checkout : 퇴실　stuff : 물건들　mini bar : 소형냉장고
expensive : 비싼　double check : 재확인하다　safe : 금고

Case 69

공항으로 출발하시죠.

[전화로]

K: 안녕하세요, 스펜서 총경님.

S: 네, 안녕하세요. 곧 내려가겠습니다.

K: 로비에서 기다리겠습니다.

S: 네, 거기서 보죠. 끊겠습니다.

[로비에서]

S: 안녕하세요, 다시 뵈어서 반갑습니다.

K: 저도요. 아침 식사는 하셨어요?

S: 네, 두 시간 전에 내려와서 식사 했습니다.

K: 잘하셨어요. 퇴실 수속은 하셨습니까?

S: 네, 했습니다.

K: 무슨 문제는 없었나요?

S: 네, 미니바 물건이 비싼 걸 빼고는 없었습니다.

K: 맞아요, 미니바는 항상 비싸죠. 두고 온 건 없습니까?

S: 네, 다시 확인 했습니다.

K: 금고도 확인했나요?

S: 네.

K: 좋습니다, 그럼 공항으로 가시죠. 가방 하나 들어드릴까요?

S: 네, 괜찮으시면 이것 좀 들어주시겠어요?

K: 네. 가시죠.

Key Terms

I'll be right down. 곧 내려갈게
I'll make a phone call and be right down.
전화 한 통만 하고 내려갈게요.

See you there. 거기서 봐
Okay, see you there. Be on time.
좋아요, 거기서 봐요. 제 시간에 오세요.

Good to see you again. 다시 만나 기쁘다
It's so good to see both of you again.
두 분을 다시 만나 정말 기쁩니다.

Is/was there any problem with ~: 무슨 문제가 있니
Is there any problem with your booking?
예약에 무슨 문제가 있습니까?

check out: 퇴실수속을 하다
When will you be checking out?
퇴실수속을 언제 하실 겁니까?

no problem: 아무 문제 없다
This case looks easy. We'll solve it no problem.
이 사건은 수월해 보입니다. 문제 없이 해결할 수 있습니다.

except that ~: ~을 제외하면
I know nothing except that she was there.
그녀가 거기 있었다는 것 외에는 아무것도 모릅니다.

leave behind: 두고 가다
I must have left my wallet behind. It's not in my pocket.
지갑을 두고 왔나 봅니다. 주머니에 없어요.

double heck it: 재확인하다
Please double check it carefully.
다시 한번 꼼꼼하게 확인하세요.

head off: 떠나다
I have to head off now and will see you tomorrow.
지금 떠나야 하니 내일 보자.

grab a bag: 가방을 들다
She grabbed her bag and went out.
그녀는 가방을 집어 들고 밖으로 나갔다.

if you don't mind: 괜찮으면
I want you to join us if you don't mind.
괜찮으시면 저희와 함께 하시죠.

More Expressions !

Let me help you check out.
퇴실수속을 도와드리죠.

We received a larger than expected bill when we checked out.
퇴실하면서 생각보다 더 많이 나온 청구서를 받았습니다.

I broke a coffee cup but they didn't charge me for it.
커피잔을 하나 깼는데 청구하지 않았습니다.

If I have a chance to visit Korea again, I will definitely stay at this hotel.
제가 한국을 다시 방문할 수 있다면 반드시 이 호텔에 머물 겁니다.

The room was spacious and clean, breakfast was excellent, and the location was perfect for sightseeing.
방이 넓고 깨끗했고 아침도 좋았고 위치도 관광하기에 완벽했습니다.

The best part was people. I'm impressed with their service.
가장 좋았던 건 사람들입니다. 직원들의 서비스에 감동받았습니다.

Don't forget to take things out from the safe in the room.
방 금고에 둔 물건을 잊지 말고 챙기세요.

Please be sure you have all your belongings with you.
물건을 다 가지고 나오셨는지 살펴보세요.

Did you have your flight tickets and passports?
비행기표와 여권은 챙겼습니까?

Check if you have your cell phone with you.
핸드폰 챙겼는지 확인하세요.

You can check your luggage at the hotel until you leave for the airport.
공항 가기 전까지 짐을 호텔에 맡길 수 있습니다.

How much luggage do you have?
짐이 몇 개 입니까?

Did you get the baggage check?
짐표 받았습니까?

You need to get to the airport three hours before your departure.
공항에 출발 세 시간 전까지 가야 합니다.

We should allow an hour for traffic.
교통체증에 대비해 한 시간 여유를 두어야 합니다.

You have some time to spare. Do you want to grab a bite to eat before you leave for the airport?
시간이 좀 남습니다. 공항 가기 전에 간단히 뭐 좀 드시겠어요?

You have six hours left after the checkout so you can see the city for a couple of hours.
체크아웃 이후로 여섯 시간이나 남아서 두 시간 정도 시내구경을 좀 할 수 있습니다.

Case 70

Let's keep in touch.

[at the airport]

S : Thank you so much for giving us a ride and help.

K : It was my pleasure. I only hope you enjoyed your stay in Korea.

S : Yes, I had a wonderful time. Tell the other officers thank you for me, too.

K : I will pass that on. Next year's convention will be here before we know it.

S : Yes, so let's keep in touch till then.

K : Agreed. By the way, is that your carry-on? I don't think they will let you take that.

S : Do you think it's too big? I guess I'll have to check it then.

K : You'd better hurry up.

S : There are still one and half hours before boarding time.

K : Well, the airport is very crowded so it will take some time to go through the departure procedure.

S : Oh, I see.

K : You should be at the boarding gate thirty minutes before departure.

S : Okay, I think we'll make it.

K : Well, it's time to say goodbye

S : Yes. Thank you again for everything.

K : No problem. Have a safe trip home.

S : Thank you. Take care! Good-bye!

K : Good-bye!

---

ride : 타기 stay : 체류 pass : 전하다 convention : 회의 agreed : 좋습니다. carry-on : 기내용 가방 check : 짐을 맡기다 boarding time : 탑승시간 crowded : 복잡한 departure procedure : 출국수속 boarding gate : 탑승구 departure : 출발

Case 70

계속 연락합시다.

[공항에서]

S: 이렇게 태워주시고 도와주셔서 감사합니다.

K: 천만에요. 한국에서 좋은 시간 보내셨기를 바랍니다.

S: 네, 정말 좋았어요. 다른 분들께도 대신 감사인사 전해주세요.

K: 그러죠. 어느새 내년 회의가 다가올 겁니다.

S: 네, 그때까지 계속 연락합시다.

K: 그래야죠. 그런데 이거 기내에 들고 가실 건가요? 허용 안 될 것 같은데요.

S: 너무 큰가요? 그러면 수하물로 부쳐야겠군요.

K: 서둘러야 하실 것 같습니다.

S: 아직 탑승시간까지 한 시간 반이 남았어요.

K: 공항에 사람이 많아서 출국수속하는 데 시간이 좀 걸릴 것 같습니다.

S: 그렇군요.

K: 출발 30분 전에는 탑승구 앞에 가셔야 합니다.

S: 알겠습니다. 시간 내로 갈 수 있을 겁니다.

K: 자, 이제 헤어져야 할 시간이군요.

S: 그렇군요. 다시 한번 모든 것에 감사드립니다.

K: 천만에요. 안전하게 귀국하시기 바랍니다.

S: 감사합니다. 잘 지내시고 안녕히 계세요.

K: 안녕히 가세요.

Key Terms

Real Life English for Police!

give (somebody) a ride : 차를 태워주다
Let me give you a ride to the hotel.
호텔까지 태워 드릴께요.

pass on : 전해주다
Please pass on my condolences to his wife and family.
그의 부인과 가족에게 애도를 전해주세요.

before we know it : 어느새
Spring will come before we know it.
어느새 봄이 올 겁니다.

till then : 그때까지
My sister was hospitalized last week. Till then, I didn't know about her health problems.
지난주 제 동생이 입원을 했어요. 그때까지는 제 동생 건강문제에 대해 몰랐습니다.

check one's luggage : 짐을 부치다
Travelers are checking their luggage at the airliner's counter.
여행자들이 공항 카운터에서 짐을 부치고 있습니다.

hurry up : 서두르다
Hurry up, or you will be late.
서두르지 않으면 늦을 겁니다.

be crowed : 복잡하다
I've never seen the departure lounge so crowed.
출국장이 이렇게 복잡한 것을 본 적이 없습니다.

take some time : 시간이 꽤 걸리다
It will take some time to board the plane.
탑승하는 데 시간이 좀 걸릴 것입니다.

go through : 통과하다
It didn't take long to go through the security check.
보안검색대를 지나는 데 시간이 오래 걸리지 않았습니다.

make it : 시간 내에 해내다
We still have ten minutes. We'll make it if we hurry.
아직 10분 남았어요. 서두르면 시간 내에 갈 수 있어요.

have a safe trip : 안전한 여행을 하다
Good luck and have a safe trip.
행운을 빌어요. 조심해서 다녀오세요.

Take care! 안녕, 몸 건강해
Bye! Take care!

More Expressions !

We can keep in touch by email or WeChat/Line/Kakao Talk/Kik/Whatsapp.
이메일이나 위체트/라인/카카오톡/킥/왓샵을 통해 연락할 수 있습니다.

I'll write thank you notes to all of you soon.
모두에게 곧 감사편지를 보내겠습니다.

The airport is very crowded because it's a vacation season.
휴가철이어서 공항이 매우 복잡합니다.

The flight will leave as scheduled at nine thirty.
비행기는 예정대로 9시 30분에 출발합니다.

Your flight will be delayed due to bad weather.
날씨가 안 좋아 비행기 출발이 지연됩니다.

How many carry-ons am I allowed?
기내용으로 몇 개가 허용되나요?

What is the baggage allowance per passenger?
승객당 수하물 한도가 얼마인가요?

How much does this luggage weigh? Is it overweight?
이 짐의 무게가 얼만가요? 중량이 초과되었나요?

Your luggage is over the weight allowance so you have to pay an additional charge.
짐 중량이 초과되어 추가요금을 내야 합니다.

This suitcase is too big to carry on.
이 가방은 너무 커서 기내에 들고 들어갈 수 없습니다.

This luggage is small enough to hand carry.
이 가방은 작아서 들고 탈 수 있습니다.

This goes in the luggage compartment and I'll hand-carry these two.
이 가방은 수하물 편으로 부치고 이 두 개는 휴대할 겁니다.

There are huge duty-free shopping malls in the departure lounge.
출발라운지에는 대규모의 면세 쇼핑몰이 있습니다.

When you go through passport control, you can find Duty-Free pick up near gate twenty nine.
여권 심사대를 지나면 게이트 29번 근처에 면세물품을 픽업하는 곳이 있습니다.

You can have complimentary access to KAL or Hub lounges.
대한항공이나 허브라운지를 무료로 이용하실 수 있습니다.

The lounges provide complimentary beverages and meals, newspapers, fax, and internet service.
라운지에서는 음료와 식사, 신문, 팩스, 인터넷 서비스들을 무료로 이용할 수 있습니다.

There are two departure lounges so you need to check which one is yours in advance.
출발라운지가 두 군데 있으니 미리 어느 라운지인지 확인하세요.

Appendix

부록

Appendix 1
Police Rank & Department
경찰계급과 부서

Appendix 2
Police Vocabulary
경찰어휘

Appendix 3
Business Letter Writing
업무 편지 쓰기

Appendix 4
Telephone English
전화 영어

Appendix 1: Police Rank & Department
경찰 계급과 부서

Rank 계급	
치안총감	Commissioner General
치안정감	Chief Superintendent General
치안감	Senior Superintendent General
경무관	Superintendent General
총경	Senior Superintendent
경정	Superintendent
경감	Senior Inspector
경위	Inspector
경사	Assistant Inspector
경장	Senior Policeman
순경	Policeman

Position 직위		
경찰청 National Police Agency	청장 Commissioner General	차장 Deputy Commissioner General
지방청 Provincial Police Agency	청장 Commissioner	차장 Deputy Commissioner
국 Bureau	국장 Director General	심의관 Deputy Director General
부 Department	부장 Director General	
실 Office	관 Director General	
과 Division	과장 Director	
계 Section	계장 Section Chief	

Department 부서	
경무국	Police Administration Bureau
경비국	Public Security Bureau
방범국	Crime Prevention Bureau
수사국	Criminal Investigation Bureau
교통지도국	Traffic Bureau
형사국	Criminal Investigation Bureau
보안국	National Security Bureau
정보국	Intelligence Bureau
감찰국	Internal Affairs Bureau
외사국	Foreign affairs Bureau
교통부	Traffic Department
형사부	Criminal Affairs Department
방범부	Crime Prevention Department
감사국	Inspection Bureau
공보국	Public Relation Bureau
인사과	Personnel Division
교육과	Education & Training Division
장비과	Equipment Division
방범지도과	Crime Prevention Guidance Division
수사과	Criminal Investigation Division
강력과	Serious Crimes Division
감식과	Identification Division
조사과	Special Investigation Division
전경관리과	Auxiliary Police Administration Division
면허과	Auto-License Division

Organization 조직	
경찰청	National Police Agency
서울경찰청	Metropolitan Police Agency
지방경찰청	Provincial Police Agency
해양경찰청	National Maritime Police Agency
경찰대학	National Police University
경찰종합학교	Police Comprehensive Academy
중앙경찰학교	Police Training Institute
경찰교육원	Central Police Academy
경찰수사연수원	Police Investigation Academy
경찰병원	National Police Hospital

Appendix 2: Police Vocabulary 경찰어휘

Types of Criminals	Types of Crime
armed robber 무장강도	armed robbery 무장강도질
arsonist 방화범	arson 방화
assailant 폭행범	assault and battery 폭행
assassin 암살자	assassination 암살
child abuser 아동학대사범	child abuse 아동학대
drug trafficker 마약밀매자	drug trafficking 마약밀매
fraudster 사기꾼	fraud 사기
forger 위조범	forgery 위조
hijacker 공중납치범	hijacking 비행기 공중납치
hired murderer 청부살인자	contract murder 청부살인
kidnapper 유괴범	kidnapping/abduction 유괴
mugger 강도, 노상강도	mugging/robbery 강도
murderer 살인자	homicide 살인
offenders 범죄자	criminal/serious/minor offence 형사/중/경범죄
pickpocket 소매치기	picking a pocket 소매치기
rapist 강간범	rape 강간
robber 도둑	robbery 도둑질
serial killer 연쇄살인자	serial murder 연쇄살인
shoplifter 가게좀도둑	shoplifting 가게물건 훔치기
smuggler 밀수범	smuggling 밀수
thief 도둑	theft 절도
terrorist 테러범	shooting/bombing/hijacking 총격/폭격/비행기납치
vandal 공공기물파손자	vandalism 공공기물파손

Vocabulary for Police

A	
accused/defendant 피고	arraign 기소 인정 여부 절차를 밟다
accuser/plaintiff 고소인, 원고	arrest 체포하다
acquit 무죄를 선고하다	at large 아직 체포되지 않고 있는
allegation 혐의	appeal 항소하다
amnesty 사면	autopsy 부검
B	
back-up 지원	bargain 합의, 협상
bail 보석	book someone 입건하다
bar 법정, 법조계	breach 위반
C	
cell 유치장	court 법원
community service 사회봉사명령	criminal record 전과
convict 재소자, 기결수	crime scene 범죄현장
cop 경찰	cruiser/squad car 순찰차
countercharge 맞고소하다	(in) custody 구류되어, 감금되어
D	
death sentence 사형	do time 복역하다
detective 형사	domestic dispute 가정불화
detention 구금	DUI 음주운전 *Driving Under the Influence
E	
embezzlement 횡령	escape 달아나다, 탈출하다
extort 갈취하다	eyewitness 목격자, 현장증인
F	
fact finder 진상조사원	final decree 최종 판결
false pretenses 사기죄	firearms 소형화기
felony 중죄, 흉악범죄	forensic 법의학적인
fingerprints 지문	forfeit 몰수하다

G	
gang 갱, 범죄조직	good cause 대의명분, 정당한 이유
general denial 전면부인	grace period 유예기간
go bail for 보석 보증인이 되다	guilty 유죄의
H	
handcuffs 수갑	hooligan 공공장소에서 떼지어 난동 부리는 젊은이들
hearing 공판, 심리, 공청회	hostile witness 적의를 가진 증인
hearsay 전해들은 말	house arrest 가택연금
I	
immunity 면책특권, 면제	innocent 무죄의
imprisonment 투옥, 구금	insanity 정신이상
indictment 기소, 고발장	interrogate 심문하다
infringement 위반, 침해	intruder 불법침입자
J	
jail(prison) 유치장	jump bail 보석조건을 어기다
jail time/prison sentence 징역형	jury 배심원
judge 판사	jurisdiction 관할권
judgement 판결	juvenile delinquent 비행소년
L	
larceny 절도	libel 문서에 의한 명예훼손
lawsuit 소송, 고소	license suspension 면허정지
lawyer 변호사	lie-detector test 거짓말 탐지기
legal action 소송	life imprisonment 종신형, 무기징역
M	
malice 악의	misdemeanor 경범죄, 비행
malpractice 배임, 위반행위	misprision of felony 중범 은닉죄
minor offense 경범죄	mounted policemen 기마경찰
N	
negligence 부주의, 태만	nuisance 소란행위
noise complaint 소음 항의	nullify 무효화하다

O	
oath 맹세, 서약	ordinance 법령, 조례
offense 위반, 범죄	out of court 당사자들끼리 협의하여
obstruction of justice 사법방해	ourlaw 불법화하다, 금하다
P	
pardon 사면하다	plainclothes officers 사복경찰
parole 가석방	post mortem 사후부검
patrol 순찰	probation 집행유예
perpetrator 가해자	prosecutor 기소검사
pistol 권총	pursuit 추격하다
Q	
quasi 유사의, 준(準)	question 심문하다
query 문의, 의문	question of fact 사실 여부의 문제
R	
racketeer 협잡꾼	represent 변호하다
rebate 사례금, 보상금	retraction 철회, 취소
rebuttal 원고의 반박, 반증	riot police 기동대
S	
slander 말로 하는 명예훼손	statute of limitation 공소시효
settlement 합의	street crime 길거리범죄
solicitation 간청	subpoena 소환하다
special release on parole 특별 가석방	SWAT team 특공대
T	
testify 증언하다	trial 재판
testimony 선서증언, 증거	tribunal 조사/심사위원회
U	
undercover 비밀수사관	unlawful 불법의
W	
waive 포기하다, 철회하다	witness 증인
wanted 수배중인	withdrawal 철회
ward 피보호자	writ (법원의) 영장
Y	
young offender 소년범	your honor 재판장님

Appendix 3 : Business Letter Writing
업무 편지 쓰기

The Basics of a Business Letter
편지쓰기의 기본

1. The Opening 서두

a) When you don't know who you are writing to
편지를 받는 사람이 누구인지 모를 때

To whom it may concern
Dear officer in charge of ____
Dear officers of (name of police bureau)
Dear LAPD / Dear Los Angeles Police Department,
Dear officer of Los Angeles,

b) When you know who you are writing to, and have a formal relationship with that person
편지 받는 사람이 아는 사람이고 공식적인 관계에 있을 때

Dear Mr.
Dear Ms.(기혼, 미혼 상관없이 여성의 성 앞에 붙임), Mrs.(기혼여성일 때), Miss.(미혼여성일 때)

c) When the person is a close business contact or friend
편지 받는 사람이 친구이거나 사업상 가까운 친구일 때

Dear Robert,
Dear Angela,

2. The Body 본문

a) The Reason for Writing
편지를 쓰는 이유

Thank you for your invitation ~ ~으로의 초청에 감사드립니다
I appreciate having had the chance to visit ~ ~를 방문할 기회를 주셔서 감사합니다
I am writing to inquire about the conference ~ ~ 회의에 관해 문의가 있어 편지 드립니다
I am writing to confirm your attendance ~ ~에 참석여부를 확인하고자 편지 드립니다

b) Requesting / Agreeing to Request
요청하거나 요청에 동의할 때

Could you possibly tell us ~? ~을 말씀해 주시겠습니까?
I would be grateful if you could ~ ~ 할 수 있으면 감사하겠습니다
I would be delighted to be informed ~ ~을 알려주시면 좋겠습니다
As agreed upon ~ ~에 합의한 대로

c) Giving bad news
나쁜 소식을 전할 때

We regret to inform you that ~ ~ 소식을 알려드려 유감입니다
Unfortunately 불행히도
I am afraid that ~ 유감스럽게도~

3. Enclosing Documents 서류동봉

I am enclosing ~ ~을 동봉합니다
Please find enclosed ~
Enclosed you will find ~
Enclose is (are)

4. Closing Remarks 맺음말

Thank you for your invitation. 초청에 감사드립니다.
Thank you for accepting our offer. 저희 제안을 받아주셔서 감사합니다.
Please contact us again if we can help in any way. 저희가 도울 일이 있으면 다시 연락주세요.
Please contact us again if there are any problems. 문제점이 있으면 다시 연락주세요.
Please contact us again if you have any questions. 질문이 있으시면 다시 연락주세요.
Please do not hesitate to call me. 언제든 저에게 전화주세요.
Please do not hesitate to reach me at ~. 언제든 ~ 번으로 전화주세요.
Please do not hesitate to contact me with any questions. 질문이 있으시면 언제든 저에게 연락주세요.

5. Reference to Future Contact 차후 연락

I look forward to hearing from you soon. 곧 소식 듣기를 바랍니다.
I can be reached at the above/following address. 위/다음 주소로 연락주세요.

6. The Complimentary Close 결구

Sincerely, / Respectfully,
(formal)

Best wishes, / Best regards, / Take care,
(informal)

Business Letter Samples

1. Invitation Letter/Email 초청 편지/이메일

Dear Commander Robert Spencer,

As you may already have heard, the IPC (International Police Conference) for 2015 is going to be held in Daejeon, South Korea. I am writing you today on behalf of the Korean National Police to ask if you would accept the role as a lecturer. We think the conference participants will be very interested in hearing about the research you presented in your latest book. However, if there is another topic you would like to present, we are open to hearing your ideas.

Lecturers for the conference will be compensated and have rooms provided for them in the same hotel as the conference is being held. We would be happy to share exact details at a future date.

We hope you are interested in our proposal and we are ready to answer any questions you may have. Simply email me at the address below. Otherwise, I will give you a call in about a week to check if you have any questions at that time.

Sincerely,

Insu Hong
Superintendent
2015 IPC guest liaison
email@something.com

친애하는 로버트 스펜서 총경님께,

이미 들으셨겠지만 2015년 국제경찰회의가 한국 대전에서 열릴 예정입니다. 한국경찰청을 대신해서 총경님께서 강연자로 참석하실 수 있는지 여쭤보기 위해 편지를 드립니다. 회의 참석자들이 총경님이 최근 저서에서 소개하신 연구에 관해 매우 관심이 많을 것으로 생각됩니다. 하지만 다른 발표하고 싶은 토픽이 있으시면 그것들도 기꺼이 듣겠습니다.

회의 강연자들에게는 보수가 지불되고 회의가 열리는 호텔에 머무르게 될 것입니다. 후일 자세한 세부사항들을 함께 의논할 수 있기를 바랍니다.

총경님께서 저희 제안에 관심을 가져주시길 기대하며, 문의사항이 있으시면 즉시 답변해드리겠습니다. 아래 주소로 이메일을 보내주시든지 아니면 일주일 후쯤 문의사항이 있으신지 확인 전화를 드리겠습니다.

홍인수 드림

2. Reply to Invitation Letter/Email 초청편지/이메일에 대한 답신

Dear Superintendent Insu Hong,

I would be delighted to participate in the 2015 IPC in Daejeon. I do have a few questions about content though as I have been working on a new research project this year and hope to be finished well before the conference is held.

I happen to already have a trip to Seoul planned for June 2014 and wonder if we could schedule a quick meeting at that time. If that is too close to the IPC date let me know and we can do a video conference instead.

I look forward to working with you and the Korean National Police.

Thank you for this opportunity,

Robert (Bobby) Spencer

친애하는 홍인수 경정님,

저는 2015년에 대전에서 열리는 IPC에 기꺼이 참석하겠습니다. 그런데 제가 올해 새로운 연구프로젝트에 관한 작업을 하고 있고 회의가 시작되기 전에 그것이 완성될 예정이어서 강연내용에 관해 몇 가지 문의사항이 있습니다.

제가 2014년 6월에 서울을 방문할 일정이 잡혀있는데 그때 잠시 만날 수 있는지 알고 싶습니다. 만약 그때가 IPC 개최날짜에 너무 임박하다면 알려주십시오. 그러면 화상회의로 대신할 수 있습니다.

홍 경정님과 한국경찰과 함께 일할 수 있기를 기대합니다.

이런 기회를 주셔서 감사합니다.

로버트(바비) 스펜서

3. Thank You Letter/Email 감사편지/이메일

Dear Commander Spencer,

I would like to thank you once again for a wonderful week in LA. Your staff was incredibly helpful. Everything I needed to make my seminar a success was provided. Please pass my gratitude on to them for me.

I have already heard from many of the participants and they all have had good things to say about the organization of this year's event. I wanted to make sure that feedback got to you as well.

This was my second trip to the States. The well-planned schedule of events allowed me to see many things in LA I never had time to see before. I got a chance to tour two precinct offices and visit the Getty Museum, among other things.

I'm glad we got to spend some time together and share some ideas regarding the future of the police and how technology is changing our techniques. I hope to be invited again by the LA Police Department to share my insight on policing in the 21st century.

I look forward to keeping in touch with you.

Sincerely,
Insu Hong

친애하는 스펜서 총경님

LA에서 멋진 한 주를 보낸 것에 대해 다시 한번 감사드리고 싶습니다. 그곳 직원들은 정말 많은 도움을 주셨습니다. 세미나를 성공적으로 만들기 위한 모든 필요한 것들을 제공해주셨습니다. 저를 대신해서 그분들께 감사 말씀 전해주세요.

벌써 많은 참석자들로부터 연락을 받았는데 모두가 올해의 회의 편성에 대해 좋은 평들을 하셨습니다. 그 호평들이 총경님께도 꼭 전달되기를 바랍니다.

이번이 두 번째 미국여행이었습니다. 행사일정이 잘 짜여져 전에는 볼 시간이 없었던 LA의 많은 것들을 볼 수 있었습니다. 무엇보다도 관할구역의 다른 두 사무실을 시찰하고 게티박물관을 방문할 수 있었습니다.

저희가 함께 시간을 보내면서 경찰의 미래에 관한, 그리고 기술의 우리의 수사기법을 어떻게 변화시키는지에 관해 의견을 나눌 수 있어서 좋았습니다. 21세기 치안유지에 관한 저의 식견을 나누기 위해 다시 한번 LA경찰의 초청을 받기를 희망합니다.

계속 연락하기를 기대합니다.

홍인수 드림

4. Reply to Thank You Letter/Email
감사편지/이메일에 대한 답신

Dear Superintendent Hong,

Thank you for passing on the feedback. It's good to hear positive comments but the negative ones help us work harder to improve, as you must know.

I am glad to hear you personally had a great experience and I, too, hope we can keep in touch from now until the next conference.

I am attaching a paper about some research I am currently involved with that you may be interested in. Let me know what you think about it if you have a chance.

Thanks again for your kind words,

Commander Spencer

친애하는 홍 경정님,

답신을 전해주셔서 감사합니다. 좋은 평들을 들어서 기쁘지만, 아시다시피 나쁜 평들도 저희가 발전을 위해 더 열심히 일하는 데 도움이 될 것입니다.

개인적으로 좋은 경험을 하셨다니 매우 기쁩니다. 그리고 저 역시 다음 회의 때까지 계속 연락하기를 바랍니다.

홍 경정님이 관심을 가질 만한 최근에 제가 하고 있는 연구에 관한 논문을 첨부합니다. 기회가 되면 읽어보시고 홍 경정님 생각을 말씀해주십시오.

친절한 말씀에 다시 감사드립니다.

스펜서 총경

Appendix 4 : Telephone English
전화 영어

Basic Telephone Phrases
전화 통화에 사용되는 기본 구절들

1. Asking for Someone 누구를 바꿔달라고 할 때

May I speak to Commander Spencer, please? 스펜서 총경 좀 바꿔주세요.
Could you connect me with Commander Spencer, please?
Could you put me through to Commander Spencer?
Can I have extension 324? (=internal number) 구내번호 324번 좀 연결해주세요.

2. Asking who is on the phone 전화 받는 사람이 누구인지 물어볼 때

Excuse me, who is this? 실례지만 누구시죠?
Can I have your name, please? 성함이 어떻게 됩니까?
May I ask who is calling, please? 전화하시는 분은 누구시죠?

3. Self-Identification 전화 받는 사람이 당사자일 때

Yes, speaking. 접니다.
Yes, this is Senior Inspector Kim. 네, 김 경감입니다.
This is he/she. 접니다.

4. Connecting the call 전화를 연결시켜줄 때

Just a minute, please. 잠깐만 기다리세요.
I'll put you through. 연결해 드리겠습니다.
I'll see if he is in the office. 사무실에 계시는지 알아보겠습니다.
Let me connect you with that department. 그 부서로 연결해드리겠습니다.

5. When someone is not available 부재중일 때

Senior Inspector Kim is away from his desk. 김 경감은 지금 자리에 없습니다.
I'm afraid he is not available at the moment. 지금 전화를 받을 수 없습니다.
He's not in. Would you like to call back? 지금 자리에 없습니다. 다시 전화 주시겠어요?

6. Taking a Message 메시지를 전해주고자 할 때

Could I tell him who is calling? 누구라고 전해드릴까요?
Would you like to leave a message? 메시지를 남기겠습니까?
Could I ask him to return your call? 전화 드리라고 할까요?

7. Wanting the call returned 응답전화를 요청할 때

Please have him call Senior Inspector Kim at 82-10-5555-1234.
Could you ask him to call Senior Inspector Kim at 82-10-5555-1234?
김 경감에게 82-10-5555-1234번으로 전화하라고 해주세요.

8. Putting a telephone caller on hold 기다리라고 요청할 때

Let me put you on hold. 잠시만 기다려 주세요.
The line is busy. Would you please hold? 통화 중입니다. 기다리시겠어요?
I'm sorry, she's on another line right now. 죄송하지만 지금 다른 전화를 받고 있습니다.
All the lines are busy. Hold, please. 모든 전화가 통화 중입니다. 기다려주세요.

9. A bad connection 통화상태가 안 좋을 때

We've got a bad line. I'll call you right back. 통화상태가 안 좋아요. 다시 걸게요.
We have a bad connection. Can I call you back? 통화상태가 안 좋아요. 다시 걸까요?

10. Getting cut off 통화 도중 전화가 끊어졌을 때

I'm sorry. I cut you off before. 죄송합니다. 제가 전화를 끊었군요.
Hello, again, I guess we were cut off. 다시 전화 드립니다. 전화가 끊어졌어요.

11. Ending Expression 전화를 끊을 때

I really have to go now. 이제 끊어야겠어요.
I must say good-bye now.
I won't keep you any longer.
Well, I guess I've got to go.
I have to get back to my work.
Something's come up. I'll get back to you soon. 무슨 일이 생겼어요. 곧 다시 전화드릴게요.
There's someone on the other line. I have to go. 다른 전화가 와서 끊어야겠습니다.
Can we continue this later? My other line is ringing. 나중에 계속할까요? 다른 전화가 와서요.

12. Other Expressions 기타 표현들

Answer the phone. 전화 받으세요.
Hang up the phone. 전화 끊으세요.
Hang on for a second. 잠깐만 기다리세요.
What is this regarding? 무슨 용무입니까?
I am returning your call. 전화해달라고 해서 전화 드립니다.
Can you speak up please? 좀 더 크게 말씀해주세요.
I've got to make another call. 전화 한 통 더 해야겠습니다.
You are wanted on the phone. 전화 왔어요.
Are you finished with the phone? 통화 끝났습니까?
There is no one here by that name. 여기 그런 이름 가진 사람 없습니다.
Detective Lee refereed me to you. 이 형사가 제게 선생님께 전화하라고 했습니다.
I must have dialed the wrong number. 전화를 잘못 걸었어요.
I'm sorry. You have the wrong number. 죄송하지만, 전화 잘못 거셨어요.

Phone Call Examples

Example 1

H : Superintendent Hong   S : Commander Spencer

H : Hello?

S : Hello. May I speak to Superintendent Hong?

H : This is he. How may I help you?

S : Hi. This is Commander Spencer. How are you?

H : Oh, hi, Commander. It's so good to hear from you so soon. I'm fine. How are you and the other officers from LA?

S : We're all doing well. I was calling you on behalf of the LA Police Department today just to thank you again for your hospitality.

H : Oh, no, thank you. Without the participation and contributions of all those who attended, our conference could not be a success. We're very glad you could make it.

S : We thank you just the same. We really appreciate the invitation and hope to return the favor in the near future.

H : Well, that would be wonderful. I look forward to it.

S : Let's keep in touch, then. I'm sure you're busy so I'll let you get back to work.

H : Yes, you're right. Thank you for the call and have a good week.

S : The same to you. Good-bye.

H : Good-bye.

사례 1

H: 여보세요?

S: 여보세요? 홍 경정 좀 부탁드립니다.

H: 제가 홍 경정입니다. 뭘 도와드릴까요?

S: 안녕하세요, 스펜서 총경입니다. 잘 지내셨어요?

H: 아, 안녕하세요, 총경님. 이렇게 빨리 연락 주셔서 정말 기쁩니다. 전 잘 지내고 있습니다. 총경님과 LA경찰서의 다른 경관님들도 잘 지내시죠?

S: 잘 지내고 있습니다. LA경찰을 대표해서 여러분의 환대에 다시 한번 감사드리기 위해 전화했습니다.

H: 오, 아닙니다. 감사합니다. 참석한 모든 분들의 참여와 기여가 없었다면 회의가 성공할 수 없었어요. 참석해주셔서 정말 좋았습니다.

S: 저희도 마찬가지입니다. 초청에 감사드리고 가까운 미래에 저희가 받았던 호의에 보답할 수 있기를 바랍니다.

H: 그러면 정말 좋겠군요. 기대하겠습니다.

S: 그럼 계속 연락합시다. 바쁘실 테니 이만 끊겠습니다.

H: 그래요. 전화 주셔서 감사드립니다. 즐거운 한 주 보내시길 바랍니다.

S: 홍 경정님도요. 안녕히 계세요.

H: 안녕히 계세요.

Example 2

H : Superintendent Hong　　S : Commander Spencer　　P : L.A. Police Officer

P : LA Police, how may I help you?

H : I'm trying to reach Commander Spencer.

P : Your name, sir?

H : This is Superintendent Hong from the Korean Police.

P : One moment, please. I will transfer you.

S : Hello? Commander Spencer here.

H : Hi, Commander Spencer. This is Superintendent Hong. How are you?

S : Hi, Superintendent Hong! It's good to hear from you. Did you all have a safe trip back to Seoul?

H : Yes, we did, thank you. I was calling you to thank you once again for inviting us to your conference. Not only did we all learn useful information, we really enjoyed meeting all the other participants and seeing your city.

S : Well I'm glad you enjoyed it. We tried to put together an event that would benefit all that came.

H : Your hospitality was very much appreciated and we only hope to return the kindness sometime in the near future.

S : Thank you, that would be wonderful.

H : Well, I'm sure you're busy so I won't keep you. Take care.

S : Yes, thanks. You, too.

사례 2

P : LA경찰서입니다. 뭘 도와드릴까요?

H : 스펜서 총경님과 통화하고 싶습니다.

P : 성함은요?

H : 한국 경찰청 홍 경정입니다.

P : 잠깐만 기다리세요. 바꿔드리겠습니다.

S : 여보세요? 스펜서 총경입니다.

H : 안녕하세요, 스펜서 총경님, 홍 경정입니다. 어떻게 지내셨어요?

S : 안녕하세요, 홍 경정님. 이렇게 연락 주셔서 기쁩니다. 모두들 서울로 무사히 돌아가셨나요?

H : 네, 잘 돌아왔습니다, 감사합니다. 저희를 회의에 초대해주신 것에 대해 다시 한번 감사드리고자 전화했습니다. 유용한 정보들을 얻었을 뿐만 아니라 다른 참석자들을 만나고 그곳 도시를 구경하는 것도 정말 좋았습니다.

S : 즐거웠다니 기쁩니다. 참석하신 모든 분들께 도움이 될 수 있는 행사를 마련하려고 노력했습니다.

H : 환대에 정말 감사드리고 가까운 미래에 보답할 수 있기를 바랍니다.

S : 감사합니다. 그러면 정말 좋겠군요.

H : 그럼, 바쁘실 테니 이만 끊겠습니다. 안녕히 계세요.

S : 네, 감사합니다. 홍 경정님도 잘 지내세요.

저자 소개

하미나 교수는 연세대학교 영어영문학과를 졸업하고 동 대학원에서 석사·박사학위를 취득했다. 1995년까지 연세대학교에서 후배들에게 영어를 가르쳤으며 1996년부터 현재까지 경찰대학에서 영어교수로 근무하고 있다.

논문으로는
'키츠의 자아형성', '상상력에 관한 낭만적 논의', '반체제문화의 기원과 변천과정', '영어이야기: 영국영어의 역사', '다문화교실에서의 언어와 문화학습', '영화를 활용한 언어와 문화학습', '할리우드 영화 속에 나타난 미국문화' 등이 있으며,

저서로는
[리얼라이프 미국생활영어], [경찰실무영어회화], [경찰시사영어해설], [The Understanding of Culture], [Classroom Conversations and Discussions], [Hollywood Movies: A look into Language and Culture] 등이 있다.

리얼라이프 경찰영어

초판인쇄 2013년 12월 15일
초판발행 2013년 12월 25일

지은이 하미나
펴낸이 안종만

편 집 김선민·문선미
기획/마케팅 강상희
표지디자인 홍실비아
제 작 우인도·고철민

펴낸곳 (주) 박영사
서울특별시 종로구 평동 13-31번지
등록 1959. 3. 11. 제300-1959-1호(倫)
전 화 02)733-6771
f a x 02)736-4818
e-mail pys@pybook.co.kr
homepage www.pybook.co.kr
ISBN 979-11-303-0037-5 13740

정 가 18,000원